JN017284

やわらかアカデミズム
〈わかる〉シリーズ

よくわかる
日本語学

金水 敏
［編著］

ミネルヴァ書房

はじめに

「日本語学」は，言語学の一分野であり，日本語という１つの言語を対象として，言語学のさまざまな研究方法を適用した，その成果のすべてを指し示します。本書の目次をみわたしていただけばわかるように，日本語学の範囲は大変広く，多岐にわたっています。各章の内容を簡単にみていきましょう。

第１章「日本語の定義」……一口に日本語といっても，標準語，共通語，方言，時代ごとの変化など，さまざまなヴァリエーションがあります。また日本語が話されている（話されていない）地域を知ることも重要です。

第２章「音声・音韻と表記」……音声学，音韻論の研究にそって，日本語の音の姿を明らかにします。また，世界的にみて大変特徴的な表記体系についても学びます。

第３章「形態論」……ここでは，動詞，形容詞，名詞述語（断定の接辞）の活用について学びます。

第４章「語彙論」……日本語の多彩な語彙（＝語の集まり）の体系について学びます。語の出自に基づく「語種」（和語，漢語，外来語）やオノマトペ（擬音語・擬態語）の特徴等を説明します。

第５章「統語論・文の意味論」……語と語を組み合わせて文を作る仕組みについて研究する分野を統語論といいます。また統語構造が文の意味とどのように関連するかという点について学びます。

第６章「文章・文体・表現論」……日本語の文体，ジャンルについて学びます。併せて，「やさしい日本語」について説明します。

第７章「言語行動・社会言語学・応用日本語学」……社会の中で日本語がどのように活用され，どのような姿を取るかという問題について考えます。また，教育と日本語の関わりについて学びます。

第８章「日本語の歴史」……日本語の大きな特徴として，1200年以上にもわたって，文字による日本語の文献が伝えられてきた点が挙げられます。これと，現在にみる日本語のヴァリエーションを照らし合わせて，日本語の起源から今日までの歴史をみていきます。

一つひとつの話題に，それだけでも１冊の本では足りないくらいの研究の積み重ねがありますが，今日，第一線で活躍する研究者の皆さんが，それぞれの項目について研究の最前線のエッセンスを，やさしく楽しく学べるように工夫しています。各項目に挙げられた参考文献と併せて，日本語学の奥深く豊饒な世界をお楽しみください。

なお，本書の編集にあたっては，各項目の執筆者の皆さんから惜しみないご助力をいただきました。また編集担当の岡崎麻優子さんの粘り強いバックアップにも大変救われました。ここに記して，最大限の感謝を表します。

2024年 5 月

金水　敏

もくじ

6 文章・文体・表現論

7 言語行動・社会言語学・応用日本語学

8 日本語の歴史

やわらかアカデミズム・〈わかる〉シリーズ

よくわかる
日本語学

 標準語・共通語

1 標準語とは何か

「標準語（standard language）」について，『言語学大辞典　第6巻　術語編』（大修館書店，1996年）は「文法・語彙・音韻の各方面にわたって規範的統一性を有し，公文書，文学，教育，新聞，放送などに用いられる言語。外国人への教育対象となる言語でもある」（1116頁）と述べている。標準語は規範的な体系をもった言語変種[1]の名称であり，したがって文法・語彙・音韻についての個別具体的な記述[2]が可能である。日本では標準語という意味で「共通語」が使われることがあるが，本来，学術用語としての「共通語」は言語・言語変種の機能的側面に注目した名づけであって，個別的な体系を指すものではない。

標準語は言語変種の一つであるが，その公的・規範的な性格から，地域方言や社会方言といった他の言語変種とは一線を画す。一般に「○○語」といえば，その言語における標準変種を含意する。「日本語／英語／タイ語ではこの植物を～と言う」などの場合，言語名によって指示されるのはそれぞれの言語における標準変種，すなわち標準語である。したがって仮に「日本語には～という特質がある」と述べられていても，それは標準語だけに当てはまることであって，日本語の他のバラエティには別の特質がみられる可能性もある。言語を扱う際には，それぞれの言語の多様な下位変種の存在に留意しなければならない。

標準語の具体的な内容は社会によって異なる。たとえば英語はアメリカでもイギリスでも公的に使用されるが，両国における「標準的な英語」には違いがみられる。具体例を挙げると，'ca**r**' 'ma**r**ket' 'gi**r**l' といった単語における 'r' 音を発音するかどうか（発音する〈米〉：発音しない〈英〉）や，'cent**er**'〈米〉：'cen**tre**'〈英〉など同じ単語の綴りの違い，'elevator'〈米〉：'lift'〈英〉のように，同じものを指して使われる単語の違い，といったぐあいである。標準語のもつ「規範的統一性」はその社会の中で定められるものであるので，同一言語を使用する社会が複数ある場合は，社会ごとに規範があることになる。

なお（日本の）日本語における標準語は，東京の山手言葉を基盤にもつとはいえ，東京で生まれ育った人の話す日本語（東京方言）と同じではない[3]。東京をはじめ首都圏の出身者は自身を「標準語話者」と認識していることが多いが，実際には地域的な特徴をもった言語変種の話し手である。

▷1　同一言語における言語体系のバラエティ。「標準語」のほか，地域的な特徴によって分類される「地域方言」，社会集団の特徴によって分類される「社会方言」などがある。「話し言葉」「書き言葉」なども変種として扱われることがある。

▷2　ここでいう「記述（description）」とは，実際に使われているある1つの言語を対象に，音のレベルから表現のレベルに至るまで，その言語のもつ規則や構造について，できるだけ詳細かつ網羅的に記すことを指す。

▷3　8-20 参照。

2 共通語とは何か

「共通語（common language）」は，「言語・方言を異にする二つ以上の集団の成員間でのコミュニケーションに使われる言語[4]」のことである。異なる言語・方言を話す人どうしの会話では，参加者のうちの誰かの母語が共通語として使われる場合もあれば，全員にとって母語でない言語が使われる場合もある。たとえば日本で勉強している留学生は，日本語母語話者だけでなく，自身とは母語を異にする留学生とも日本語によってコミュニケーションを図ることが多い。この場合，会話の参加者間の共通語は日本語である。しかし一方で，日本語母語話者が留学生の母語を学習してその言語でやりとりすることもあるし，英語など，どちらにとっても母語でない言語を用いることもある。また，異なる方言を母語とする者どうしが共通語として標準語を使うことがあるが，方言間の類似度が高く相互理解に支障がなければ，互いに母方言を用いることも可能である。このケースでは，共通語として使われる言語変種は存在しないことになる。このように，コミュニケーションの参加者がもつ言語レパートリーに応じて，共通語となる言語・言語変種として何が選択されるかだけでなく，共通語として母語とは異なるものを選択する必要があるかどうかにも違いが生じるのである。

▶4 『言語学大辞典』第6巻 術語編，大修館書店，1996年，292頁。共通語として使われる言語の中でも，「ある特定の地域で，言語を異にする民族間の共通語として慣習的に使われる言語」をリンガ・フランカ（lingua franca）という。日本語がリンガ・フランカとして使われているケースについては1-4を参照。

3 日本における「全国共通語」と「標準語」「共通語」

「共通語」とは別に「全国共通語」という用語がある。「日本全国どこでも通じるような言葉」の意で，地域社会における言葉の使い分けを調査する中で見出された，地域方言とも東京の言葉とも異なる「どの地方の出身かわからないような言葉」に対してつけられた名称である。「全国共通語」は，はじめは「方言話者が標準語を話そうと意識する際に現れる言語実体」を指していたが，これが「（全国）共通語」としてマスメディアや学校教育で使われるようになり，標準語の言い換え語として定着していった。こうした背景をふまえてか，現代日本語を共通語と呼ぶケースが日本語学の分野でも散見される。標準語は理想の（実在しない）言語，共通語は実際の言語とする立場もある。しかし言語学用語の「共通語」とは相容れない使い方であり，当該の言語変種が社会において規範的な日本語と見なされている以上，「標準語」と呼ぶのが適切と考える。

以上を整理すると次のようになる。社会には規範的な言語としての「①標準語」があり，これが，母語を異にする者との意思疎通のために「②共通語」として機能することがある。標準語を意識して産出された言語実体は，日本では「③全国共通語」と呼ばれ，その略称としての「共通語」が「標準語」に代わる語としてメディアや学校教育を通して広く知られるに至った。しかし2つの用語は学術的には厳密に区別して使用されるべきである。　（高木千恵）

参考文献

井上史雄・木部暢子編著（2016）『はじめて学ぶ方言学』ミネルヴァ書房。

真田信治（2018）『標準語史と方言』ひつじ書房。

日本語が話される地域

1 世界各地の日本語ネットワーク

日本語が話される主要な地域といえば日本国内であるが，日本語を共通語とする集団は日本だけでなく海外にもある。海外の日本語ネットワークは，日本から海外へ赴いた人のほか，日本にルーツをもつ日系人[1]，戦時中に日本語で公教育を受けた現地の人などによって形成される。また，日本人旅行者がよく訪れる海外の観光地には，日本語によるサービスが受けられるところがある。こうした地域も広い意味では「日本語が話される地域」である。

2 日本における日本語の力

日本には公に定められた公用語[2]がない。しかし学校教育法（第21条第５項）などで「国語[3]」が日本語を指して使われることからもわかるように，日本における実質的な公的言語は日本語である。日本の公用文は日本語で書かれ，裁判所の法廷における言語も日本語と定められている（裁判所法第74条）。日本では，日本語運用能力によって，アクセスできる情報量に圧倒的な差がもたらされる。日本語モノリンガル[4]には意識されにくいが，日本語を使用しない・十分な日本語の力をもたない人が，日本で教育を受けたり仕事を得たりする機会は限られている。近年，英語や中国語といった日本語以外の言語の経済的価値が日本国内でも高まってはいるが，いずれも日本語が使えることを前提にした価値づけであって，生活語としての日本語を棄てるような動きはみられない。ただし，日本語を母語としない定住者の数は増加の一途を辿っており，日本社会の多言語化は今後もさらに進むことが予想される。

3 長期滞在者を中心とした海外の日本語コミュニティ

外務省の統計による海外在留邦人数は141万356人で，滞在先は215の国と地域にわたっている。国別在留邦人数上位５カ国はアメリカ，中国，オーストラリア，タイ，カナダの順である[5]。また海外進出日系企業の拠点数は７万4072，国別拠点数の上位５カ国は中国，アメリカ，インド，インドネシア，ベトナムとなっている[6]。現地の日本語ネットワークは，日本から派遣された駐在員やその家族，大学などで学ぶ留学生，ワーキングホリデービザによる滞在者などからなる。長期滞在者は現地語など何らかの媒介語[7]を使って生活しつつ，長くて

▶1　移住先の国籍や永住権を取得した日本人とその子孫。

▶2　国家において公的に使用される言語。

▶3　国家における公的な言語であるだけでなく，その国を一つの共同体としてまとめあげるシンボリックな働きをする言語。

▶4　単一言語話者。

▶5　外務省「海外在留邦人数調査統計 令和２年版」（2019年10月１日現在，https://www.mofa.go.jp/mofaj/toko/tokei/hojin/index.html 2020年12月30日アクセス）。

▶6　外務省「海外進出日系企業拠点数調査」2019年調査結果（令和元年10月１日現在，https://www.mofa.go.jp/mofaj/ecm/ec/page22_003410.html 2020年12月30日アクセス）。

▶7　異なる言語の話者間の意思疎通のために使用される言語。共通語。

▶8　母国と異なる国へ移り住み，定住した人々。

▶9　移民家庭など家庭内言語と現地語が異なる環境

も数年単位でメンバーの入れ替わる緩やかなつながりを構築している。

4 日系人のコミュニティ

過去には日本語母語話者が移民[8]として渡航し，現地でコミュニティを形成したケースがある。初期には単身者が中心であったが，家族を呼び寄せる・日本から配偶者を連れて来るなどして次第に現地に定住した。これが日系の人々である。世界の日系人数は約360万人（以上）と推定される（図1参照）。日本人にとって日本語は継承語[9]であるが，日本語が次世代へも受け継がれるかどうかは社会の状況に左右される。北米にはかつて「リトル・トーキョー」と呼ばれた日系人集住地があったが，現在では日系人の英語モノリンガル化が急速に進んでいる。一方，南米では比較的日本語が維持されており，中でもボリビアの日系人社会では，強固な日系人アイデンティティのもとに結束し，継承語教育に力を入れているという（工藤・森編 2015）。

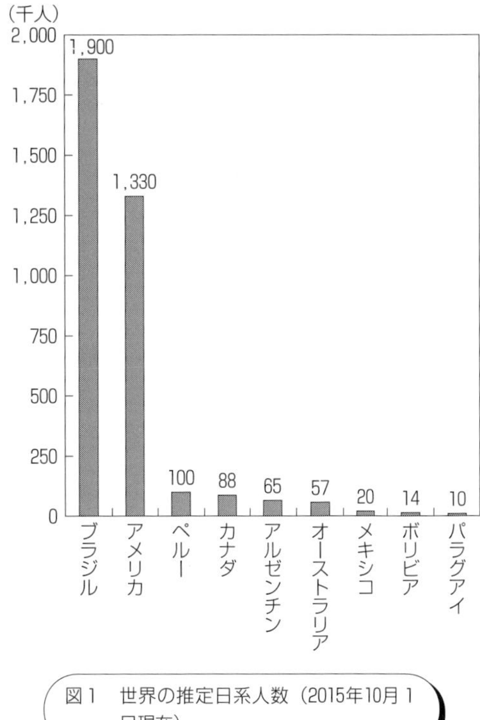

図1 世界の推定日系人数（2015年10月1日現在）

出典：外務省中南米局南米課編（2018）『日本と中南米をつなぐ日系人』に基づき筆者が作成（https://www.mofa.go.jp/mofaj/files/000349396.pdf 2020年12月30日アクセス）。

5 現地で日本語を学んだ人々のコミュニティ

戦前の日本は中国大陸や朝鮮半島，東南アジア，南洋群島の各地を占領し，日本語による統治を行っていた。そこには日本から多くの人が植民[10]として進出し，現地の人とともに日本語コミュニティを形成した。日本統治下で人々は日本語によって公教育を受け，卒業後には日本語を使って仕事をしていた。日本の敗戦とともにそうしたコミュニティのほとんどが消滅したが，日本語環境で育った人の中には高度な日本語力を維持し続けた人々がいた。台湾では，日本語母語話者が日本へ引き揚げたあとも，日本語が民族間のリンガ・フランカ[11]として使われ続けた。またパラオのように，日本語語彙を借用語として現地語に取り込んで現在まで使用しているところもある[12]。

6 観光地の日本語

ハワイやシンガポール，オーストラリアなど，日本からの旅行先として人気のある国では，空港や観光地で日本語によるサービスが受けられることがある。現地の日本語スタッフは，長期滞在者や永住者として暮らす日本語母語話者だけでなく，日系人や日本語を学んだ現地の人などさまざまである。商業目的の日本語使用は生活語としてのものとは異なるが，「日本語が話される地域」の一つということはできるだろう。

（高木千恵）

において親から子へ受け継がれる（可能性のある）言語。

▷10 自国に従属させている他地域に個人または団体で移住し，経済活動を行うこと，またその人。

▷11 1-1 1-4 参照。

▷12 1-4 参照。

参考文献

今村圭介／ロング，ダニエル（2019）『パラオにおける日本語の諸相』ひつじ書房。

工藤真由美・森幸一編（2015）『日系移民社会における言語接触のダイナミズム』大阪大学出版会。

渋谷勝己・簡月真（2013）『旅するニホンゴ』岩波書店。

3 日本語の話者

▷1　世界で使用されている7000以上もの言語に関するデータベース。その言語が話されている国や地域，話者人口，識字率の情報などが提供されている。母語話者数上位20言語などのランキングを見ることもできる（https://www.ethnologue.com/guides/ethnologue200 2022年9月29日アクセス）。

1 日本語話者の多様性

Ehnologue[◁1]によれば，日本語話者の数は約1億2540万人で，世界で13番目に多い。話者がもっとも多いのは英語で約15億人，2番目は標準中国語（Mandarin Chinese）で約11億人，3番目はヒンディー語で約6億220万人である。これらの話者数にはその言語（だけ）を母語（native language）とする人に加えて第二言語（second language）として使用する人も含まれている。コミュニケーションの道具として日本語が使える人を「日本語話者」とすると，さまざまなタイプの話者が想定される。日本語を母語とする人だけでなく，第二言語として，あるいは外国語として学んでいる人もみな日本語話者である。日本語だけで育ったモノリンガルの日本語話者もいれば，多言語環境で育ったバイリンガル・マルチリンガルもいるだろう。日本語を日本人（だけ）のものと考える人がいるかもしれないが，ある言語の使用者であることとその人の国籍は無関係である。日本国籍保持者で日本語話者でない人もいれば，日本以外の国籍をもつ日本語話者もいる。

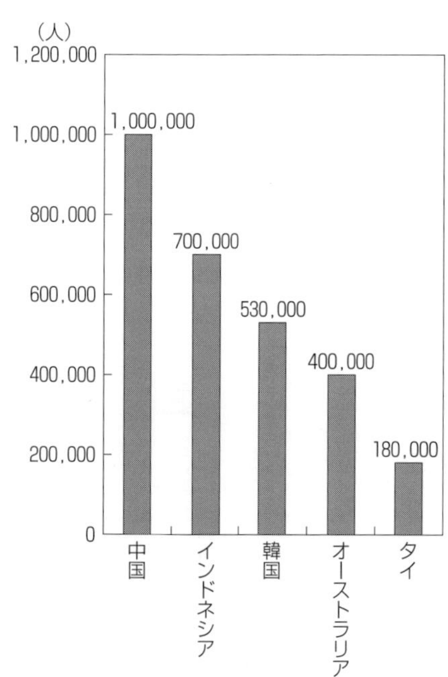

図1　日本語学習者数上位5カ国（2018年現在）

出典：国際交流基金編（2020）『海外の日本語教育の現状 2018年度日本語教育機関調査より』に基づき筆者作成。

2 日本語母語話者

日本語母語話者とは，生まれて最初に身につけた言語が日本語であり，生活語として日常的に日本語を使っている人である。日本生まれの人は，母語として日本語を身につける環境に身を置き，日本語だけで生活するモノリンガルとして育つことが多い。しかし近年は，定住外国人の増加，国際結婚家庭の増加に伴い，多言語環境の中で日本語と他の言語を同時並行的に身につける人も増えている。また，日本語話者の家庭に生まれた人でも，インターナショナルスクールで教育を受けるなどして日本語と他言語のバイリンガルになる人もいる。海外の日本語コミュニティに属する人の場合は，日本語以外の言語を併用する環境にあることが多い。そのような環境では日本語母語話者どうしの会話にも現地語など他言語が混ざることがある。

日本語モノリンガルの日本語にもバラエティがある。たとえば，日本語の地理的な多様性[2]は，方言を話すときだけでなく標準語を話すときにも現れることがある。

▶2 1-4 参照。

3 第二言語としての日本語話者

第二言語とは，ある言語の母語話者が追加的に習得し，日常的に使用する言語である。日本に定住する外国人の多くにとって日本語は第二言語である。日本には日本語を話さない人も暮らしているが，行政や医療などのサービスを適切に受け，教育や就職の機会を広げるためには，日本では日本語が必須である。日本国内だけでなく，日系企業の社員や観光業に従事する人など，日本語を仕事のために使用する人は海外にもいる。

第二言語としての日本語話者の多くは日本語母語話者と話すときに日本語を使用するが，母語を異にする人々の共通語として日本語が機能することもある。この場面では相手が話す日本語の「間違い」に対して互いに寛容になり，母語話者に話すときよりもくつろいで話せる場合もある。このような場面が習慣化すると，文法が単純になるなど話し手にとって使い勝手のよいものへと日本語が作り替えられてゆく。台湾でリンガ・フランカとして機能している日本語は，まさにそのような特徴をもった「台湾の日本語」である。

かつては，母語話者の日本語が正しく，第二言語としての日本語話者の日本語は誤りを含んだものと捉えられることもあったが，日本語学ではすべての日本語を「日本語のバラエティ」と位置づける。母語話者の日本語が多様であるように，第二言語としての日本語もまた，多様な日本語の一つである。

4 外国語としての日本語話者

第二言語と違って，生活の中で使用する機会のない言語を外国語という。国際交流基金の調査によれば，日本語を外国語として学習している人は年々増加し，世界142カ国・地域に約385万人いるとされる（2018年現在，図1も参照）。ただしこれにはテレビや書籍，インターネットなどを利用して独学で日本語を学んでいる人が含まれていないため，実数はもっと多いと見込まれる。

海外には，学校教育を通して子どものうちから日本語に触れる機会をもつ人がいる。日本語学習者数世界第4位のオーストラリアでは，州によって，初等教育段階から日本語が学べるところがある。初等・中等教育レベルの日本語教育の主たる目的は，英語以外の言語文化に触れて視野を広げることにあるという。同じく学習者数第3位の韓国でも，日本語を第二外国語科目として提供する中学校や高等学校がある。外国語として日本語を学んだ人の中には，留学や就職によって日本語を使う機会が増え，第二言語としての日本語話者になるケースがある。外国語としての日本語学習者の増加は，将来的な日本語話者の増加につながる可能性をもっているのである。

（高木千恵）

参考文献

朝日祥之（2012）『サハリンに残された日本語樺太方言』明治書院。
近藤ブラウン妃美・坂本光代・西川朋美（2019）『親と子をつなぐ継承語教育』くろしお出版。
ロング，ダニエル（2006）「日本語の非母語話者を対象にした新しい社会言語学の可能性」真田信治監修『日本のフィールド言語学』桂書房。

 日本語の方言・日本系言語

 複数の日本語

英語研究の世界では，研究対象である英語を複数形（Englishes）で表現する捉え方が広がっている。World Englishes（世界の英語）研究においては，母語話者であるか否かにかかわらず，すべての英語話者の英語を自立した言語体系として捉えることを標榜する。これになぞらえていえば，日本語変種の多様性は「複数の日本語（Japaneses）」として捉えることになる（表1）。こうした立場において，日本国内の地域方言は「標準語（あるいはかつての中央語）の崩れた訛り」ではなくそれぞれが個別の体系をもった存在として扱われる。海外の日本語，第二言語・外国語として話される日本語も同様である。たとえば母語話者の日本語と異なる部分があるとしても，それは「間違った日本語」ではなく母語話者とは異なる特徴をもった日本語の一変種と捉えるのである。

2 「言語」か，「方言」か

言葉の体系を「言語」と呼ぶか「方言」と呼ぶかを決めるのは簡単ではないが，おもに二つの認定基準が使われることが多い。一つは相互理解性に基づくもので「二つの言語体系が互いに（おおよそ）理解可能であれば，それらは同一言語の方言と見なされる」（クリスタル 2004）。ただし相互理解度が低くても，二つの体系間に系統的なつながりがあれば方言とし，ない場合のみを言語とする考え方もある。これは，歴史を遡れば相互に理解できる程度に似ていた時期があっただろうという想定に基づいている。もう一つの認定基準は歴史的な経緯や政治的な事情を重視するもので，独立国家の国語は言語，そうでないものは方言である。この基準に従えば，相互理解度が高くても言語とされ，また逆に通じ合わないほど異なっていても方言とされる場合がでてくる。

もう一つ，上述の二つの認定基準とは別に，自立した言語体系であることを主張すべく「言語」と呼ぶ場合がある。『京都語辞典』（東京堂出版，1975年）や『ケセン語入門』（共話印刷企画センター，1985年）

表1　世界の日本語変種

区分	変種	下位区分
A．国内の日本語変種		
	①母語話者の使用する日本語変種	
		①-1　標準語
		①-2　地域方言
	②非母語話者の使用する日本語変種	
		②-1　永住者の言葉
		②-2　一時的滞在者の言葉
B．海外の日本語変種		
	③海外に移住した日本人（の子孫）の日本語変種	
		③-1　永住者の言葉
		③-2　一時的滞在者の言葉
	④旧植民地に滞在した日本人が残した日本語変種	
	⑤外国人の日本滞在経験者が自国に持ち帰った日本語変種	

出典：渋谷・簡（2013），一部表現を変更。

などは，京都や岩手県気仙地方の言葉を「体系」と捉える編者や筆者の立場を表したものといえる。

3 日本国内の言葉の地理的多様性

日本列島をヨーロッパに重ねて，その広さを視覚的に表した“Japan in Europe”という図がある（図1）。この図によれば，北海道は北欧のスカンジナビア半島に，八重山諸島（西端）はスペインのあるイベリア半島にかかり，小笠原諸島（南端）はイタリア近くのマルタ島に延びている。本州の東日本はおおよそドイツに，西日本はフランスに位置する。つまり，日本列島は国土面積こそ小さいがヨーロッパを覆うほど南北に長く，日本で育った人の多くが考えるより広い範囲にまたがっているのである。したがって，日本国内に言葉の地理的多様性があるのは当然といえる。

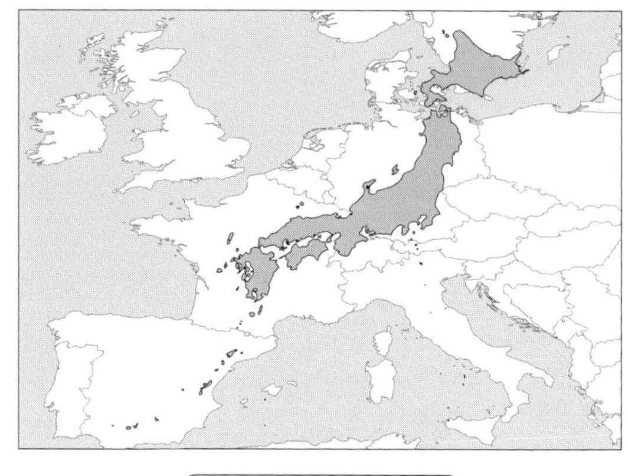

図1 “Japan in Europe”

出典：Sanada and Uemura (2007).

4 日本の方言区画

地理的な連続性は方言の連続性でもある。隣り合う地域の言葉が似ていれば方言の境界線を引くのは難しいが，日本の方言区画はおおよそ次のように考えられている（東条 1954；木部ほか編 2013）。

(1)本土方言 a．東部：①北海道，②東北，③関東，④東海東山(とうさん)，⑤八丈島

b．西部：⑥北陸，⑦近畿，⑧中国，⑨雲伯(うんぱく)，⑩四国

c．九州：⑪豊日(ほうじつ)[1]，⑫肥筑(ひちく)，⑬薩隅(さつぐう)

(2)琉球方言 a．北琉球：①奄美─北奄美・南奄美，②沖縄─北沖縄・南沖縄

b．南琉球：③宮古，④八重山，⑤与那国

なお琉球方言は，表2に示すようにそれぞれの方言の類似度が低く互いに通じ合わない。こうしたことをふまえ，近年では，(2)のグループを本土方言とは別の言語と位置づけて「琉球諸語」と呼ぶことが定着しつつある。この立場に立つと，日本のローカルな（土着の）言語には「日本語」のほか，系統を異にする「アイヌ語」，日本語と同系統の「琉球諸語」があることになる。(1)の本土方言のうち，八丈島方言を「言語」として日本語と分けて扱う立場もある。

▷1 「ほうにち」とも。

▷2 他の言語から語や表現を取り入れたり，既存の語を参考に新しい語や表現を作り出したりすること。英語の‘handbook’[hændbʊk]

表2 日本語と琉球諸語の語彙の対照

日本語	奄美語（諸鈍(しょどん)）	沖縄語（今帰仁(なきじん)）	宮古語（大神）	八重山語（波照間(はてるま)）	与那国語
頭	hamatɕ	tɕimbu	kanamaɯ	amasukuru	mimburu
垢	çig.ru	piŋgu	napa	futarɨ	gaba
兄	jakmə	mi:mi:	suta	ɕama	sunati
祖父	ɸuɕɕu	tˀamme:	upuɯa	buja	asa
卵	kʰuga	ɸuga	tunuka	kë:	kaiŋu

出典：ペラール（2013）。

5 海外の日本語

(1)**海外在住日本語母語話者の日本語**：仕事や留学などを目的に海外に長期滞在している人の日本語は，基本的にはその人が日本にいたときに話していた日本語のレパートリーと同じで，母方言を使うこともあれば，共通語として標準語的な話し方に切り換えることもある。日本国内の日本語話者と異なるのは，とくに語彙の面において，現地語や現地で媒介語として使用している言語の借用[2]がみられることである。日本語に訳しにくい語に限らず，現地での使用頻度が高い語が借用されやすい。たとえば英語圏の大学に留学した日本人学生の場合，「エンロールメント」(enrolment，履修登録) やエッセイ (essay，レポート) などは留学生どうしの日本語会話で使われる。日本の日本語にない借用語も少なくないため，日本在住の人には通じないこともある。

(2)**日系人の日本語**：言語形成期[3]を過ぎてから職を求めて海外に渡った移民は，現地でも日本語コミュニティを形成して暮らしていた。同郷出身者を頼って渡航することも多く，現地ではさまざまな方言が使われ，互いに影響を与え合っていた。同郷出身者が多いほど現地での発言力が強く，言語面においても強い影響力をもっていたようである。和歌山県の三尾(みお)村 (現 日高郡美浜町) からの移民が多かったカナダ西海岸のブリティッシュ・コロンビア州では三尾弁が日本人移民の共通語のようになり，とくにサケ漁に関わる表現に三尾弁由来のものがよく使われたという (Fukawa 2007)。1世には現地語の知識のないままに海を渡った人も多く，現地で仕事をしながら必要な言葉を身につけていった。現地語を体系的に学ぶ機会は限られていたと思われるが，生活の中で日常的によく使う語は日本語にも取り込まれていった。日系カナダ人1世の場合，セキハン (shake hands)，ケチン (kitchen)，ハラデー (holiday) のように原語の実際の発音に近い形で英語が借用されている。地下室を指すダンブロ (down below) のように，原義と異なる意味で使われる語もある。また逆に，通貨の「ドル」「セント」を「円」「銭」に置き換えて言うこともあったようである。

(3)**リンガ・フランカとしての日本語**：1895～1945年の50年にわたる日本統治時代を経験した台湾では，戦後，日本語母語話者が日本に引き揚げた後も民族間の共通語 (リンガ・フランカ) として日本語が機能した。日本統治時代に日本語を身につけた人だけでなくその下の世代にも，親や祖父母の使う日本語を聞き覚え，他民族の高年層との会話に利用する人がいるという (渋谷・簡 2013)。台湾の日本語は話し手の日本語能力による違いも大きいが，公教育で使われた標準語を基盤としつつ，日本から持ち込まれた西日本方言，および現地の複数の民族語の特徴が含まれる。たとえば五段動詞の否定形には「～ン」，一人称表現にはアミ語の一人称代名詞である 'gua' が広く使われる。またリンガ・フランカとしての日本語では丁寧体はほぼ使用されない。日本から持ち込まれた

が日本語で「ハンドブック」[handɔbuɯk·u] となるように，原語のままではなく自分の言語の音韻や文法の規則に合うように手を加えて取り込まれる。

▶3　ある言語を母語として身につけるまでに必要とされる期間。15歳くらいまでとされることが多い。

▶4　ピジン (pidgin) は意思疎通に使える共通語をもたない人たちが交易などのやりとりにおいて，互いの言語レパートリーを駆使して作り上げた接触言語。

▶5　クレオール (creole) はピジンのうち，その次の世代の子どもたちの母語として使われるようになった言語をいう。

▶6　コイネー (koiné) は互いに理解可能な言語・言語変種が混ざり合うことで形成される新たな言語体系をいう。コイネーはギリシア語で「共通の」という意味。

参考文献

簡月真 (2010)「台湾日本語の諸相」『日本語学』29-6，42-57頁。

簡月真 (2011)『台湾に渡った日本語の現在』明治書院。

木部暢子・竹田晃子・田中ゆかり・日高水穂・三井はるみ編著 (2013)『方言学入門』三省堂。

工藤真由美・八亀裕美 (2008)『複数の日本語』講談社。

クリスタル，デイヴィッド (2004)『消滅する言語』(斎藤兆史・三谷裕美訳) 中央公論新社。

真田信治・簡月真 (2008)「台湾における日本語クレオールについて」『日本語

日本語と現地語の両方の特徴をもつ点は，日系人の日本語と同様である。

6 日本語と他言語の接触

(1)**パラオ語にみる日本語借用語**：ミクロネシアにあるパラオ共和国は，1920〜45年の間，日本の植民地として統治されていた。その時期に生まれ日本語で教育を受けた人の多くは，終戦によって日本語環境が失われた後も高い日本語能力を維持し続けた。戦後はアメリカ領となり，独立した現在も英語の社会的地位が非常に高いため，体系的な日本語は戦後生まれの世代に受け継がれていない。しかし，パラオ語にみられる日本語借用語を集めた辞典（Imamura 2019）によれば，bioing（病院），futong（布団），haburas（歯ブラシ），iasai（野菜）など日本でも日常的に使われる語が数多く使われている。daiziob（大丈夫／とても良い）のように日本の日本語とは意味範疇の異なる語もあり，興味深い。

(2)**小笠原言葉**：東京都小笠原村は，（本州の）東京から南に約1000キロメートル離れた太平洋上の島々からなる。ロング（2005）によれば，小笠原諸島はもともと無人島で，英語，ポルトガル語，ハワイ語，チャモロ語などを話す人々によって1830年代に開拓され，多言語社会が形成された。その後，島民どうしの意思疎通のためのピジン◁4英語が生まれ，後にそれが島民の共通語となって「小笠原クレオール◁5英語」が定着したとみられる。1870年代に日本語話者の入植が始まり，以後，小笠原クレオール英語に加えて各地の方言が混ざり合ったコイネー◁6日本語も使われるようになり，さらにはこの２つ（英語と日本語）を混ぜた話し方が「島の言葉」として定着したという。小笠原言葉はクレオール英語とコイネー日本語という接触言語どうしを混ぜて使うところに特徴があり，「マタミルヨ」のように英語（See you again.）を直訳したような日本語表現など，単に日英両言語が混ざり合っただけではないユニークな特徴をもっている。

(3)**宜蘭（ぎらん）クレオール**：台湾には，リンガ・フランカとしての日本語とは別に，民族語のアタヤル語・セデック語と日本語の混合言語（クレオール）があることが近年の調査で明らかになった（真田・簡 2008）。話者の居住地の名前を取って「宜蘭クレオール」と名づけられたこの言語は，現在確認されている唯一の日本語系クレオールとして学界の注目を集めている。この言語の基礎語彙には，日本語から取り入れられたものも多く（表３参照），'wasi sensey cigo'（わし・先生・違う＝わたしは先生ではない）のように日本語とよく似た表現も使われる。しかし他の言語に由来する語彙もあり，また文法にも違いがあるため，宜蘭クレオールの会話を日本語モノリンガルが理解することはほとんどできない。（高木千恵）

の研究』4-2，69-76頁。

渋谷勝己・簡月真（2013）『旅するニホンゴ』岩波書店。

東条操（1954）「国語の方言区画」東条操編『日本方言学』吉川弘文館。

ペラール，トマ（2013）「日本列島の言語の多様性」田窪行則編『琉球列島の言語と文化』くろしお出版。

ロング，ダニエル（2005）『小笠原ことばしゃべる辞典』南方新社。

Fukawa, Masako (2007) *Nikkei Fishermen on the BC Coast : Their Biographies and Photographs,* Harbour Publishing.

Sanada, S. and Uemura, Y. (2007) "Japanese Dialects and Ryukyuan," Osahito Miyaoka, Osamu Sakiyama and Micael. E. Krauss eds., *The Vanishing Languages of the Pacific Rim,* Oxford University Press.

Imamura, Keisuke (2019) *A Dictionary of Japanese Loanwords in Palauan,* Island Research and Education Initiative. (https://sites.google.com/view/palau-japanese-loanwords/home)（2020年12月31日アクセス）

表３　宜蘭クレオールの基礎語彙

宜蘭クレオール	日本語訳
wasi	私
wataci	私たち
nta	あなた
ntataci	あなたたち
are	彼
aretaci	彼ら
kore	これ
sore	それ
are	あれ
dore	どれ

出典：簡（2010），一部を抜粋。

5 日本語の近隣の言語

ここでは日本語の近隣の言語として，中国語，朝鮮語，モンゴル語，アイヌ語，台湾やミクロネシアのオーストロネシア諸語を紹介する。[1]

1 東アジア大陸の諸言語

日本語の近隣の言語のうち，重大な歴史的関係をもつものに中国語がある。中国語には数多の「方言」があるが，これらの言語変種の相違は場合により言語の違いとみてもよいほど大きい。これらの言語変種を合わせると10億以上の母語話者を擁する，世界で唯一の言語である。また，日本の近隣ではもっとも古い時期から記録に残されてきた言語でもある。中国語圏の中には，多かれ少なかれ常に，書き言葉と話し言葉の乖離が存在した。近代以前の中国語文語は周辺他民族を含む広い地域（いわゆる漢字文化圏）で公用語として使われ，中国語圏の内外各地で中国語文語を上位言語とする二言語（変種）使い分け（ダイグロシア，バイリンガリズム）が起こっていた。そのため，中国語は，近世に至るまで日本語を含む周辺諸言語に対して影響を与え続け，周辺諸言語は中国語から大量の語彙・表現を借用した。日本，朝鮮，ベトナムでは漢字音の成立により必要なときに漢語形態素を利用できる態勢が整えられていることが特筆に値する。中国語の表記には表語文字である漢字が用いられるが，現在大陸では「簡体字」，台湾や香港では「繁体字」という別の字体の体系が標準となっている。

中国語は類型的には日本語との相違点が目立つ。音韻的には，音節声調（音節ごとに区別されるメロディー）をもち，阻害音[2]は帯気性[3]の対立による２系列が認められる。形態法が単純である（「孤立的」な言語といわれる）。形態素は単音節性（一形態素につき一音節が対応する性質）が顕著であるが，語の単位でみると，現代語には複音節語（複数の音節からなる語）が増えている。中国語は品詞を見分けるのが難しい言語としても名を馳せている。機能語の多くが内容語（語彙的意味をしっかりもつ語）の出自をもち，現代でも内容語の意味・機能との明確な対応をもつものが多い。たとえば介詞と呼ばれる品詞はおおむね前置詞にあたるが，介詞といわれる「在」「比」等は動詞としての用法もあり，意味・機能上の対応も明らかである。語順はVO語順（動詞に目的語が後続する語順）だが，目的語を動詞に前置させる構文もある。また，連体修飾語が名詞の前に，場所副詞語が述語の前に置かれる。数表現などに類別詞[4]が伴う現象があるが，これは周辺の諸言語に影響を与えた文法項目の一つだと思われる。ただし，今

▷1　ここでは取り上げられないが，日本との関連では，日本の近隣の手話として，韓国や台湾で「日本手話語族」に属するとされる日本手話の姉妹言語が使用されていることや，日本語を語彙供給言語とするクレオールといわれる宜蘭クレオール（台湾東部の宜蘭県で話される。1-4 側注5参照）の存在も注目される。

▷2　子音の種類の一つで，気流の流れを大きく妨げ，気流がせき止められたり乱流が起こる程度に空気の通り道が狭められたりするものをいう。閉鎖音，破擦音，摩擦音の総称。

▷3　主として阻害音が発せられる際に調整される喉頭特徴の一つ。有気性とも。子音の狭めの区間が終わり母音に移行する際に，喉が開きっぱなしになり空気が流れ出て気音を生ずる場合，その子音は「帯気性」をもつという。この気音を伴う子音を帯気音（ないし有気音）と呼び，そのような気音を伴わないものを無気音と呼ぶ。

▷4　他の語の表す対象のもつ特徴を分類して示す働きをもつ形式。たとえば，数量表現の「１本，２本」の「本」や「１枚，２枚」の「枚」は，「鉛筆」や「紙」など，関連づけられる語の表す対象が細長いタイプであったりぺらぺらし

の中国やそれより南で話される諸言語では，数表現のほか，指示詞が名詞を修飾する際にも類別詞が使われる。語彙的には類別詞のほか，数詞も周辺諸言語に多く借用されている。

朝鮮語[5]は，日本語とよく似た言語である。朝鮮語の語順は日本語と同様にいわゆる主要部後置型の語順をもつ[6]。しかし，日本語とは違い，述語に前置される否定要素をもつ。音韻的には相違点が多い。音素目録は子音も母音も日本語に比べ豊かで，阻害音は帯気性・喉頭化[7]により3系列が対立する。単母音は，分析にもよるが，10程度の音色が区別される。同化，中和や音節化などの共時的音韻プロセスも多い。語彙的には，漢字音の定着により漢語形態素を自由に持ち込むことが特徴であり，植民地時代には日本生まれの漢語が多く導入されたほか，日本語固有語も借用された。日本語からの借用の中には，「立場」，「取消」など，漢字音を宛てて借入するタイプの，漢語形態素を利用した借用翻訳（カルク[8]）が一定数あり，表記を通じた借用とみられる。日本語に比べてさらに擬音語・擬態語が豊富であり，これらは母音交替・子音交替によってニュアンスが区別される。数量類別詞をもつ。形態的には接尾辞言語である。動詞と形容詞の形態は非常に近く，多くの活用形が両者に共通する。これら用言は連体節述語，連用節述語，主節述語ではっきり異なる語形をもち，文タイプ（平叙，疑問，命令等）も語尾により区別される。文法的な敬語体系として主語に対する敬意を表す用言形をもつほか，語尾により聞き手に対する敬意の段階が複数（4～6）区別される。

朝鮮語の表記には表音文字であるハングルが使用される。かつては漢字混用の縦書き表記が盛んだった時期もあるが，北朝鮮では早くに漢字が撤廃されハングル専用横書き表記がされるようになった。韓国でも漢字混用縦書き表記は徐々に減り，1990年代にはすべての新聞が横書きを採用し，現在では漢字混用および縦書きはともに限定的にしかみられない。ハングルは単音を表す字母を組み立て，1音節を1字にまとめるタイプの文字で，アルファベットの性質と音節文字の性質を持ち合わせている[9]。現在の朝鮮語の正書法は南北で異なるが，ともに1933年の朝鮮語学会によるハングル綴字法統一案との連続性が明らかである。その正書法の精神は音韻プロセスを遡って基底形を表記するもので，形態素境界と文字境界を可能な限り合わせてゆくため，表音文字でありながらその表記において表語性が発揮される特徴をもつ。

モンゴル語は母音音素が豊富で，ハルハ方言の場合，7個の基本母音のほか，対応する長母音，二重母音を含めると18の母音が区別される。これらの母音は咽頭性（あるいは後舌性）および円唇性の母音調和[10]に従う。子音音素は32個あり，やはり豊富である[11]。形態的には接尾辞的である。動詞は主節述語と従属節述語で形態を異にする。モンゴル語の語彙には，チュルク諸語，チベット語，中国語などからの借用語が存在するが，これらの古い借用語についてはすでに借用

たタイプのものであることを示す類別詞である。日本語では助数詞の多くが類別機能をもつが，数量表現ではない環境に類別詞が現れる言語もある。

▶5　韓国語とも。学術分野では，韓国のみならず北朝鮮や中国朝鮮族の言語を含む，中立的な意味で「朝鮮語」という表現を使うことが多い。

▶6　修飾語のあとに被修飾語（主要部）が置かれ，述語が述語以外の要素のあとに置かれる語順のことを主要部後置型という。典型的な主要部後置型では他動詞の主要な要素の順序がSOVになる。この語順は系統を異にする世界の諸言語にしばしばみられるため，語順のみをもって朝鮮語と日本語が似ているとはいえない。朝鮮語と日本語はともに中国語からの影響を受け，朝鮮語はさらに植民地時代に日本語からの影響を受けたため，語彙や表現に共通するところが多い。その他，ここにも挙げたいくつかの特徴は両言語に類似がみられるが，相違点もそれなりに存在することに注意すべきである。

▶7　主として阻害音が発せられる際に，喉頭の緊張が伴うこと。またその性質をいう。

▶8　借用翻訳（カルク，calque）は主に複雑な語構成をもちながら組み合わせ全体が特別な意味をもつ原語の語構成をそのまま利用し，要素それぞれを翻訳して作られる，広義の借用。英語の語構成を活かして作られた日本語の例にdumb-bell「唖鈴」がある。

▶9　関係する子音字母間

意識が希薄になってきている。モンゴル系諸言語の中には中国語の影響で数量類別詞を発達させたものがあるが，モンゴル語には類別詞は存在しない。語順は日本語によく似る。20世紀以降，モンゴル国（当時のモンゴル共和国）ではソ連，ロシアとの密接な関係を背景に，ロシア語からの借用語彙が増えている。

モンゴル語を表記する文字としてはウイグル文字を応用した書写による最古の資料が13世紀初頭のものと推定されており，モンゴル文語を書くためのモンゴル文字に発展した。その間，13世紀後半にはパスパ文字[12]が公布されたが普及せず，古典式モンゴル文字が歴史的にはもっとも長い間使われ，現在も内蒙古ではこのモンゴル文字が書記に使われている。モンゴル国ではキリル文字[13]が表記に使われる。

2 それ以外の近隣諸言語

アイヌ語は北海道，南サハリン，千島列島にわたる地域で話されていた言語である[14]。母音は5個が区別され，世界の言語の中では標準的だが，子音の音素目録は比較的シンプルで，阻害音に有声性や帯気性の対立による複数系列をもたない。しかし，共時的な音韻プロセスはそれなりに多い。形態的には複統合的な特徴をもち，名詞抱合（動詞を主要部にした生産的な名詞（主として目的語）＋動詞の複合）も起こす。接辞では接尾辞より接頭辞が目立つ。おおむね主要部標示的な言語であり，動詞に主語・目的語の人称・数が，分離不可能名詞や位置名詞などに所有者の人称・数が標示される一方，名詞の格には周辺的なものしかない。周辺項を目的語に昇格させる適用態など広い意味での態が豊富である。語順は日本語によく似るが，否定要素は動詞に前置される。数詞は人か，人でないかにより接尾辞が変わる類別を行う。人称システムにおいて一人称複数で除外（聞き手を含まない）と包括（聞き手を含む）の2形式を区別する。以上のように日本語と地理的にもっとも近い言語だが，語順以外の類型特徴は日本語とはかけ離れている。ただし，借用語は日本語からのものが多い。

日本の南に位置する地域の諸言語は台湾の中国語系諸言語を除けばすべてがオーストロネシア語族に属する[15]。非常に大きな語族であるため個々の言語の類型特徴も多岐にわたるが，ほとんどの言語が一人称複数（さらには双数）で除外と包括の2形式を区別する。以下では日本の南隣として，台湾とミクロネシアに分けてオーストロネシア系諸言語について述べる。なお，どちらの地域の言語も伝統的には文字の使用がなかったため，歴史的な記録が少ない[16]。

台湾固有の諸言語は死語を含めれば20を超える。現在も母語話者のいる言語が10以上あるが，消滅の危機の度合は多かれ少なかれ高い。これら台湾の諸言語は，オーストロネシア語族に属するといっても，多くの相違もみられ，比較言語学的にこれらの分岐年代は非常に古いと考えられる。台湾がオーストロネシア語族の故地と目されるゆえんである。ただし，ヤミ語のみは北フィリピン

にはかなり規則的な対応があり，弁別素性が形式化されたものとみることもできる。母音字母には母音調和の体系が反映されていることからも，創製者（世宗とされる）がこの言語の音韻論を高い水準で分析していたことは間違いない。

▶10　一語内では同じグループに属する母音しか現れない法則性。

▶11　口蓋化子音と呼ばれる子音の扱いにより，母音音素と子音音素の数は大きな異同がありえる。

▶12　元の世祖フビライが命じてチベット人僧侶パスパに作らせた文字。

▶13　ロシア語など，多くの正教圏のスラヴ諸語や旧ソ連を中心とした地域のその他の言語を表記するのに用いられている文字。

▶14　残されたアイヌ語地名から，かつてのアイヌ語話者の分布は日本の東北地方に及んでいたと考えられる。

▶15　オーストロネシア語族は，台湾，東南アジア島嶼部，ミクロネシア，ポリネシア，メラネシア（ニューギニア内陸部以外），果てはマダガスカルにわたる広大な地域に分布する諸言語から構成される。

▶16　20世紀の初頭にヨーロッパ人との接触ののち，カロリン諸島でウォレアイ文字あるいはカロリン文字といわれる文字が一時使用されたが，現在はこの文字は使用されていない。

の諸言語と近縁とされる。台湾の諸言語間には共通する類型特徴がいくつかみられる。述語が節の初頭にくる語順，接中辞の存在，接頭辞の豊富さのほか，交替する3，4系列の動詞形態が文法的意味役割と格との関係を決める「フィリピン型」の態（焦点体系とも呼ばれる），リンカーと呼ばれる統語的つなぎ要素などである。以上の類型特徴はフィリピンの諸言語とも多く共有されている。台湾独自の特徴として，基本数詞のほかに人を数える際の人数詞の系列が区別されるが，これは台湾に残されたオーストロネシア語族の古い特徴と考えられる。音韻的には，母音4個か6個が対立するものが多い。対立する子音音素は20に満たない場合が多く，日本語と同程度に小さめの目録をなすが，その中に2，3系列の流音が含まれるものが多いなど，内容的には日本語との違いも目立つ。日本の統治時代に日本語からの語彙借用が多く入ったが，威信言語[◁17]が中国語になってからは中国語が主な借用源である。

ミクロネシアにも20を超える言語があり，すべてオーストロネシア系であるが，その中ではパラオ語とチャモロ語がフィリピンやインドネシアの諸言語と同じサブグループ（マラヨ・ポリネシア系）に属し，その他はポリネシアの諸言語と同じサブグループ（オセアニア系）に属し，異なる特徴をもつ。たとえばチャモロ語の動詞形態法はフィリピンの諸言語に類似するが，オセアニア系諸言語にはみられないことである。その他，ミクロネシアの諸言語にみられる類型的多様性は大きく，音素の数を例に取ると，もっとも多いのがコシャエ語で子音35個，母音12個が区別されるが，もっとも少ないのがキリバス語で子音10個，母音5個しか区別されない。接辞付加は概して生産的でないものが多い。多くの言語に複雑な所有表現が存在するのが類型的な共通点である。身体部位や親族名称を表す名詞（分離不可能所有名詞）には義務的に所有者の人称・数が標示されるのに対し，その他の名詞の所有者人称・数は直接接辞付加されるのではなく類別詞を介して標示される。所有類別詞のほか，数量類別詞もみられる。語順は他動詞文の基本要素のならびで代表させればVSOとSVOがみられる。大航海時代以来，複数の宗主国に統治されたこの地域では，借用のソースも複数にわたる。チャモロ語はスペイン語からの語彙借用が激しく，数詞などは完全に置き換えられている。パラオ語など日本の統治時代に日本語からの語彙借用を多く行った言語もある。この地域は日本の敗戦後，アメリカ統治下に置かれ，その密接な社会・政治的関係から，多くの言語で，英語からの借用が増えている。

日本の近隣の諸言語には，総じて類別詞言語が多い（モンゴル語以外）。また，母音音素が多めの言語も多い（アイヌ語，台湾の諸言語以外）。その他の特徴は，むしろ，さながら見本市のごとき多様性を呈している。上述の通り，接辞による形態手法一つとっても孤立的，接尾辞的，接頭辞的に加えて接中辞をもつ言語まで存在し，語順をとってもSOV，SVO，VSOが存在する。（千田俊太郎）

▶17 公的な場面での使用が有力な言語。

参考文献

亀井孝・河野六郎・千野栄一編（1988-2001）『言語学大辞典』言語編，文字編，三省堂。

Blust, Robert (2013) *The Austronesian languages*, CanberraAsia-Pacific Linguistics.

Chao, Yuen Ren (1968) *A Grammar of Spoken Chinese*, University of California Press.

Janhunen, Juha (2003) *The Mongolic Languages*, Routledge.

李翊燮・李相億・蔡琬（2004）『韓国語概説』（梅田博之監修，前田真彦訳）大修館書店。

佐藤知己（2008）『アイヌ語文法の基礎』大学書林。

音声・音韻概説

1 言語，音，文字の関係

我々が意思疎通や思考に利用する記号体系を「言語」という。一般にいう言語は，我々が大人の発話からなぜか自然に学び取る「自然言語[1]」を指す。自然言語の多くは，音（sound），つまり，何らかの運動が気体や液体にもたらす振動に依存している。音は形状をもたない上，一瞬で消えてしまうので，時空間を共有していない人に伝えるには向かない[2]。

この欠点を補うものが，漢字，仮名，ローマ字といった文字である。文字は，自然言語を使う中で二次的に生まれたものであるが，社会的／法的効力をもつ情報を扱うにあたっては，しばしば音に優先する。

2 音，音声，言語音の違い

肺，気管，口腔といった発声器官（ないし音声器官[3]）の運動で生じる音を「音声（speech sound）」という[4]。音声のうち，発話の意味に関わるものはとくに「言語音（phone）」と呼ばれる。(1a）のテ音を例に取って，これが日本語[5]の言語音であるかを確認してみよう。まず，テ音をもつ語は（1a）以外にも無数にある。そして，このテ音を他の音声に替えると，(1b）当該語の意味が変わるか，(1c）通じなくなる[6]。以上のことからテ音は言語音といえる。

(1)　a．てら **tera** 寺　　　あてる **ateru** 当てる
　　 b．へら **hera** 箆　　　あたる **ataru** 当たる
　　 c．ねら **nera** ??　　　あとる **atoru** ??

では，咳やあくびはどうか。前者は，聞き手の注意を引くために，後者は，聞き手に退屈感を暗示するために発されることがある。この場合，咳払い／あくびらしく調音しなければ，前述の意図が伝わらない。つまり，調音と意味とが定まっているので，これらも言語音といえよう[7]。

3 音声の種類

実は，テ音は2種類の音声から成る。①その前半[8]は，肺からの気流を舌で強く妨げる「子音（consonant）」，②後半は，そのような気流妨害を（あまり）伴わない「母音（vowel）」である。ローマ字表記はこの構造を反映しており，テ音の前半を〈t〉[9]に，後半を〈e〉に転写する。

▶1　自然言語とは異なり，人為的に創出・整備された言語を「人工言語」という。①漫画『ドラゴンボール』のナメック語，②映画「アバター」のナヴィ語，③エスペラントなどは，自然言語に似せた人工言語である。コンピューターへの指令や電子データの構造記述に用いる「コンピューター言語」も，自然言語の設計とはかけ離れているが，人工言語の一種である。

▶2　手指の動きや表情に依存した手話言語も同様である。

▶3　ただし，その本務は発声ではなく，生命維持である。

▶4　人間どうしが意思疎通に用いる声のみならず，咳やあくびも音声である。手や足で鳴らした音は，聞き手の注意を引くためのものであっても，発声を伴わないので，音声ではない。

▶5　筆者が担当した範囲においては，断りのない限り，現代共通日本語を指す。

▶6　このような場合，「テ音は他の音声と対立する」ないし「テ音は弁別的である」という。(1)のように，発話の意味を左右する音形対立に注目することは，言語学の基礎である。

▶7　ただし，咳やあくびを常に伴う発話は日本語にはわずかしかない。テ音と

t音もe音もテ音に同じく，日本語の言語音である。事実，(1)のt音，e音を他の音声に替えると，前掲（1b）のように当該語の意味が変わるか，(1c）のように通じなくなる。

テ音はt音とe音とに切り分けられるが，t音，e音の分解は容易ではない。t音，e音のような，最小単位と思しき言語音を「分節音（segment）」という。

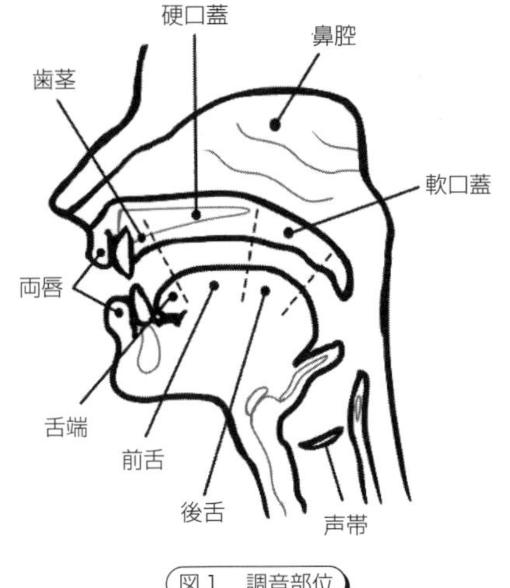

図1　調音部位

4 分節音と超分節音との違い

音声には，長さ，高さ，強さなど，常に分節音に被さって現れる要素もある。このような要素を「超分節音（suprasegment）」[10]という。

日本語は発話の意味の弁別に長さと高さとをしばしば利用する。その具体例は次掲(2)を参照されたい。(2a）はo音の長さを，(2b）はt音の長さを，(2c）は高さ[11]を違える「最小対（minimal pair）[12]」である。

(2)　a．kosan　古参　　b．kite　来て　　c．a↑ka 垢
　　　　koosan 降参　　　kitte 切って　　　a↓ka 赤

5 タ行子音の調音

子音と母音とを分けて示す分節音単位の表記にはローマ字が向いている。日本語のローマ字表記法には数種類あり，(3a)「訓令式」の系列と（3b)「ヘボン式」の系列とに大別できる。両者の違いは，たとえば，タ行音に著しい。訓令式はタ行子音をすべて〈t〉に転写するが，(3b）ヘボン式はタテト，ツ，チの子音をそれぞれ〈t〉，〈ts〉，〈ch〉と書き分ける。この書き分けは，ヘボン式の子音表記[13]が，t音：ts音：ch音の別に敏感な英語の正書法に準じていることに因る。

実際，t音，ts音，ch音は調音を違えている。音声の精密転写を目的としたIPA（International Phonetic Alphabet; 国際音声字母）[14]を使えば，これら3子音は（3c）のように書き分けられる[15]。

(3)	タ	チ	ツ	テ	ト
a．訓令式	〈ta〉	〈ti〉	〈tu〉	〈te〉	〈to〉
b．ヘボン式	〈ta〉	〈**chi**〉	〈**tsu**〉	〈te〉	〈to〉
c．IPA表記[16]	[ta]	[**t͡sʲ**i]	[**t͡s**u]	[te]	[to]

t音＝[t] は「無声歯茎閉鎖音（むせいしけいへいさおん）」[17]といい，舌端と歯茎とで（図1参照）呼気を堰（せ）き止める子音である。ts音＝[t͡s] は「無声歯茎破擦音（はさつおん）」といい，舌端と歯

はこの点で決定的に異なる。言語学は長らく，テ音のような，さまざまな発話に用いられる言語音の研究に力を注いできたが，咳やあくびのような，限られた発話に用いられる言語音が研究の価値を欠くわけではない（研究例：定延利之，2005，『ささやく恋人，りきむレポーター』岩波書店）。

▷8 「前半／後半」という呼称は便宜に過ぎない。基本的には，前半の子音より後半の母音の方が長い。

▷9 言語学においては文字を〈◯〉で囲む。

▷10 記号に転写される音声は基本的に分節音である。分節音と記号とは一定の時空間（分節音は時間，記号は空間）を占める点において共通するので，対応させやすいのだろう。

▷11 (2c)"↑/↓"は音高の上昇／下降を示す。a↑kaにおいてはka音が，a↓kaにおいては最初のa音が高い。

▷12 構成要素を1点のみ違える語句の対。その違いが発話の意味に影響することを例示する場合に使う。

▷13 母音表記は英語正書法のそれとは異なる。欧州諸語の中でいえば，イタリア語正書法のそれに近い。

▷14 フランスで興った国際音声学会（International Phonetic Association）が1888年に考案。以来，度々改訂されている。欧州で発祥したことから，相当数の記号はローマ字からの転用。(https://www.internationalphoneticassociation.org/content/full-ipa-chart)

▷15 言語学においては音声記号を［◯］で囲む。

▷16 本題に関わらないと

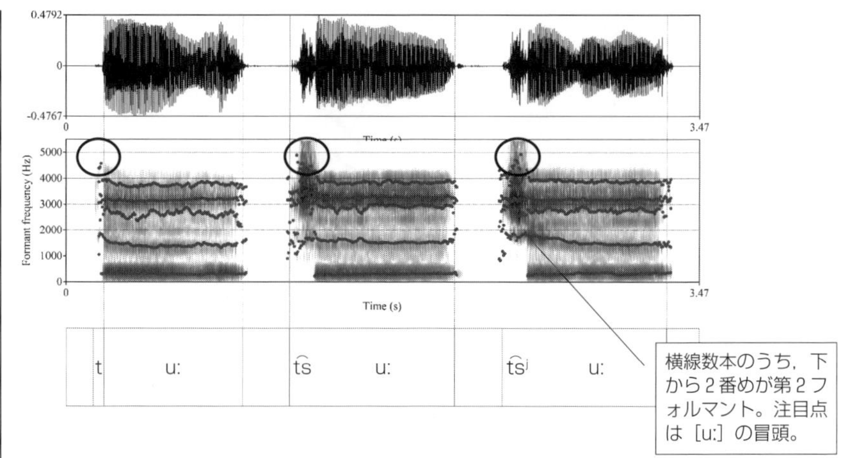

図2　［t］:［t͡s］:［t͡sʲ］の別

茎とで呼気を堰き止めたのち，舌の正中部から呼気を開放する子音である。[18] ch 音＝［t͡sʲ］は「無声歯茎硬口蓋破擦音」といい，舌端・前舌と歯茎・硬口蓋とで呼気を堰き止めたのち，舌の正中部から呼気を開放する子音である。

6 音響音声分析

［t］:［t͡s］:［t͡sʲ］の別は，現代であれば，パソコンで容易に可視化できる。図2は，トゥー音［tu:］，ツー音［t͡su:］，チュー音［t͡sʲu:］を無料ソフトウェア Praat[19] で可視化したものである。3段の図は上から順に音声波形[20]，スペクトログラム[21]，注釈であり，［t］:［t͡s］:［t͡sʲ］の違いは各スペクトログラムの冒頭から読み取れる。

まずは，図2の丸囲み部に注目されたい。ここは4000 Hz 以上の周波数帯域であり，影の有無は摩擦噪音の有無を意味する。この音響特徴は破擦音［t͡s, t͡sʲ］と閉鎖音［t］との違いを示すものである。

次いで，図2の吹き出しが指示する第2フォルマント[22]に注目されたい。歯茎音［t, t͡s］に比べ，歯茎硬口蓋音［t͡sʲ］は，後続母音［u:］冒頭の第2フォルマントを高める。この音響特徴は前舌と硬口蓋との接近を示すものである。

7 音素とその異音

日本語母語話者は［tu:］，［t͡su:］，［t͡sʲu:］を異なる音声と判断するが，［t］:［t͡s］:［t͡sʲ］の別に常に敏感なわけではない。場合によっては［t］:［t͡s］:［t͡sʲ］の別を無視して，同一の分節音と見なしている。このことは，動詞の語形変化を整理した（4A-C）からわかる。太字部は「語幹」と呼ばれる構成要素であり，‘勝つ’‘嚙む’‘書く’といった見出し行の意味を表している。

ころで混乱を招かぬよう，母音の表記はローマ字表記に合わせた。

▷17　IPA における分節音名は「声帯振動の有無」「調音部位」「調音法」という3要素からなっている。たとえば，無声歯茎閉鎖音は「声帯振動：無」「調音部位：歯茎（と舌端の前面）」「調音法：（口腔内気圧を高める）閉鎖」を意味する。

▷18　［t］に，舌端と歯茎とで呼気を妨害する無声歯茎摩擦音［s］を加えた子音ともいえる。［t͡s］と後述の［t͡sʲ］とは文字面から2子音にみえるが，どちらも［t］に同じく1子音である。

▷19　名称はオランダ語の名詞 praat ‘話し’ に由来する。アムステルダム大学の Paul Boersma 氏と David Weenink 氏とが中心となって開発した。多彩な機能を備えており，分析過程の自動化も可能。(https://www.fon.hum.uva.nl/praat/)

▷20　縦軸の圧力と横軸の時間軸とに基づいて音を図示したもの。

▷21　音を，互いに周期を違える複数の振動に分解し，周波数（ここでは振動の周期）と時間軸とに基づいて図示したもの。

▷22　音声を特徴づける周波数成分。舌の最高点が硬口蓋に近く，そこから唇までの距離が短ければ，相対的に高い周波数として現れる。

(4)	A. /kat-/ '勝つ'	B. /kam-/ '噛む'	C. /kak-/ '書く'
a. せず	かたず [**kat**azu]	かまず [**kam**azu]	かかず [**kak**azu]
b. すれば	かてば [**kat**eba]	かめば [**kam**eba]	かけば [**kak**eba]
c. しよう	かとー [**kat**oː]	かもー [**kam**oː]	かこー [**kak**oː]
d. する	かつ [**kat͡s**u]	かむ [**kam**u]	かく [**kak**u]
e. しに	かちに [**kat͡sʲ**inʲi]	かみに [**kamʲ**inʲi]	かきに [**kakʲ**inʲi]

(4A) の語幹には，(4a-c) [kat-]，(4d) [kat͡s-]，(4e) [kat͡sʲ-] という3種類の変異がある。語幹末に現れる [t, t͡s, t͡sʲ] は，⑤⑥にみたとおり，調音も音響特徴も違えているが，この分節音上の差異は語幹の意味になぜか影響しない。これは，(4A) の語幹末を [m] や [k] に替えると，語幹が別物 ((4B) [kam-] '噛む'，(4C) [kak-] '書く') になることとは対照的である。

言語学においては，(4A) のような分節音上の差異を，「音素 (phoneme)」と呼ばれる範疇の「異音 (allophone)」[23]と解釈する。(4A) であれば，/t/[24] という音素を設定し，これが (4a-c) /a, e, o/ に先行するときは [t] に，(4d) /u/ に先行するときは [t͡s] に，(4e) /i/ に先行するときは [t͡sʲ] になると見るわけである。[25]

8 音素か否か

(4A) のとおり，タチツテト [ta, t͡sʲi, t͡su, te, to] の [t, t͡s, t͡sʲ] は /t/ と解釈される。では，そのほかの [t, t͡s, t͡sʲ] はどう捉えられているのだろうか。

チャチュチョ [t͡sʲa, t͡sʲu, t͡sʲo] の [t͡sʲ] は，タチツテトの [t, t͡s, t͡sʲ] に似たふるまいを見せる。次掲(5)を参照されたい。(5A) タチツテトがダジズデド [da, (d͡)zʲi, (d͡)zu, de, do] と対を成すように，(5B) チャチュチョもジャジュジョ [(d͡)zʲa, (d͡)zʲu, (d͡)zʲo] と対を成す。このことから，[t͡sʲa, t͡sʲu, t͡sʲo] の [t͡sʲ] を /t/ に関連づけて，/ty/ と解釈してもよい。

(5)				
Aa.	[**t**ama] '玉'	Ba.	[**t͡sʲ**awaã] '茶碗'
	[me**d**ama] '目玉'		[gohan**d͡zʲ**awaã] '御飯茶碗'
Ab.	[**t͡s**ukʲi] '月'	Bb.	[mo**t͡sʲ**uː] '喪中'
	[mʲikaz**u**kʲi] '三日月'		[ɾoː**zʲ**uː] '老中'

残りの [t, t͡s, t͡sʲ] はどうか。バティストゥータ [ba**tʲ**is**tu**ːta]，ツェッペリン [**t͡s**eppeɾʲiĩ]，チェンジ [**t͡sʲ**endzʲi] などの [t, t͡s, t͡sʲ] は，(5)に見たような対をもたず，現状，外来語にのみ現れる。このような周辺的分節音が音素と認識されているかは，個々人の語彙とも関わる[26]，興味深い問題である。

(黒木邦彦)

▷23 異音の定義が実質的には，「或る音素に無限に生じる変異のうち，違いが著しい（≒IPA 等に転写しやすい）もの」である点に注意されたい。変異どうしの違いが小さい場合，便宜的に，異音はないものと見なされる。

▷24 言語学においては音素記号を /○/ で囲む。

▷25 (4A) の語幹末において [t]，[t͡s]，[t͡sʲ] が棲み分けていることを「相補分布」という。

▷26 ツィ [t͡si] が日本語に馴染んでいないからか，これの代わりにチ [t͡sʲi] やツイ [t͡sui] がしばしば用いられる（例：パパラッチ [papaɾat**t͡sʲi**]，マテラッツィ [mateɾat**t͡sui**]；この置換関係は，フィルム [**ɸʲi**ɾumu] とフイルム [**ɸui**ɾumu] との置換関係に等しい）。ティ [tʲi] も同じく安定しておらず，たとえば，ティッシュ [**tʲ**isʲsʲu] には，テッシュ [**te**sʲsʲu] ないしチッシュ [**t͡sʲ**isʲsʲu] という変異が存在する。ただし，同じティ [tʲi] であっても，バティストゥータ [ba**tʲ**istuːta] をバテストゥータ [ba**te**stuːta] やバチストゥータ [ba**t͡sʲ**istuːta] と発音する人はいないように思う。

参考文献

川原繁人 (2017)『「あ」は「い」より大きい⁉——音象徴で学ぶ音声学入門』ひつじ書房。

川原繁人 (2018)『ビジュアル音声学』三省堂。

母　音

1　日本語の母音体系

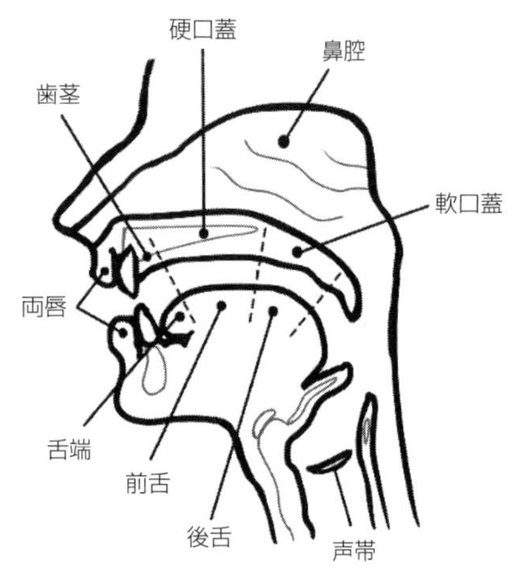

図１　調音部位

唇や舌で気流を（あまり）妨害しない分節音を母音という。[1] 日本語においては，５種類の母音音素 /a, i, u, e, o/ が設定できる。これらはアイウエオに対応し，舌と口蓋との最接近部位および最接近幅から次掲(1)のように整理できる。［◌］は，母音音素単独の調音を IPA[2] に転写したものである。[3] 各調音部位は図１を参照されたい。

(1)

		最接近部位		
		前舌 硬口蓋	⇔	後舌 軟口蓋
	狭	/i/［i］		/u/［u］
最接近幅	⇕	/e/［e］		/o/［o］
	広		/a/［ɐ］	

2　自然音類

(1)の同行／同列にある母音音素どうしは調音を共有しており，特定の言語現象において同様にふるまう傾向にある。このような音素どうしを「自然音類（natural class）」という。たとえば，調音時に舌を口蓋に接触させる狭母音 /i, u/ は，声帯（図１）を震わせない無声子音に挟まれると，(2A: 太字部）のように無声化する（IPA 転写時は［◌̥, ◌̊］を付す）。これは，/i, u/ が声帯の動きを両隣の無声子音に同化させた結果である。さらに，先行の無声子音が摩擦音／破擦音であれば，(2B：太字部）のとおりそれに完全に同化する。[4] この，/a, e, o/ にはみられないふるまいから，[5] /i, u/ は自然音類を成すと考えられる。

(2)

Aa.	Ab.	Ba.	Bb.	Bc.	Bd.	Be.	Bf.
冷えピタ	茎	月	好き	死闘	酒盗	拭く	引く
/hiep**i**ta/	/k**u**ki/	/**tu**ki/	/**su**ki/	/**si**too/	/**syu**too/	/**hu**ku/	/**hi**ku/
[çiepʲ**i̥**tɐ]	[k**u̥**kʲi]	[**t͡s**kʲi]	[**s**kʲi]	[**sʲ**toː]	[**sʲʸ**toː]	[**ɸ**ku]	[**ç**ku]

▷１　2-1 参照。

▷２　2-1 参照。

▷３　/u/ の調音には個人差もあって，転写が難しい。口角の丸め具合と唇の突き出し具合とによっては，［ɯ］（ないし他の記号）に転写する方が適当だろう。さらに，［u］にせよ［ɯ］にせよ，舌と口蓋との最接近部位が IPA の定義（感覚的なものではあるが）より幾分前寄りである。このことも示したければ，前寄りを意味する［◌̟］を付して，［u̟, ɯ̟］とする。

▷４　松井理直（2015）「日本語の母音無声化に関する C/D モデルの入力情報について」『音声研究』19(2)：55-69頁。

▷５　次のように，①第１音節の，②無声子音間にある母音音素 /a, e, o/ も，③後続音節に同一の母音音素があれば，無声化しうる。この無声化は /i, u/ の無声化とは別物であり，条件の指定が細かい。

/katate/	/sekken/	/kokoro/
[kɐ̥tɐtɐ]	[se̥kkeẽ]	[ko̥koɾo]
‘片手’	‘石鹸’	‘心’

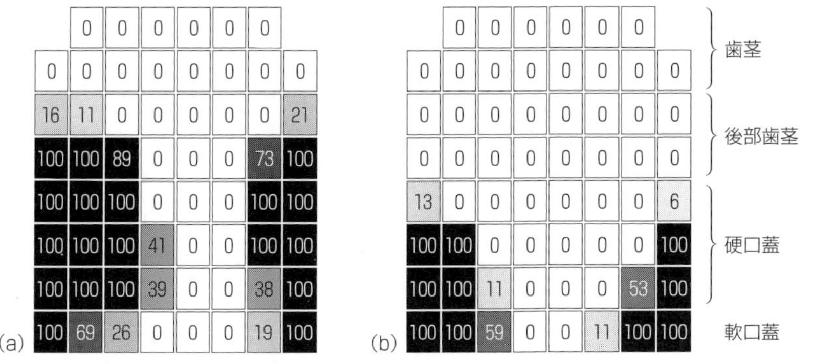

図2 (a) /i/, (b) /u/ における舌と口蓋との接触率

出典：松井（2015：57）。

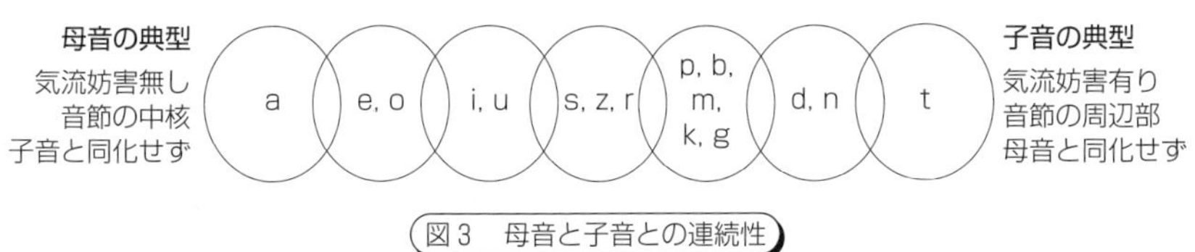

図3 母音と子音との連続性

3 母音に伴う気流妨害

2に述べたとおり，狭母音 /i, u/ の調音においては舌が口蓋に接触し，気流をわずかに妨害する。図2は，電子口蓋図法（electropalatography）[6]と呼ばれる手法を使って，/i, u/ の調音動態を測定した結果である[7]。長方形の図は口蓋面を模しており，4つの区分は上から順に歯茎，後部歯茎，硬口蓋，軟口蓋に対応する。マス目内の数値（数値の大小はマス目の濃淡と対応）は，/i, u/ を調音するあいだ，舌がどのくらい長く当該箇所に接触していたかを示している[8]。図2のとおり，(a) /i/ においては硬口蓋に，(b) /u/ においては硬口蓋後部以降に舌の両脇がしっかりと接触している。

4 母音と子音との連続性

図2のとおり，狭母音 /i, u/ の調音においては舌が口蓋に接触し，気流をわずかに妨害する。このことからわかるように，母音と子音とは，少なくとも，気流妨害の有無だけで二分できる素集合同士ではない[9]。母音にも子音にも典型は確かにあるが，図3のように，両典型のあいだには，交わりを持つ母音的／子音的集合が複数個連続しているのである。 （黒木邦彦）

▷6 調音運動を継時的に測定できる生理学的検査機器。人工口蓋床の上に一定数の電極を配置し，舌と電極が接触したときにその電極がスイッチの役割を果たし，外部の信号検出器に電流を流すという仕組みをもつ。松井理直（2017）「エレクトロパラトグラフィ（EPG）の基礎」『日本音響学会誌』73(8)：491-498頁参照。

▷7 松井理直（2015：55-69）。

▷8 たとえば，100％であれば，/i, u/ を調音するあいだ，舌が口蓋にずっと接触していたことを意味する。

▷9 この問題については次の文献を参照されたい。城生佰太郎（2016）「母音と子音の間で」『文学部紀要』（文教大学文学部）29(2)：23-53頁。

参考文献

川原繁人（2017）『「あ」は「い」より大きい!?——音象徴で学ぶ音声学入門』ひつじ書房。

川原繁人（2018）『ビジュアル音声学』三省堂。

3 子　音

1 子音体系

唇や舌で気流を妨害する分節音を子音という[1]。日本語の子音音素は，5種類を弁別する母音音素より倍以上多い。子音音素どうしの関係もその分複雑であるが，五十音図が理解を助けてくれる。

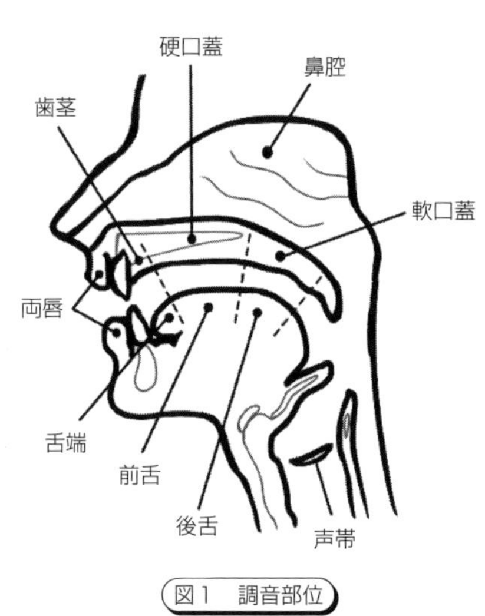

図1　調音部位

五十音図におけるカ～ワ行の配列は，カ～ワ行子音の調音を考慮するに，(1)のような子音分類表に基づくようである[2]。(1)の行列には調音的根拠があり，①行の上ほど調音法が子音的であり（＝呼気妨害度も口腔内気圧も高く），②列の左ほど調音部位が両唇に近い（図1における調音部位の並びに対応）。

(1)の各セルに該当するカ～ワ行子音を配置すると，カ行からマ行までは上から下へ，右から左へ一方向的に並んでいることに気づく。ヤ行からは硬口蓋音に戻り，今度は右から左へ一方向的に並ぶ。ヤ行から並びの流れが変わるのは，ヤ～ワ行子音がカ～マ行子音と呼気妨害度を違えているからだろう。

(1)

両唇音	歯茎音	硬口蓋音	軟口蓋音		呼気妨害	口腔内気圧
ハ	タサ	←	カ	阻害音	強い	高い
マ	ナ			閉鎖鼻音	強い	低い
ワ	ラ	ヤ		接近音	弱い	低い

五十音図においてナ行とマ行とのあいだにハ行があるのは，ハ行子音が，唇で呼気を妨害する「両唇阻害音」であることを示唆している。ハ行子音は確かに阻害音ではあるが，フ音の子音を除けば，両唇音ではない[3]。今の位置は，ハ行子音が両唇阻害音だった頃の名残りなのである[4]。

2 清音と濁音

2-2 に述べたとおり，調音を共有する音素どうしは自然音類を成す傾向にある。日本語の例としては清音カサタハと濁音ガザダバとが挙げられる。次掲

▶1　2-1 第3項参照。

▶2　川原繁人（2015）『音とことばのふしぎな世界』岩波書店，第2章も参照。(1)は，国際音声字母を調音法と調音部位とから整理した一覧表によく似ている。

▶3　①フ音の始まりに唇をすぼめ，②ハヒヘ音の始まりにそうしないこと（さらには，バ行音，パ行音の始まりに唇を閉じること）を鏡で確認されたい（ホ音は意図的に除いた。ホ音における唇のすぼめは母音音素 /o/ に因るものだろうが，このことを実証する力が今の筆者にはない）。

▶4　現在の調音を考慮すれば，ハ行の代わりにパ行を配すべきところである。これについては 8-8 に述べる。

（2：下線部）のとおり，語頭清音は，ある要素の尻に付いて，「複合語[5]」という単位を成す際，濁音に交替する。「連濁」と呼ばれるこの交替現象において同じくふるまうことから，清音と濁音とはそれぞれ自然音類と見なしうる。

(2)	A．型	B．皿	C．寺	D．人
a．	かた	さら	てら	ひと
b．小-	こがた	こざら	こでら	こびと

対応する清音と濁音とは，声帯振動の有無を除けば，調音を（ほぼ）共有している。しかし，（2D）ハバ行だけは調音を大きく違えている。バ行子音はいずれも両唇閉鎖音であるが，ハ行子音はそうではない（側注3も参照）。それでも，ハバ行は（2A-C）カガ行などに同じく清濁対を成している。

3 音便形動詞にみる自然音類

子音の自然音類は，次掲（3d-e）のような音便形動詞からも読み取れる。太字を施した語幹[6]の末尾に注目されたい。（3a-c）においては［b, m, n, w/␣, t, r, k, g］の8音が対立しているが，（3d-e）においては［n, t, i[7]］の3音に減っている。

(3)	A1．飛ぶ /tob-/	A2．読む /yom-/	A3．死ぬ /sin-/	B1．買う /kaw-/	B2．勝つ /kat-/	B3．取る /tor-/	C1．書く /kak-/	C2．剝ぐ /hag-/
a．せず	**tob**azu	**yom**azu	**sin**azu	**kaw**azu	**kat**azu	**tor**azu	**kak**azu	**hag**azu
b．すれば	**tob**eba	**yom**eba	**sin**eba	**ka**␣eba	**kat**eba	**tor**eba	**kak**eba	**hag**eba
c．しよう	**tob**oo	**yom**oo	**sin**oo	**ka**␣oo	**kat**oo	**tor**oo	**kak**oo	**hag**oo
d．した	**ton**[da]	**yon**[da]	**sin**[da]	**kat**[ta]	**kat**[ta]	**tot**[ta]	**kai**[ta]	**hai**[da]
e．して	**ton**[de]	**yon**[de]	**sin**[de]	**kat**[te]	**kat**[te]	**tot**[te]	**kai**[te]	**hai**[de]

（3d-e）において，（3A）［n］に交替する /b, m, n/，（3B）［t］に交替する /w, t, r/，（3C）［i］に交替する /k, g/ が自然音類である。（3A-B）/b, m, n, w, t, r/ は，口の前め（＝唇に近い部位）で調音する両唇音ないし歯茎音であり，（3C）/k, g/ は，後ろめで調音する軟口蓋音である。（3A）/b, m, n/ と（3B）/w, t, r/ との違いは，声帯を振動させながら呼気を堰き止める有声閉鎖音であるか否かにある[8]。（3d-e）における語幹末交替はこのような調音的類似性に基づいている。

（3：囲み線部）も自然音類を示している。語幹（太字部）の末尾が（3A, 3C2）/b, m, n, g/ であれば，［-da, -de］が，（3B, 3C1）/w, t, r, k/ であれば，［-ta, -te］が続く。この現象からは，/b, m, n, g/ という有声閉鎖音類が確認できる。

（黒木邦彦）

▷5　2つ以上の語幹から成る語。「告げ-口」「揚げ-出汁-豆腐」「高-枝-切り-鋏」など。

▷6　2-1 第7項参照。

▷7　余白の都合から，(3)においては音声記号を示す［◯］を省いている。

▷8　（3A）/b, m, n/，（3B）/w, t, r/，（3C）/k, g/ という自然音類の存在は（3d-e）のような動詞語形からしか確認できない。かつては，ほかの現象においても自然音類（3A-C）がそれぞれが認められたのだろうが，現代においてはもはや化石化している。五十音図におけるハ行の位置に同じく，過去の名残りといえよう。

参考文献

川原繁人（2017）『「あ」は「い」より大きい!?——音象徴で学ぶ音声学入門』ひつじ書房。
川原繁人（2018）『ビジュアル音声学』三省堂。

4 音節構造（シラブル・モーラ）

1 音素配列

語を構成する音素の配列（phonotactics）には一定の規則が認められる。たとえば，日本語には，①母音音素を一つももたない語，②促音（＝ッ音）ないし撥音（＝ン音）に始まる語，③促音に終わる語がない。さらには，④促音に続く分節音も（無声）阻害音に限られている[1]。

▶1　この制約を逆手に取ったような語に「イッヌ（犬）」というネットスラングがある。筆者は当初，促音に鼻音を続けるという，珍妙な音素配列に頼った泡沫流行語とみていたが，意外にも（この見込みには，筆者の犬嫌いが多大に影響しているけれども）市民権を獲得しつつある（https://dic.nicovideo.jp/a/%E3%82%A4%E3%83%83%E3%83%8C）。

2 音節構造

このような音素配列規則を整理していくと，実存する語の音素配列がでたらめではなく，ある雛型の繰り返しであることに気づく。この雛型を「音節（syllable）」という。

(1)	初音	介音	主音	脚音	意味
a.			o		尾
b.		y	o		世
c.	k		o		子
d.	k	y	o		虚
e.			o	o	王
f.		y	o	o	用
g.	k		o	o	甲
h.	k	y	o	o	今日

日本語の音節は，「初音」「介音」「主音」「脚音」という4要素から成ると考えられる[2]。これらのうち，主音だけが必須要素であり，ほかは選択要素（＝なくてもよい要素）に過ぎない。選択要素3種の有無を網羅すれば，1音節語にありうる音節構造は(1)の8種類である。

▶2　4－3 側注2の漢字音の分析も参照。

音節構造(1)を仮定すれば，およそ日本語とは思えない「ポンキッキ」「ガチャピン[3]」も，「腕輪」「和洋書」「大銀杏」に同じく3音節構造に収まる。

▶3　かつて放送されていた児童向けテレビ番組とその登場キャラクター。

(2)	第1音節					第2音節					第3音節				意味
a.	p		o	n	.	k		i	k	.	k		i		ポンキッキ
b.	g		a		.	t	y	a		.	p		i	n	ガチャピン
c.			u		.	d		e		.		w	a		腕輪
d.		w	a		.		y	o	o	.	s	y	o		和洋書
e.			o	o	.			i		.	t	y	o	o	大銀杏

3 初音の補充

音節頭の初音には子音音素が入る。初音を欠く音節はすわりが悪いのか，その空いた初音に，先行音節から子音音素がしばしば補充される。(3A) においては /kan/ ‘観’ の /n/ が，(3B) においては /om/ ‘陰’ の /m/ が後続音節の初音に補充されている。(3C) においては，初音も介音も欠く第 3 音節 /a/ に，先行の /ti/ が丸々補充されている。

(3)	第 1 音節	第 2 音節	第 3 音節以降	意味
A. a.	k a n .	␣ o n		観音
b.	k a n .	n o n		
B. a.	o m .	␣ y o o		陰陽
b.	o m .	m y o o		
C. a.	b u .	t i	. ␣ ␣ a . k e	ぶち明け
b.	b u t .		. t y a . k e	ぶっちゃけ

4 モーラ

前掲(1)の各語はいずれも 1 音節であるが，日本語母語話者には，脚音を欠く (1a–d) より，脚音をもつ (1e–h) の方が長く感じられるだろう。この長さを，言語学ではモーラ (mora) という単位で数値化する。たとえば，前掲 (1a–d) は 1 モーラ，(1e–h) は 2 モーラである。

(1a–d) と (1e–h) とがモーラ数を違えていることを，「金欲し付け合い」に倣った下の句「それにつけても ? の欲しさよ」で確認しよう。まずは，1 モーラ語 (1a–d) のいずれかを ? に入れる。(4a) はその一例であるが，どうもすわりが悪い。ところが，2 モーラ語 (1e–h) のいずれかを入れた (4b) は，質はともかく，和歌のように詠める。

(4) a. 古池や蛙飛び込む水の音　　それにつけても尾の欲しさよ
　　b. 古池や蛙飛び込む水の音　　それにつけても王の欲しさよ

5 モーラ数の維持

語のモーラ数は，前掲(3)のように音節構造を再編しても，保たれる傾向にある。(3a) に初音が補充された (3b) は，その分だけ (3a) より構成要素を多くもつが，モーラ数は元のままである。(3Ca) /bu.ti.a.ke/ ‘ぶち明け’ から (3Cb) /but.tya.ke/ ‘ぶっちゃけ’ への組み換えにおいては，①第 1 音節 /bu/ に第 2 音節初音 /t/ を足しつつ，②第 2 音節 /ti/ を後続音節に移したことにより，③音節数が 4 から 3 に減っているのであるが，モーラ数は 4 で維持されている。

（黒木邦彦）

参考文献

窪薗晴夫 (2006)『アクセントの法則』(岩波科学ライブラリー118) 岩波書店。

日本語のアクセント

1 「ハナガ　アカイ」は「鼻が赤い」か「花が赤い」か？

日本語標準語では，「鼻が赤い」も「花が赤い」も「ハナガ　アカイ」で，母音[1]や子音[2]には違いがない。では，「鼻が赤い」と「花が赤い」の発音はまったく同じかといえば，そうではない。両者は「アクセント」が異なるのである。具体的には，以下のようになる（ここでは，高く発音する部分に上線を引いた）。

ハナガ　アカイ「鼻が赤い」　　ハナガ　アカイ「花が赤い」

音の高さ（ピッチ）の変動に注目すると，「鼻が～」の場合，１拍目の「ハ」の後にピッチが上昇し，その後は文末まで比較的高く平板に発音される。一方，「花が～」の場合，１拍目の「ハ」の後に上昇するのは「鼻が～」の場合と同じだが，「ナ」の後で急激にピッチが下降し，その後は低く平らに発音される。

このように日本語のアクセントは，音の高さ（ピッチ）がどのように変動するかによって特徴づけられる。その点で，単語のどこを強く発音するか，という英語のアクセントとは大きく性格が異なっている。英語のような強弱が重要なアクセントのことを「強弱アクセント」あるいは「ストレスアクセント」と呼ぶのに対し，日本語のような高さの変動が重要なアクセントのことを「高さアクセント」あるいは「ピッチアクセント」と呼ぶ[3]。

2 日本語標準語アクセントの具体的な分析例

日本語標準語のアクセントについて，「男」という語を例にして，少し詳しくみてみよう。

たとえば「男」という語を，単独で発音すると「オトコ」となるが，「男」という語がもつ固有のアクセントの特徴は，実はこれだけではわからない。

先に，「鼻」と「花」との違いをみたとき，それぞれの語の後に助詞「ガ」を付けた場合のアクセントを見た。「男」の場合，助詞「ガ」を続けると，「オトコガ」というアクセントとなる。ここから，「男」という語は３拍目の「コ」の後でピッチが下がる，という特徴をもっていることがうかがえる。実は，この「男」という語がもつ「３拍目の「コ」の後でピッチが下がる」という特徴は，以下の例からも明らかなように，どんな場合でも保持される[4]（高く発音される部分に上線を，より低く発音される部分に一重の下線，さらに低く発音される部分に二重の下線を引いた）。

▶1　2-2 参照。

▶2　2-3 参照。

▶3　高さアクセントと強さアクセントの違いを含めアクセントの類型（タイプ分け）については，窪薗（2019：38-39）や松森ほか（2012：15-18）も参照のこと。また，早田（1999など）は，中国語などの声調言語とアクセント言語との関係も視野に入れた類型（タイプ分け）を提案している。

▶4　ただし，後ろに続く助詞によっては，この「「コ」の後でピッチが下がる」という性質が現れないこともある（例：「オトコノ　スガタ（男の姿）」）。秋永（2001：70-73）なども参照。

(1) オトコ 「男」

(2) オトコガ 「男が」

(3) オーキナ オトコガ 「大きな男が」

(4) クロイ メガネノ オトコガ 「黒い眼鏡の男が」

上記の(1)から(4)を比べてみると,「男」の3拍目の「コ」の高さ自体はさまざまである。しかし,すべての場合を通じて「3拍目の「コ」の後でピッチが下がる」という特徴は不変であり,これが「男」という語がもつ固有の特徴ということになる。一方で,「男」という語の前に何もない場合に1拍目の「オ」の後にみられるピッチの上昇は,前に何らかの要素が現れると消滅してしまう(=(3)と(4))。つまり,「男」という語における1拍目の「オ」の後の上昇は,環境によって現れたり,現れなかったりするもので,「男」という語がもつ固有の特徴ではないということになる。

次に,「魚」という語のアクセントについて,「男」の場合と同じように分析をしてみよう。

(5) サカナ 「魚」

(6) サカナガ 「魚が」

(7) オーキナ サカナガ 「大きな魚が」

(8) クロイ オーキナ サカナガ 「黒い大きな魚が」

上記の(5)から(8)を通じて「魚」という語に一定しているのは「どこでもピッチが下がらない」ということである。一方で,(5)や(6)の場合にみられる1拍目の「サ」の後の上昇は,「男」の場合と同じように,前に何らかの語が現れると消滅してしまう(=(7)と(8))。つまり「どこでもピッチが下がらない」ことが「魚」という語がもつ固有のアクセントの特徴なのである。

3 分節音と句頭のピッチの上がり目

「オトコ(男)」や「サカナ(魚)」は,その語の前に何も伴わず(=句頭(文頭)位置で)発話されると,1拍目から2拍目にかけてピッチが上昇する。しかし,「オンナ(女)」や「オーム(鸚鵡)」のように,2拍目に撥音[5]や長音[6]を含む語の場合には,語頭から高く発音される傾向にある。また,2拍目に促音[7]を含むもの(オット(夫))や2拍目の母音が無声化[8]する場合(オツキ「お付き」,「ツ」の母音が無声化)には,ピッチの上がり目が1拍後ろにずれる。このように,日本語標準語における語頭(あるいは句頭)のピッチの上がり目は,語音環境[9]によって予測可能である。一方,「ピッチの下がり目」が語音環境と関係なく語ごとに決まっている。日本語標準語アクセントにおける「上昇」と「下降」とは,その位置づけが大きく異なるのである[10]。

▶5 2-4参照。
▶6 2-4参照。主音と脚音を併せて長音という。
▶7 2-4参照。
▶8 2-2参照。
▶9 母音や子音の並び方や母音の長短・無声化,開音節か閉音節かの違いなど語を形成するアクセント以外の音の環境のことを広く指す。分節音環境ともいう。
▶10 この句頭におけるピッチの上昇位置に関する歴史的背景については,上野善道(2009)「通時的にしか説明できない共時アクセント現象――句頭の上昇と語音との関係」『月刊言語』(特集:ことばの変化を捉える)38-2,74-81頁を参照。

4 日本語標準語アクセントの体系

前節の「男」や「魚」のような，日本語標準語における３拍語のアクセントを分析すると，「男」のように「３拍目（語末拍）の後でピッチが下がる」ものと，「魚」のように「どこでもピッチが下がらない」ものに加え，「蕎麦屋（ソバヤ）」のように「２拍目の後でピッチが下がる」ものと，「兜（カブト）」のように「１拍目の後でピッチが下がる」ものの，４つに分けられることがわかる。

これら４つのパターンは，「どこでもピッチが下がらない」もの（「魚」など，「平板式」とも）と「どこかでピッチが下がる」もの（「男」など，「起伏式」とも）の２つに分けられ，さらに「どこかでピッチが下がる」３つのパターンは，その「ピッチが下がる」位置によって区別されている。つまり，日本語標準語のアクセントのパターンは，「ピッチが下がるか否か」と「（ピッチが下がるとすれば）どこでピッチが下がるか」によって区別されるのである。ゆえに，２拍の語であれば，「どこでもピッチが下がらない」パターン（例：「鼻（ハナ）」）と，「１拍目の後でピッチが下がる」パターン（例：「ハナから～」と言うときの「端（ハナ）」）と，「２拍目の後でピッチが下がる」パターン（例：「花（ハナ）」）の３パターンがあるということになる。このピッチの下がり目の有無と位置で区別されるものをアクセント型と呼ぶ。以下に，それぞれの語に固有のピッチの下がり目の位置を“¬”で表し，１～４拍の語のアクセント型の一覧を示す。

１拍	２拍	３拍	４拍	
蚊	ハナ（鼻）	サカナ	トモダチ	下がり目なし（無核）　平板式
手¬	ハナ¬（花）	オトコ¬	オトート¬	下がり目あり（有核）　起伏式
	ハ¬ナ（端）	ソバ¬ヤ	サムゾ¬ラ	
		カ¬ブト	ムラ¬サキ	
			カ¬マキリ	

図１　日本語標準語アクセントの体系

“¬”で表したそれぞれの語に固有のピッチの下がり目は，より抽象的に「アクセント核（あるいは単に「核」とも）」と呼ばれることがある。たとえば「男」であれば，「３拍目の「コ」にアクセント核がある」などと言う。とくに日本語標準語の場合，「アクセント核の次にくるものを，核がある拍よりも低く（下げて）実現させる」ということから「下げ核」と呼ばれることもある。言い換えれば，日本語標準語のアクセント体系は，それぞれのアクセント型が下げ核の有無と位置によって区別される体系だと言える。よって，理論上ｎ拍の語に可能なアクセント型の数は，１拍目からｎ拍目のいずれかに下げ核のある「有核」のｎ個に，下げ核のない無核の１個を加えたｎ＋１個ということになる。

5 日本語アクセントの表記法と捉え方

ここまで，日本語のピッチアクセントを表記するのに「上線」あるいは「下線」を用いて表記してきた。この表記法は，よく見られるものであるが，前節(4)の二重下線のような，やや無理のある表記をしなければならない場合もある。また，前節(2)「オ下コガ（男が）」という表記からは，語頭の「オ」と助詞の「ガ」が同じ高さで発音されるように見えるが，実際には「ガ」の方がずっと低く発音される。これらの問題は，拍ごとにH（igh）やL（ow）を表記する方式（「男が」のピッチ変動をLHHLと表記するなど）でも生じる。このような「段階的」な表記法は広く用いられるものではあるが，必ずしも日本語のピッチアクセントの性質を正しく反映したものとは言えない。たとえば，「オーキナ　オトコガ（大きな男が）」という句において重要なのは，最初の「オ」の後にピッチが下がり，「男」の3拍目の「コ」の後でもピッチが下がる，というピッチの変動（の有無）であり，最初の「オ」が絶対的に「高い」ことではない。

日本語アクセントにとってより本質的な「ピッチの変動（の有無）」を表記する方法としては，“[”を上昇，“]”を下降を示すものとし，拍間・拍内のピッチの下降・上昇のみを表記する方法がある。たとえば，「オーキナ　オトコガ」は「[オ]ーキナ　オトコ]ガ」，「クロイ　メガネノ　オトコガ（黒い眼鏡の男が）」は「ク[ロ]イ　メ]ガネノ　オトコ]ガ」と表記される。「段階的」な表記法では難しい複数回にわたる下降の表記も，この表記法では可能となる。◁11

6 日本語におけるアクセントの機能

日本語におけるアクセントの機能としては，従来，(a)語の区別（弁別機能）と(b)統合機能・境界表示機能とが言われてきた。(a)は「鼻」「花」「端」のように，アクセントのみによって対立するものが存在するということであるが，アクセントのみによって区別されるペアはそれほど多くはない。(b)は，たとえば「日本語アクセント入門」であれば「ニ[ホンゴアクセントニュ]ーモン」と切れ目なく，ひとまとまりで発音されると『日本語アクセント入門』という書名を指す一方，「ニ[ホンゴア]クセント | [ニューモン」と「アクセント」と「入門」との間に「切れ目（境界）」が挿入されると，「日本語アクセントの入門（授業）」のような意味合いになる。◁12

（平子達也）

▷11 日本語アクセントの表記法についてのまとめとしては，上野（1980）が参考になる。

▷12 上野（2002：175-186）では，日本語におけるアクセントの機能として，ここで挙げたもの以外に，「意味グループ（意味カテゴリー）」の表示機能を挙げている。たとえば，「杉」「滝」「谷」などが，普通名詞の場合として発音される場合のアクセントによらず，人名として発音される場合には，すべて「[ス]ギ」というパターンになることなど。

参考文献

秋永一枝（2001）「アクセント習得法」金田一春彦監修，秋永一枝編『新明解日本語アクセント辞典』三省堂，巻末付録。

上野善道（1980）「アクセントの構造」柴田武編『言語の構造』（講座言語1）大修館書店，87-134頁。

上野善道（2002）「アクセント記述の方法」佐藤武義・飛田良文編『発音』（現代日本語講座3）明治書院，163-186頁。

窪薗晴夫（2019）「アクセントの類型——高さアクセントと強さアクセント」窪薗晴夫編著『よくわかる言語学』ミネルヴァ書房，38-39頁。

杉藤美代子（2012）『日本語のアクセント，英語のアクセントどこがどう違うのか』ひつじ書房。

早田輝洋（1999）『音調のタイポロジー』大修館書店。

松森晶子・新田哲夫・木部暢子・中井幸比古編著（2012）『日本語アクセント入門』三省堂。

 イントネーション

1 イントネーションとアクセントの違い

日本語のアクセントは，ピッチの変動を用いる高さアクセントであり，標準語においてはピッチの下がり目（下げ核）の有無と位置によってアクセント型が区別される[1]。一方，日本語を含めた多くの言語では，以下のようにピッチの変動がアクセント型の区別以外に用いられることがある（“[” はピッチの上昇，“]” はピッチの下降を表す。また，↑は文末イントネーション〔後述〕によるピッチの上昇を表す）。

(1) a．ア[ソコワ]　ソ[バ]ヤ↑ァ　「あそこは蕎麦屋？」

b．[ソ]ー　ア[ソコワ]　ソ[バ]ヤ　「そう，あそこは蕎麦屋。」

(1)のaは，看板がなく何の店かがわからない建物を指さし，bに対して「あの建物は蕎麦屋なのか」と質問している。そして，bがaの質問に対して，その建物が蕎麦屋だと答えている。どちらも「ア[ソコワ]　ソ[バ]ヤ」という文を発しているが，疑問文として発せられるときには，文末にピッチの上昇がみられる（＝1a)。逆に，質問に対する答えとして発せられると，文末にピッチの上昇はみられない。この文末におけるピッチの上昇は，語のアクセントとは関係ないが，それがあることで当該の文が疑問文[2]であることを表示するという機能をもっている。

このように，語のアクセントとは独立に，話者の発話意図（質問・断定など）を表示したり，文の中のどの要素が重要であるかを表示したりする機能と結びついたピッチの特徴を，イントネーションと呼ぶ[3]。

▶1　2-5 参照。

▶2　5-19 参照。

▶3　定延（2013：6-7）によれば，語のアクセントとイントネーションは必ずしも独立したものではなく，ときにはイントネーションによって本来のアクセントが顕在化しない場合もあるという。たとえば，一般的な問いかけでは「[ナ]ニ↑（何？）」と発話され，「何」自体がもっている1拍目に下げ核があるというアクセントは保存されるが，強く問いかけるような場合には，「ナ[ニ]（何⁉）」のように，下げ核による1拍目から2拍目への下降は顕在化しないことがある。詳しくは，定延利之（2013）「日本語のアクセントとイントネーションの競合的関係」（『日本語音声コミュニケーション』1，1-33頁。http://www.hituzi.co.jp/epublish/academic_journal/nhng_onsei/index01.html，2023年10月25日最終アクセス）を参照。

2 文末イントネーション

イントネーションが担う機能は幅広いが，上述のような文末におけるピッチの上昇や下降が，話者の発話意図を表示する機能を担う場合がよく知られている。たとえば，以下の(2)のように，強調や念押しのために文末におけるピッチの上昇が用いられる場合もある（幼い子どもが，駄々をこねている場面を想像するとわかりやすいかもしれない）。

(2)〈ミカンが食べたいと言ったのに，リンゴを渡されて〉

（私が食べたいのは，リンゴじゃなくて）[ミ]カ↑ン

疑問文の場合は，しばしば発話の最終拍の母音がやや長くなり，そこに上昇

調が生じるが，強調の場合には，必ずしも発話の最終拍の母音が長くなるわけではない。また，文末の強い下降によって，驚きや意外性が表示されることもある（例：〈信じがたい話を聞いて〉「[ホント↓ー（本当！）」〔↓はアクセントによらない下降〕）。なお，文末イントネーションの現れ方とその機能は，終助詞[4]（「か」「わ」「よ」「ね」）の有無とも関連することが知られている[5]。

3 音調句と句音調

イントネーションがもつもう一つの重要な機能は，文中の要素（語や文節）間の関係を表示したり，文中のどの要素が重要な情報であるかを表示したりすることにある。(3)のa～cの例を見てみよう。

(3)「大きな赤い眼鏡の男を捕まえた」

a．{[オ]ーキナ　アカイ　メ]ガネノ　オトコ]オ[6]　ツカマエタ}

b．{[オ]ーキナ}　{ア[カイ　メ]ガネノ　オトコ]オ　ツカマエタ}

c．{[オ]ーキナ　アカイ　メ]ガネノ}　{オ[トコ]オ　ツカマエタ}

文中の要素間の関係や文中の重要な要素を明示するために音調によって区切られた単位（“{”と“}”で囲まれた範囲）を「(音調）句」と呼ぶ。たとえば(3a）は「大きな赤い眼鏡の男を捕まえた」という文を句切れなく，一つの句として発話した場合である。一方，(3b）は，「大きな」と「赤い眼鏡の男を捕まえた」の間に句切れがあり，(3b）では，句切れの後の「赤い」あるいは「赤い眼鏡（の)」という情報が文の「焦点（フォーカス[7])」だと解釈される。つまり（3b）は，「大きな黒い眼鏡の男」ではなく，「大きな赤い眼鏡の男」を捕まえた，あるいは，「大きな黒い帽子の男」ではなく「大きな赤い眼鏡の男」を捕まえた，という意味になる。また，(3b）では，「眼鏡」が大きいという解釈は成り立ちにくく，「大きな男」で「赤い眼鏡をした男」という解釈が優先される[8]（3aや3cとの違いに注目）。同様に，(3c）は「大きな赤い眼鏡の女」ではなく「大きな赤い眼鏡の男」を捕まえた，といった意味になり，この場合は「男」が焦点となる。

日本語標準語において，音調句を特徴づけるのは，句頭における上昇（{ア[カイ……}であれば，「ア」から「カ」にかけての上昇）である。このような音調句を特徴づける音調のことを句音調と呼ぶ。句音調は，句切れがない限り生じない。2-5 で，「オトコ（男)」という語を例に取り，その語が単独で発話される場合に，語頭に上昇がみられることを述べた。語が単独で発話される場合を含めた文頭もまた句頭であるために，語頭（＝文頭＝句頭）に上昇がみられるのである。なお，(3a-c）の{[オ]ーキナ……}で文頭に上昇がみられないのは，「オーキナ（大きな)」という語が，語のアクセントとして一拍目に下げ核[9]をもっているためである。語のアクセントが句音調に優先して実現するのである。

（平子達也）

▶4 5-18 参照。

▶5 郡史郎（2003）「イントネーション」北原保雄監修，上野善道編『音声・音韻』（朝倉日本語講座３）朝倉書店，109-131頁。

▶6 書き言葉のヲに対して話し言葉ではオを用いる。

▶7 5-7 参照。

▶8 5-1 参照。

▶9 2-5 参照。

参考文献

郡史郎（2020）『日本語のイントネーション』大修館書店。

田中真一・窪薗晴夫（1999）『日本語の発音教室――理論と練習』くろしお出版。

松森晶子・新田哲夫・木部暢子・中井幸比古編著（2012）『日本語アクセント入門』三省堂。

7 日本語の表記

1 文字と音

「たくさんのあめ」の「あめ」という文字は何を表しているだろうか。

〈雲から地上に落ちてくる水滴〉を思い浮かべる人も，〈砂糖などから作られた甘い菓子〉を思い浮かべる人もいるだろう。声に出して読めるので，「あめ」が音に対応していることは明らかである。しかし，多くの人は「あめ」を /ame/ という音（おん）[1]に結びつけつつも，〈雲から地上に落ちてくる水滴〉や〈砂糖などから作られた甘い菓子〉という意味を思い浮かべたのではないだろうか。

文字を線条的に連ねたものを文字列という。私たちは文字列を目で追うことで情報を得る。文字や文字列は音にも対応するが，音を表すこと自体がもっとも重要な働きであるとは言えない。文字列「あめ」を読むとき，私たちは /ame/ を介して〈雲から地上に落ちてくる水滴〉等の情報に最終的に導かれるからである。

文字列によって記録されるのは音というより情報である。情報を時間・空間を超えて伝達するところに文字の存在意義がある。

2 日本語の文字の種類と機能

現代日本語を表記するには複数の種類の文字を交ぜて用いる。たとえば「ID とパスワードを入力してください」といった具合である。

「入」「と」「パ」「I」など個々の文字に対して，漢字・平仮名・片仮名・ローマ字[2]などの文字の集合のことを文字体系と呼ぶ[3]。文字や文字体系は，対応する言語の要素によって表語文字（表語文字体系）と表音文字（表音文字体系）とに分けられる。表語文字は1文字が語（形態素[4]）に対応し，漢字はこれにあたる。語を意味（概念）と音（音素[5]）とが結びついたものとするなら，表語文字は図1に示すようにその結びつき全体に対応する。一方，平仮名・片仮名・ローマ字は表音文字の一種である。表音文字は図1のように1文字が音（音素）に対応する[6]。表音といってもアクセントなど文字に示されない要素も多く，音との対応は限定的である。

1で述べたように，文字列は最終的に情報と結びつく。つまり，表語文字も表音文字もその根本的な機能は表語にある。図1で「雨」がそうであることは言うまでもないが，「あ」と

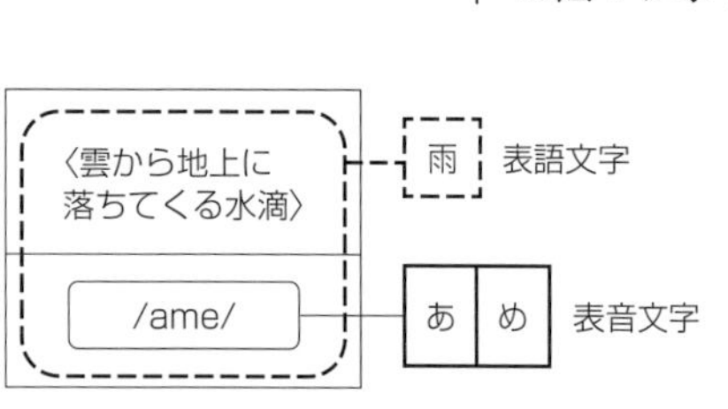

図1　表語文字と表音文字

▷1　音素に対応するため / / で音を示す。

▷2　ローマ字とは古代ローマで形成されたアルファベットのことだが，日本では日本語を表記するアルファベットの名称として用いることが多い。

▷3　同様の集合を文字種と呼ぶことがある。文字体系が集合内の個々の項（例：平仮名という集合に含まれる一つひとつの文字）を念頭に置くのに対し，文字種は集合と集合の異なり（例：平仮名と漢字）を前提とする。

▷4　4-1 参照。

▷5　2-1 参照。

▷6　表音文字には，ローマ字のように1つの音素（/m/，/e/ など）に対応する音素文字と，仮名のように音節（/me/ など）に対応する音節文字とがある。

「め」も連なることによって /ame/ と結びつく意味（概念）を示すことができるのであり，ここに表音文字「あ」「め」の機能の本質がある。

3 日本語の文字の形

手書きの字が上手な人も下手な人もいる。どちらが書く字もスマートフォンの画面や印刷物で見る字の形とは異なるだろう。それでも私たちは巧拙やフォントの違いに関わらず，文字を同定することができる。たとえば，「ぬ」の形が書く人によって少々異なっても，同じように「これは『ぬ』だ」と認識できる。こうした認識のために必要な，文字の形についての抽象的概念のことを字体と呼ぶ。そして，字体の実現形（実際に書かれた形）のことを字形と呼ぶ（図2）[7]。字体と字形の関係は音素と個別一回的な発音との関係に似ている。違う文字という認識は字体の異なりの認識に基づいている。

現代で文字の形が特に話題となるのは漢字である。常用漢字表[8]が印刷の書体[9]の一つである明朝体で字を示しているために，手書き文字との形の違いが気にされることがある。〈令〉を例に取ろう。〈令〉は常用漢字表では図2の①が示されているが，手書き文字の形として②～④等も認めている。同じ〈令〉という字体（抽象的概念）に属すのが①～④の字形（実現形）なのである。3画目や5画目の点・棒の違いは字形の違いに過ぎず，いずれも〈令〉と結びつく語を表す点で違いはない。その意味ですべて正しい形である。

4 現代日本語の文章表記

現代日本語の文章は基本的に漢字平仮名交じり文で書き，適宜片仮名やローマ字を加える。「ID とパスワードを入力してください」という文では，文の骨格を決める助詞や述語は漢字と平仮名で書かれ，そこにローマ字表記の名詞「ID」と片仮名表記の名詞「パスワード」が加わっている。

この交ぜ書きの基準を一言でまとめるのは難しいが，大枠は，(1)語種[10]による書き分け，(2)自立語[11]と付属語[12]の違いによる書き分け，を折衷したものである。(1)は外来語と片仮名の対応（例：パスワード），漢語と漢字の対応（例：入力）が該当する。(2)は付属語と平仮名の対応（例：と，を，て），自立語と漢字（＋平仮名）の対応（例：入力し）が該当するとひとまずは言えよう。ただし，接続詞や副詞など主として平仮名で表記される自立語もあり一概には言えない。

制度的よりどころには常用漢字表のほか「現代仮名遣い」(1986年)，「送り仮名の付け方」(1973年)，「外来語の表記」(1991年）があるが，あくまで目安であり実際には複数の表記が許容されている。日本語には正書法[13]がないのである。

〈雲から地上に落ちてくる水滴〉を表すのは「雨」でも「あめ」でもよい。正書法のないことが日本語表記の豊かさを支えているとも言える。

（深澤　愛）

図2　字体と字形

▶7　図2の②～④は文化庁編（2017）『常用漢字表の字体・字形に関する指針』（三省堂）所収の字形比較表から引用した。

▶8　一般的な漢字使用の目安を示した表。第一次のものは1981年に内閣告示された。現在は2010年に改定されたものが用いられている。文化庁のホームページで公開されている。8-9 参照。

▶9　ある文字体系に属する文字すべてに共通する図形的特徴。

▶10　4-1 参照。

▶11　学校文法において単独で文節をなすとされるもの。名詞，動詞，形容詞，形容動詞，副詞，連体詞，接続詞，感動詞。

▶12　学校文法において単独では文節をなさないとされるもの。助詞，助動詞。

▶13　ある単語の表記に用いる文字列を1パターンに定める表記規則。

参考文献

河野六郎（1994）「文字の本質」『文字論』三省堂。

沖森卓也・笹原宏之・常盤智子・山本真吾（2011）『図解日本の文字』三省堂。

佐藤栄作（2013）『見えない文字と見える文字――文字のかたちを考える』三省堂。

 動　詞

1 学校文法の動詞活用表

いわゆる学校文法[1]の動詞の活用表（現代語[2]）は次のようである。

▶1　日本の学校教育で，国文法（現代語，古典語を含む）を教える際に準拠される文法体系。主要な国語辞書の品詞分類も，学校文法に拠っている。主として，橋本進吉（1882～1945）の提唱した文法体系（「橋本文法」と呼ばれる）に拠るところが大きい。

▶2　「言文一致」確立語の「口語文法」のことを「現代語」といっている。これに対し「古典文法」は，主に平安時代の文法により，その後の文語文の文法をもカバーする概念となっている。8-20参照。

表1　学校文法の活用法

	五段活用		上一段活用		下一段活用		カ行変格活用		サ行変格活用		接続する語等
	語幹	語尾	語幹	語尾	語幹	語尾	語幹	語尾	語幹	語尾	
未然形		か～こ		き		け		こ		し～せ～さ	ない，(よ) う，(ら) れ，(さ) せ
連用形	か（書）	き～い	お（起）	き	う（受）	け	（なし）（来）	き	（なし）（為）	し	ます，た，て
終止形		く		きる		ける		くる		する	よ，ね，だろう
連体形		く		きる		ける		くる		する	（「時」など）
仮定形		け		きれ		けれ		くれ		すれ	ば
命令形		け		きろ		けろ		きろ		しろ	よ

出典：筆者作成。

この活用表は，各活用の型（五段活用，上一段活用，下一段活用，カ行変格活用，サ行変格活用）から語幹を選び，それぞれの活用形によって語尾を選び，接続する語等から要素を選んで組み合わせる。たとえば五段活用の仮定形では，語幹「か」，語尾「け」，接続する語「ば」を組み合わせて「かけば」が得られる。「か～こ」のようになっているのは，接続する語等の選択によって，語尾の形が変わることを意味する。表に書かれている動詞は例示のために選んだものである。

この表は，仮名ベース[3]で作られていること，古典文法の導入として用いられること等の理由により，さまざまな問題がある。たとえば五段活用動詞の未然形語尾，サ行変格活用の未然形語尾のように，1つの枠に複数の語形が入っていること，カ行変格活用，サ行変格活用は語幹がなくて語尾だけであること，などである。加えて，「見る，居る，射る」や「出る，寝る，得る」等の，最短の上一段活用，下一段活用動詞も語尾だけで語幹がないという分析になる。また表を作る際の理念として，理論的に還元されて出てくる形式（未然形，連用形の一部や仮定形）と，それ自身が独立して文中に用いられる形（終止・連体形や命令形）が混在しており，使いにくい面がある。そこで，以下の説明では，まず動詞述語の形態がどのようにして形成されるかという観点と，作られた形がどのように機能するかという観点を分けて分析する。

▶3　表を作る際の最小の音の単位を仮名にしていることを「仮名ベース」といっている。私たちは日本語を使用する際には仮名ベースで不都合なく過ごしているが，言語学的な分析には仮名ベースでは間に合わないことが多い。たとえば受身の「助動詞」は「れる・られる」のように2種類あるかのように示されるが，接示としては are- という一形態なのである。このようなことは仮名ベースでは見えてこない。

表2　語幹と接辞の結合法

	子音動詞		母音動詞		接辞等	機能
	語幹	挿入	語幹	挿入		
2-1	kak-	φ	oki-/uke-	s	ase	使役
2-2				j	oo	意思／誘いかけ
2-3				r	are-	受身
2-4					u/una/uto	終止～連体／禁止／条件
2-5					eba	条件
2-6					e-	可能
2-7					e～o	命令
2-8		a		φ	na-/zu-	否定
2-9		i			mas-	丁寧
2-10					tai	願望
2-11					φ /V/nagara	中止／補助動詞／接続
2-12	kai				ta/te-/tara	過去／テ形／条件

注：2-11の接辞のVは動詞を表す。φは，その位置に入る挿入音がないことを表す。
　　アミ掛けの部分は，動詞語幹と接示等の間に挿入される母音または子音を表す。
出典：筆者作成。

2 形の作り方

動詞の活用は，一つには語幹[4]に接辞[5]を結合する際の，形の調整の仕方を指し示すとみることができる。日本語学では，動詞語幹を「子音動詞」「母音動詞」の2種に大別することが行われているので，ここでもその方法を採る。表2を見られたい。

子音動詞は，語幹末が子音で終わるものであり，学校文法の五段活用動詞に当たる。また母音動詞は語幹末が母音で終わるものであり，上一段動詞，下一段動詞が該当する。後続する接辞は，子音始まりのもの，母音始まりのものがあり，接続の際に「……子音・母音・子音・母音……」のように連続するよう，必要に応じて母音や子音が挿入されることとなる。表2では，子音動詞における母音挿入，母音動詞における子音挿入が相補的に行われる様子が見て取れる。2-5を例に取ると，次のように形が作られることを表す。

子音動詞：kak + φ + eba → kakeba（書けば）

母音動詞：oki + r + eba → okireba（起きれば）

この分析を取れば，先に触れた「見る，居る，射る」や「出る，寝る，得る」等の動詞も，「mi，i，i」や「de，ne，e」のように語幹を取り出すことが可能になる。なお，カ行変格活用動詞やサ行変格活用動詞は基本的に母音動詞に属する。ただし語幹が接続によって交替すると考える。「来る」では，2-1，2-2，2-3，2-6，2-7，2-8で ko が，2-4，2-5で ku が，それ以外では ki が用いられる。ただし命令形の koi は特殊である。「する」では，2-8の zu に接続する時 se が，それ以外は si が用いられる。ただし2-1では「させ」，2-4では

▷4　動詞語彙の意味を担う要素で，形が変わらない部分を指す（一部，語幹が交替する現象もある）。

▷5　学校文法では活用語尾や助動詞，接続助詞に該当するものを，ここでは「語を拡張する成分」と考えて，「接辞」と呼ぶことにする。

「され」という縮約形が用いられる（8-10も参照）。

以下に，いくつか注意すべき点について説明する。

2-4には，「書く／起きる／受ける」という，いわゆる終止形・連体形と，「書くな／起きるな／受けるな」という禁止形，「書くと／起きると／受けると」という条件形（5-4参照）を，形の作り方の面からまとめて示している。

2-6のe-=「可能」とは，「書ける」などいわゆる可能動詞を作る接辞であるが，「起きれる」「受けれる」等のいわゆる“ら抜き”[6]表現を作る接辞でもある。可能動詞と“ら抜き”表現は，出現時期がずれているために別物のように見えるが，実はe-という接辞の適用範囲が母音動詞に広がったものが“ら抜き”だったのである。

▷6 7-4参照。

2-7では，命令形の作り方を示している。子音動詞では「kake」，母音動詞では「ukero」のように共通語では異なる母音を選択するようになっているが，方言によっては「起きれ」「受けれ」のように接辞が統一される現象が観察されており，この表が言語変化の方向性をも正しく捉えていることを示唆している。

2-11は，“音便形”以外のいわゆる連用形の作り方をまとめて示している。「ϕ」としたのは，いわゆる連用中止形，「V」としたのは「書き始める」「受け続ける」のような補助動詞の接続，「nagara」は「書きながら」のような連用形接続の接続助詞への連接を示している。「書きつつ」もここに含まれる。

2-12はいわゆる“音便形”であるが，音便形がどのような形になるかは，子音動詞の語幹末子音によって決定される。次の対応表を見られたい。

表3　子音動詞の音便形

語幹末子音	操作	例
-k	イ音便	書いた，置いた
-g	イ音便＋濁音化	かいだ，漕いだ
-m，-n，-b	撥音便＋濁音化	読んだ，死んだ，飛んだ
-t，-r，-w	促音便	立った，取った，買った
-s	音便なし	貸した，指した

出典：筆者作成。

3 活用形の統語的機能(1)：動詞単独の活用形

形を作ったあとの形式は，動詞単独の活用形と，活用する接辞や複合動詞化等によって再活用する場合と，接続助詞等の付加によって従属節を作る場合に分けられる。まず，動詞が単独で活用する形式を表4にあげる。左端に挙げた記号は，表2の記号と対応する。

表4　動詞本体の活用

	子音動詞	母音動詞		カ変	サ変	機能
2-12	書いた	起きた	受けた	きた	した	タ形（終止・連体）
2-4	書く	起きる	受ける	くる	する	基本形（終止・連体）
2-2	書こう	起きよう	受けよう	こよう	しよう	意思・誘いかけ
2-7	書け	起きろ	受けろ	こい	しろ	命令
2-4	書くな	起きるな	受けるな	くるな	するな	禁止

出典：筆者作成。

なお，このように動詞本体の活用を捉えた場合，いわゆる“丁寧形”の変異形についても考えておく必要がある。すなわち「書きました」「書きます」「書きましょう」「書きなさい」「書きなさるな」のような形である。

この表のうち，タ形と基本形は，“時制節[7]”を形成する活用形である。この時制節の後には，モダリティ成分[8]の「だろう／でしょう」，終助詞の「よ」「ね」等が付加されることがある。また，「なら」「けど」「が」等の接続助詞が付加されることがある。さらに連体修飾節としても用いられる。「書こう」「書け」「書くな」等は，行為拘束的な対人表現に用いられる形式である。これらの後には「よ」「ね」等の終助詞が現れることがある。「書こう」の後には，「ものなら」という接続助詞が付加されることがある。

▷7　主語，目的語，様態や時間の修飾語，動詞＋時制接辞によってまとめられる統語的な「節」を時制節と呼んでおく。5-1参照。

▷8　8-15 5-17参照。

4 活用形の統語的機能(2)：再活用と従属節の形成

再活用する接辞を付加する例（動詞として「書く」を例に取る）としては，「書かない」（否定），「書かせる」（使役），「書かれる」（受身），「書ける」（可能），「書きます」（丁寧），「書きたい」（願望），「書き始める」「書いている」（アスペクト等の複合動詞，5-15参照）が挙げられる。「書かない」「書きたい」は形容詞に準じた活用をする（3-2参照）。「書かせる」「書かれる」「書ける」「書いている」は母音動詞として活用し，「書き始める」等の複合動詞は付加された動詞の活用が適用される。従属節を作る接辞としては，「書かず」（否定の連用中止），「書き」（連用中止），「書きつつ」「書きながら」（同時進行），「書いて」（手段等），「書いたら」「書くと」「書けば」（条件）等がある。　（金水　敏）

参考文献

金水敏（1997）「国文法」益岡隆志ほか編著『文法』（岩波講座言語の科学５）岩波書店，119-157頁。

鈴木重幸（1996）『形態論・序説』むぎ書房。

益岡隆志・田窪行則（2024）『基礎日本語文法 第３版』くろしお出版。

屋名池誠（2005）「活用の捉え方」『新版 日本語教育事典』大修館書店，71-80頁。

形容詞

1 学校文法の形容詞活用表

▷1 「学校文法」については，3-1側注1参照。

学校文法[1]では，動詞の活用表になぞらえて，以下のような活用表が教えられている。

表1　学校文法の活用法

活用形	語幹	活用語尾	接続する語
未然	あか（赤）	く／から／かろ	ない／ず／う
連用		く／かっ	て，なる／た，たら等
終止		い	φ，ね，よ等
連体		い	「時」，の等
仮定		けれ	ば
命令		—	—

出典：筆者作成。

この表は，動詞の場合と同様に，形容詞単独で文中で機能する場合の形態と，接辞等に接続して文中で用いられる形態とが区別されていないので，問題がある。そこで，次のように再整理をすることとする。

2 活用形の統語的機能(1)：形容詞単独の活用形

▷2 形の作り方としては，語幹「赤」に「い」を接続する（2-2，2-8），「く」を接続する（2-5，2-6），「かr」という子音動詞を接続する，「けr」を接続するという方法が適用されている。

ここでは，形の作り方を省略[2]し，できた形の意味・用法を中心に整理する。

表2　形容詞本体の活用

	形態	機能
2-1	赤かった	タ形（終止・連体）
2-2	赤い	基本形（終止・連体）
2-3	赤かろう	推量
2-4	赤からず	否定
2-5	赤く	中止・連用修飾
2-6	赤くて	テ形
2-7	赤かったら	条件
2-8	赤いと	条件
2-9	赤ければ	条件

出典：筆者作成。

2-1，2-2は時制節を形成する形態である。単独で終止用法，連体修飾用法で用いられるほか，このあとに「よ」「ね」などの終助詞，丁寧形の接辞「です」，推量・推定の接辞「だろう／でしょう」「かもしれない」「にちがいない」「そうだ」「ようだ」「らしい」，「なら」，「ので」「から」等の理由節を作る接辞等が続くことができる。

2-3，2-4はやや文語的な形式で，「うむ，よかろう。」など威厳を漂わせた発話や，「安かろう悪かろう」「背は高からず低からず」「憎からず思う」「遠からず実現するであろう」のようなことわざ，慣用句等に限って用いられる。

2-5のク形は，「仕事はきつく給料は安い」のような並列的叙述，「早く走る」のような様態副詞的用法に用いられる。なお，「{遠く／近く} にいる」「今朝 {早く／遅く} に出て行った」のように，一部の形容詞ではク形が名詞的用法をもつ。

2-6のテ形は，「気づくのが遅くて間に合わなかった」のような理由構文や「安くて美味い」のような並列構文に用いられる

2-7～2-9の条件形は，条件節を作るために用いられる。

3 活用形の統語的機能(2)：再活用の用法

表3 再活用接辞・動詞との接続

形容詞	再活用接辞・動詞・形容詞
赤く	ない（否定） ある（再叙述） なる／する（変化）
赤くて	もいい／（は）いけない

出典：筆者作成。

形容詞の場合，接続あるいは連用修飾機能をもつク形，テ形が他の動詞・形容詞等を修飾する形で，再活用する連語を作り出している。ク形を用いる形式として，形容詞「ない」に連接して否定を表す。また「赤くはあるが」のように係助詞・副助詞を介在する形で動詞「ある」に連接する。また「赤くなる」「赤くする」のように変化や働きかけを表す連語を作る。テ形は，「赤くてもいい」「赤くてはいけない」のような許容，禁止のムードを表す形式を形成する。

4 形容詞の丁寧形

形容詞の丁寧形を作る方法としては，基本形，タ形に「です」を付加して「高いです」「高かったです」などとする方法と，ウ音便形[▷3]に「ございます」を付加して「高うございます」とする方法がある。前者は歴史的に新しい形式で，現在主流になりつつある。後者は古い形式で，次第に用いられなくなってきているが，「お早うございます」「おめでとうございます」のような挨拶表現には化石的に残存している。

5 語幹の用法

形容詞語幹は，たとえば「高（たか）っ！」「さぶっ（＝寒い）」のようにそれ自体を述語とする感嘆文を作る場合がある。また，「赤さ」「赤み」のように，接辞「さ」「み」を伴って名詞化する用法がある。　（金水　敏）

▷3　表2の2-5「赤く」の形が「赤う（akoo）」となったものをウ音便形という。ウ音便形は西日本の方言に広く見られるが，東日本の方言にはほとんど現れない。標準語は東日本の方言の特長を多く持つのでウ音便形は原則として用いないが，「ございます」に接続する場合は例外となる。

参考文献

北原保雄（2010）『日本語の形容詞』大修館書店。
鈴木重幸（1972）『日本語文法・形態論』むぎ書房。
益岡隆志・田窪行則（2024）『基礎日本語文法 第3版』くろしお出版。

名詞述語・形容動詞

1 名詞述語・形容動詞とコピュラ

名詞述語，形容動詞はともに，名詞性の形態素に“コピュラ”（繫辞）と呼ぶべき接辞が接続することによって形成されている[1]。代表的なコピュラとして「だ」「である」「です」があるが，このほかにも「な」「に」「の」等もコピュラとして機能する。表1は，コピュラの活用形の一部を掲示したものである。文例として，「親が医者だ」「服が派手だ」を提示している。「|」で区切った各項目は，文脈や文体等によってどれか一つの形式が選択されるという意味である。「／」で区切られた項目は，「親が医者／服が派手」の前項，後項に対応するという意味を表す。つまり1-3は「親が医者の／服が派手な」のようになる。

1-1，1-2の「だ|である|です」「だった|であった|でした」はそれぞれ基本形の非過去形・過去形であり，終止用法・連体修飾用法をもつが，後述するように「だ」「です」「でした」にはない。これに対し，「の」「な」は連体修飾用法専門の形式である。なお，「親が医者の学生」「服が派手な学生」のように，原則的に名詞述語は「の」，形容動詞は「な」が選ばれる。

1-5は「娘が医者になる」「娘を医者にする」「服が派手になる」「服を派手にする」等における「に」をコピュラの活用と考えてここに加えるものである。

▶1　学校文法では，「だ」「である」等を「断定の助動詞」と呼んでいる。「判定詞」と呼ぶ場合もある。

▶2　6-5参照。

表1　コピュラの活用表（一部）

	AがB	コピュラ	機能
1-1	親が医者 ／ 服が派手	だ|である|です	終止・連体
1-2		だった|であった|でした	終止・連体
1-3		の／な	連体
1-4		で|であり|であって	中止・並列等
1-5		に	ナル・スル等への接続

出典：筆者作成。

2 コピュラの終止用法と連体修飾用法

改めて，終止用法と連体修飾用法についてまとめたものを表2として示す。

2-1でφとして表したのは，形態をもたないコピュラ，すなわち“ゼロ・コピュラ”である。「親が医者φよ」のように，ゼロ・コピュラに終助詞「よ」「ね」等が付された形式は，女性話者を想起させる場合が多いので，「△」とした[2]。

2-2，2-3で「人」や「方」等を修飾

表2　終止用法，連体用法

	AがB	コピュラ	(終止)	よ・ね	人 or 方	故に
2-1	親が医者 ／ 服が派手	φ	○	△	×	○
2-2		だ	○	○	×	×
2-3		な	×	×	×／○	×／○
2-4		の	×	×	○／×	○／×
2-5		です	○	○	×	×
2-6		である	○	○	○	○
2-7		だった|であった|でした	○	○	○	○

出典：筆者作成。

表3　コピュラ（相等）由来の接辞

	AがB	コピュラ	だろう or でしょう	かもしれ {ない or ません}	にちがい {ない or ありません}	なら	か or かどうか
3-1		φ	○	○	○	○	○
3-2		だ	×	×	×	×	△
3-3	親が医者	な	×	×	×	×	×
3-4	／	の	×	×	×	×	×
3-5	服が派手	です	×	×	×	△	○
3-6		である	○	○	○	○	○
3-7		だった｜であった｜でした	○	○	○	○	○

出典：筆者作成。

する場合，「親が医者 {の／*な}[3] 人」「服が派手 {*の／な} 人」のように，名詞語幹か形容動詞語幹かによって「の」「な」が使い分けられる。

なお，2-4の「故に」は形式名詞であるので，「人」「方」等の名詞と似たふるまいをするのであるが，ゼロ・コピュラの後に現れることができる（例：「親が医者故に」）という特殊性をもっている。

▷3 「*」は日本語として不適切な形式であることを表す。

3 コピュラに起源をもつ接辞の接続

動詞や形容詞に接続して推量を表す接辞「だろう」は，語源的にコピュラに遡ることもあって，たとえば「だ」には接続できない。ここでは，「だ」に「だろう」が付加されるのでなく，ゼロ・コピュラに推量の接辞「だろう」が接続するとみておく。コピュラに起源をもち，ゼロ・コピュラに接続すると考えられる接辞として，「だろう（でしょう）」「にちがいない」「なら」等がある。また疑問の終助詞「か」または「かどうか」もコピュラと同等の機能をもっていて名詞に直接付加されるので，似たふるまいを見せる。この類の接辞をまとめて表3で示す。

4 準体助詞「の」への接続

名詞述語が準体助詞「の」および，準体助詞「の」を起源にもつ「のだ（んだ）」「ので」に接続する場合，名詞の意味・種類を問わず「な」を取る（例：「親が医者なんだ」）。この様子を表4で示す。「ので」との対比の意味で，「から」への接続も示しておく。

（金水　敏）

参考文献

鈴木重幸（1972）『日本語文法・形態論』むぎ書房。

益岡隆志・田窪行則（2024）『基礎日本語文法 第3版』くろしお出版。

表4　「の」への接続

	AがB	コピュラ	のは〜	{のだ｜のです} or {んだ｜んです}	ので	から
4-1		φ	×	×	×	×
4-2		だ	×	×	×	○
4-3	親が医者	な	○	○	○	×
4-4	／	の	×	×	×	×
4-5	服が派手	です	×	×	○	○
4-6		である	○	○	○	○
4-7		だった｜であった｜でした	○	○	○	○

出典：筆者作成。

語　種

1 語の由来

「語種」という文字からは，〈語の種類〉という一般的な意味が想像されるが，日本語学界では，日本語の語彙をその出自によって分ける際に用いられる語となっている。固有語[1]である和語，借用語である漢語・外来語と，これらが複合した混種語の４種に分類されるのが普通である。これを「語種」と呼ぶのは，国立国語研究所による雑誌の用語調査報告[2]などから広がっていったようであるが（1960年代），『国語学辞典』（1955年）の「語彙論」（林大（はやしおおき）執筆）にも見える。

ともに借用語である漢語と外来語とを分けるのは，その語形や表記も関わるが，歴史的に受容した期間が長い漢語が，用法的にも外来語よりも広いことがあるからである。たとえば，漢語には，「～に」「～と」を伴わず単独で副詞となる用法がある（「突然うごく」「結構おもしろい」など）が，外来語では，特殊なケース（書生言葉[3]や旧制高校の学生用語，歌謡曲の歌詞）以外では使われない。

2 語種と語性

語種は，語源の問題にとどまらず，共時的にもふるまい方に類型がある，ということから，こうした分類がなされる。典型的には，複合語を作る際に，和語なら和語どうし，漢語なら漢語どうし，外来語なら外来語どうしで複合することが多いが，例外も少なくない。たとえば，「地震」という漢語には，漢語系の「大（だい）」を付けず，和語系の「大（おお）」を付けることが，よい言い方であるとされる。また，「お」は和語に，「御（ご）」は漢語に付くとされるが，「お電話」「御（ご）ゆっくり」など，和語に「御（ご）」が，漢語に「お」が付くものもある。外来語にはどちらも付きにくいとされるが，「おビール」「御（ご）アクセス」などの実例がある。

また，語種は文体とも関わるが，漢文訓読文は漢語のみからなるのではなく，「けだし」や「ごとし」といった和語が訓読文らしさを示している。和文らしさを示すものの中にも，「様（やう）なり」のような和漢混種語がある。

〈漢語の和語化〉や〈外来語の和語化〉などと呼ばれる現象は，出自とそのふるまいが違ってしまった現象を指すものであり，共時的にいう「語種」がどのようなものであるのかを考える手がかりとなるが，問題をはらんでもいる。和語化するといっても，歌語や雅語[4]のような和語になることは少なく，多くの場合，基本語化と言ってよさそうである。使用頻度の高い基本語には和語が多

▶1　「固有語」の「固有」は「もとよりある」と訓ずるもので，〈もともとあった〉という意味である。生物学などでいう「固有種」は〈他地域にない〉という意味で使われており，これは「固有」のもともとの意味ではなく，これと混乱しないことが望まれる。

▶2　『現代雑誌九十種の用語用字』（1962年～）など。

▶3　書生とは明治の頃に学生など勉学修行中の，漢語や外来語まじりで話すような人々である。坪内逍遙『当世書生気質（かたぎ）』（明治18～19〔1885～86〕年）で，その様子が写されている。

▶4　4-2 参照。

く含まれるが，基本語化することを「和語化」と称してよいのか，という問題である。上記の「御（ご）ゆっくり」については，「ゆっくり」が漢語化したと見なすことには問題があり，かつ，「お」ではなく「御（ご）」が付くようになったからといって，これを基本語でなくなったとみることには問題があろう。

また，漢語が書き言葉的で，改まった場面に使われ，男性的である，という位相の問題も，それが出自的に漢語であるから，というわけではなく，上記の漢文訓読文の問題と同様に，たとえば書き言葉的な語にはどのような語があるのか，ということを捉えた上で，その中で語種の割合がどのようになっているのか，捉えるべきものであろう。しかし，使用している語が位相を形づくっているわけでもあり，切り分けが難しいので，出自による語種の割合で文体を示すことも行われるのである。

日本語の語彙の歴史として，当初，和語だけだったところに漢語が入り，和漢混種語もでき，さらに外来語が入り，外来語との混種もできた，との歴史が大雑把に示されるが，具体的な歴史を辿ろうとすると話は単純ではない。たとえば，和歌は漢語・外来語を使わない伝統があり，和語の使用率は近世末期の歌でも高いままである。一方で，漢文訓読文では漢語の割合が高かったと推定され（漢語なのか和語なのか判断できない漢字表記があるので推定となる），どの資料を取り上げるかによって，語種の割合は変わってくる。

3 辞書での扱い

近代国語辞書の最初とされる大槻文彦『言海』[5]の巻末に付された表で，収録語すべてを，和語・漢語・外来語・和漢熟語・和外熟語・漢外熟語などに分類しているが，出自による分類である（たとえば，「わんぱく」を，漢語「腕白」ではなく，「わっぱ」から転じた和語と認定している）。『言海』は本文の見出しにおいて，外来語の要素は片仮名で描き，和語と漢語とはともに平仮名ではあるが字体を変えており（「アンかけうどん【餡掛饂飩】」の，「かけ」と「うどん」は違う字体を使っていて，これが和漢外熟語であることがわかる），全項目で，形態素[6]ごとの語種（「形態素種」）の認定がわかる。現行の国語辞典では，『新選国語辞典』小学館が同様にしている。他の国語辞典では，和語と漢語が平仮名で，外来語が片仮名というものが多いが，『新潮国語辞典』など，和語が平仮名で漢語と外来語が片仮名というものもある。

『言海』と現代の国語辞典を比較すると，漢語も外来語もその割合を増しているが，これには，近代における漢語・外来語の増加ということに加えて，『言海』が雅語の類を多く載せていることも理由となっている。

現代でも，雑誌の用語などで，外来語が増加し続けていると言われるが，使用頻度の高い語については，多くを和語が占め，漢語では「様（よう）」などが上位に入るが，外来語はそれほどは上位にこない。（岡島昭浩）

▷5　明治22～24（1889～91）年。巻末の「採集語……類別表」で，頭音ごとに語種ごとの数値を示してある。

▷6　語形と意味とが結びついた最小の単位。単独では単語を形成し得ず，語よりも小さい単位のものを含めるために「形態素」という単位をたてる。

参考文献

金水敏ほか（2009）『語彙史』（シリーズ日本語史２）岩波書店。

和　語

1 非外来語

「やまとことば」ともいう。固有の日本語（日本語にもともとあった語）と説明されるが，起源を漢語や外来語に求めることができない語，ということもできる。つまり，日本語を歴史的に遡っても，漢字によって記録されたときよりも前の状態には遡ることは難しく，それ以前の外来要素にどのようなものがあったのかはわからないので，奈良時代の文献にみえるもので漢語や朝鮮半島の語でないものは，おおむね和語ということになる。「うめ」が漢語「烏梅」（ないし「梅」）に由来するものであるとされたり，「うま」が漢語「馬」（ないし「胡馬」）に由来するものであるとされたりすることもあるが，和語として扱うことが多い。「うめ」・「うま」は『万葉集』の時代から歌に詠まれるが，「きく」（菊）は『古今和歌集』以降，歌に詠まれるようになる。和歌では，「釈教」と呼ばれる仏教に関する歌を詠むときのほかは，通常漢語を使わない。「菊（きく）」は漢語であるが，和歌に詠まれたり，「しらぎく」などのように和語的な連濁[1]をしたりするなど，和語化しているようにみえる。

漢語の影響を受けて作られた和語として，翻訳語・翻読語と呼ばれるものがある。「あめつち」という語を漢語「天地」を訓読してできたとみるもので，江戸時代の清水浜臣（しみずはまおみ）は，この類を集めて『擬字造語抄』という書物を作った。収められた語を見ると，「あめつち（天地）」など判定の困難なものだけでなく，「のりのはな（法華）」など，明らかに漢語を訓読したものも目につく。

比較的新しい語でも，漢語や外来語に影響されない新しい言葉があれば（「チクる」など），それは和語に分類されるものである。したがって，さまざまな性質をもつが，漢語や外来語と比較すると，和語において共通する性質もある。

▶1　漢語の連濁が，「うむの下にごる」というような，鼻音が次の音を濁音にするものであるのに対し，鼻音の有無ではなく語構成上のことで濁音にするもの。

2 和語の語形

語形としては，自立語の場合は語頭にラ行がくることがなく，濁音・半濁音がくることも少ないが，オノマトペ[2]などはその限りではないし，さまざまな経緯で濁音などは語頭にくる場合もある。「うち～」の「う」が発音上，強まって「ぶち～」となったり，「使いっ走り」の「ぱしり」を独立させて半濁音で始まる和語ができたりするのである。また，古い時代においては，音韻として

▶2　4-7 参照。

撥音・促音・拗音などをもっていなかったと推定されるが，音便現象・母音の脱落融合などを経て，和語にもこれらが含まれることが多くなった（「あきんど」「おちゅうど」「ぬすっと」なども和語である)。和語にこうした音が使われるようになったことを漢語の影響とみる立場もある。また，かつて和語は語中にア行音がくることが珍しかったが（奈良時代には「かい（櫂）」がある程度)，ハ行転呼[3]やア行ヤ行ワ行音の一部合流を経て，珍しくなくなった。

▶3 語中のハ行音がワ行音に合流すること。ア行ヤ行ワ行の変化とともに，8-8参照。

3 和語の使われ方

和語は，使用頻度の高い基本語彙において，その率が高いが，使用頻度の低い語彙もあるし，現代語では使われなくなった古語の類にも多く含まれる。BCCWJ[4]（『現代日本語書き言葉均衡コーパス』）では，使用頻度順100位以内のうち，和語でないのは，「様（よう）」「方（ほう）」「自分（じぶん）」「二（に）」「一（いち）」の五語だけである[5]。

▶4 4-6参照。

▶5 https://clrd.ninjal.ac.jp/bccwj/freq-list.html にある「長単位語彙表データ」によるもの。

収録語の内訳を明示している『新選国語辞典』（小学館）の第９版（2011）では，固有名詞等を除いて一般語７万6535語を載せるが，そのうち和語は２万5365語（33.2%）で，漢語の３万7834語（49.4%）に及ばないが，BCCWJ で延べ語数[6]によれば，和語は68.4%を占める。これが異なり語数[6]では，20.8%に留まる（固有名詞を含んでの統計である)。話し言葉では，和語の割合が高く，CSJ（日本語話し言葉コーパス）では，異なり語数では26.8%，延べ語数では78.8%をも占める。

▶6 語の出現数を数える場合に，同じ語が何度出てきても同じ重みで捉えて，カウントを増やさないのが異なり語数で，出てくる度にカウントするのが延べ語数である。

ほかに，児童の言語や，児童向けの文章には和語が多いが，これは固有語である和語が口語や児童に向くことを示すのではなく，基本語の中に和語が多く含まれているから，そのようになるのであって，「たおやめ」などというような和語は，そのような性質をもたず，和語すべてに通じる性質ではない。なお，「たおやめ」のように，優美な感じのある和語を「雅語」と呼ぶ。

和語は固有語[7]であり，基本語彙を占めるだけに，すべての品詞に和語が存在する。助詞はすべて和語であり，助動詞・形容詞は和語に混種語が混じり，動詞もサ変動詞を除けば，和語に混種語が混じるのみである。

▶7 4-1参照。

意味分野でみると，「自然物および自然現象」に和語が多く，「人間活動」には少ない。『分類語彙表』[8]による分類によるものであるが，「自然物」では身体語彙における和語がとくに高く，他に動植物名・色名が含まれる。「人間活動」には，「人事」「行為」で，漢語が多いのに比べて，和語は少ない。

▶8 国立国語研究所（1964）『分類語彙表』秀英出版。

漢語に比べて造語力が低いといわれることがあるが，造語しても語形が長くなってしまうために，一つの語として使いにくく，また，元となった語の意味が明示されているために，新しい別の語としては使いにくい，ということがあるようである。俗語的なものでは，和語からの造語を略語に圧縮して用いることで，新語のようになっているものもある（「相見積もり」のアイミツなど)。

（岡島昭浩）

参考文献

金水敏ほか（2009）『語彙史』（シリーズ日本語史２）岩波書店。

 漢語

「漢語」とは

字音で読む（音読みする）もののことを「漢語」と称する，とすると，文字との関わりによって語を分類することになるが，書記言語として伝えられるものも多く，文字との関わりに触れずに記述するのは困難である。それを使わないで定義すれば，「漢字音の複合による語」，さらには，「古代中国語を由来とする形態素によってできている語」を漢語と呼ぶ，とでもなろうか。

すべて音読みでなく訓読みが混じっていても，古代中国語に由来するようなものを漢語と呼ぶことも過去にはあったが，現在では減っている。「四字熟語」とされるものも，なるべく訓読みを避けようという音読志向が高まっているようであるが，中には，「尾生之信」を「びせいのしん」（「びせいししん」ではなく），と読んでいるようなものもある。とはいえ，学術用語としては，字音で読むものを漢語とすべきであろう。字音語と呼ぶ場合もある。表記した場合に漢字だけからなる文字列で書かれる語を「漢字語」と呼ぶ場合もある。

2「音読み」

漢字の，いわゆる「音読み」――字音には，呉音・漢音，さらに唐音・慣用音がある。大まかにいえば，隋唐の頃に長安の音を「正音」とし，さらに「中国の音」という意味で「漢音」と呼ぶようになった。それに対し，従来の日本漢字音を「和音」などと称したが，和音が，中国でいうところの「呉語・呉音」と共通の性質をもつこともあって，「呉音」と呼ばれるようになった。鎌倉時代以降に伝わった漢字音を，これも「中国の音」という意味で「唐音」と呼ぶ。慣用音は，さまざまな性格のものが混じっている，典型的な漢音と典型的な呉音の中間的なものや，二音の要素が組み合わさったような性質の音を呼ぶことが多いが，実際には，漢音としての使用例が明らかであるものもある。別の字の音が転用されたものも慣用音と見なされるし，和語由来のものが，まるで字音であるかのようにふるまうものも，慣用音とされることがある。◁1

漢音の渡来以前に伝わっていた漢語は，渡来当時のまま呉音で読まれ続けてきたものがある。仏教語に多いし，数詞のイチ・ニ・サン……もそうである（キュウは漢音でクが呉音）。しかし，漢音読みに変わったものもある。儒学関係の用語などは，漢音読みが優勢になったが，「論語（ろんご）」・「大学（だいがく）」・「孝経（こうきょう）」など，

▷1 「明」「寧」は，呉音ミョウ・ニョウ，漢音ベイ・デイで，メイ・ネイはそれらの混じた「慣用音」とされることがあったが，漢音で記された資料にみられて，漢音であることが明らかとなった。
石をコクと読むのは，斛の字音に拠る。堪をタンと読むのは，「足りぬ」のタンヌからきたタンノウに堪能（カンノウ）の字を当てたからである。

書物の題名については，呉音読みのままであった。漢音読みであったものなのに，後に呉音読みに変わったものもある。このような字音の交替は，一般的な語形変化とは性質が異なるものである。もともと呉音・漢音・唐音・慣用音がすべて揃っている漢字は稀少で，3種をもっている文字も少なかったが，時代とともに，意味の使い分けや位置の違いに対応しない音の違いは維持されなくなっていき，常用音は一つとなり，結果的に呉音が常用音となった文字もできたからである。呉音と漢音とが一語の中で両方使われるような漢語も，そのような経緯でできたものが多い。また，「瓶（びん）」のように，唐音が常用音となった漢字もある（漢音ヘイ，呉音ヒョウ）。表記すると前の時代と同じ形であっても，読まれ方が変わることで別の語形になる，という現象が起きるわけである。

3 同音語の多さ

漢語は書記言語に依存することで，同音語の多さを放置してきた部分がある。口頭でも「しあん，こころみのあん」（試案），「しあん，わたくしのあん」（私案）などと，説明する際に使う漢字を説明する。漢語に同音語が多いのは，漢字音を取り入れる際に，原音では区別のある音が日本語音では区別されないものが多くあり，合流する形で日本漢字音となったからである。有気音と無気音の区別がなく，歯音の類（破擦音と摩擦音）がサ行に合流し，韻尾音において -m と -n，-u と -ŋ が区別されない，などである。◁2

漢字音は1文字が1音節であるが，日本漢字音では，1文字が1拍になるものと2拍になるものに分かれる。1文字2拍になるものの2拍目は，ほぼ「い，う，き，く，ち，つ，っ，ん」に限られる（「う」と書かれる中にはオ段長音で発音されるものもある）し，2拍目が「い，き，ち」であるものは1拍目の音が，ほぼイ段とエ段に限られるなど，語形のバリエーションが乏しい。また，「えう」が「ょう」に合流し，「あう」が「おう」に合流（「ゃう」と「ょう」の合流も含む）したので，上記の歯音の合流もあって，「しょう」と読まれる漢字が多数ある。「こう」と読まれる漢字も多く，「こうしょう」という語形の漢語は，『日本国語大辞典』第二版では，108件にのぼる。

4 和製の漢語

和製漢語は，中国ではなく，日本で作られたものであるが，認定において中国文献の探索が不十分であったり，意味が違う程度のものまで和製漢語とされてしまったりする（西洋の概念を翻訳する際に当てられた漢語については和製であると標榜されやすい）ので，確認が必要である。和語「おほね（おおね）」に「大根」と当てた漢字をダイコンと音読することによってできた漢語などは和製漢語の典型である。また，中国語の語法や用法に合わないこと（「和習・和臭」といわれる）◁3で，和製漢語と分かるものがある。　（岡島昭浩）

▷2　漢字音は下記のように分析される。
- 声母（頭子音）
- 介母（拗音的要素）
- 韻腹（中心母音）
- 韻尾（音節末の子音や i，u）
- 声調

2-4 参照。

▷3　日本語の影響によって，漢字・漢語の使い方が中国本土とは異なっている状況を指す言い方。漢詩や正格の漢文などを書く際には，排除すべきものと考えられた。

参考文献

金水敏ほか（2009）『語彙史』（シリーズ日本語史2）岩波書店。

 外来語

1 借　用

漢語以外の借用語を外来語と呼ぶ。近代中国語からの借用は，漢語ではなく外来語に含めるが，漢字との結びつきが弱いことや，日本語としての定着度の低さなどによるものである[1]。

▷1 4-3 参照。

外来語は，16世紀頃，ポルトガル語・スペイン語由来のものから始まるという見方と，確実ではないが記録以前に日本語に入ったと思われる，朝鮮半島の言葉（唐と書かれるカラなど）や，漢字を伴わない形で入った中国語系の言葉（ウメが「梅」あるいは「烏梅」からきたなど），梵語[2]などを含めてみる見方とがあるが，現代語において外来語らしさを持つものは前者ということになるだろう。

▷2　サンスクリット語のことで，仏教の伝播によって伝わった。漢語経由で日本語に入った「阿修羅」のようなものに加えて，『言海』などでは，「カワラ（瓦）」のようなものも，梵語からきたものとみて外来語として扱っている。

2 外来語らしさ

外来語らしさを示すのは，片仮名を用いての表記もあるが，語形もある。長音は漢語にも多いが（「こう」「くう」などと書かれるものは長音符号を用いないが，長音である），ア段長音などは外来語に集中している（「おかあさん」「おばあさん」といった和語にも若干あるが，漢語には乏しい）。また，パ行音が語頭に立ったり，撥音や促音以外の音の後にきたりするのは外来語の特徴であるが，「使いっ走り」に由来する「パシリ」のような和語もあるし，「金髪」の「金」を「茶」に変えた「チャパツ」も語種としては漢語である。また，標準語アクセント[3]では，アクセントの下がり目が，語末から3拍目が含まれる音節にある，という基本型に収まることが多い（ミネルヴァ・インターフォン）のも外来語の特色である。近代中国語からの外来語もこれらの性質を有し，麻婆（マーボー）・プーアル（茶），など，漢語にはないような音形を持っている。

▷3 2-5 参照。

なお，外来語は連濁しにくい性質を持つ。例外としては，歴史の長いものを中心に，カッパ：雨ガッパ，カルタ：歌ガルタ，などがあり，ケット：赤ゲット，コート：半ゴートなどもかつて使われていた。

3 外来語音

日本語音にない言語音を写して外来語にする際に使われるようになった音がある。ファ・フィ・フェ・フォ・ティ・トゥ・シェ・チェ[4]などがそうである。日本語にまったくない音が作られるわけではなく，既存の子音と既存の母音の

▷4 2-1 参照。

組み合わせで従来は使われていなかった音（「あきま」という言い方で説明される[5]）が使われるようになった，というものである。v音をヴ（かつてはヷヸヹヺもある）で書いて区別したり，rと区別するために，lの方からきたラリルレロに半濁点のようなものを打つ試みもあったが，日本語の音としては定着していない。

外来語には長音・撥音も多いが促音も多い。しかし，促音は長音や撥音よりも制約があり，1つの形態素の中に2つの促音が入ることは少ない。ポケットはポッケットなどの語形をとることもあったが，ポケットに落ち着いた。リュック・サックのように複合語的なもので促音が2つ入るものはいくらでもあるが，ブッキッシュのように促音を含む音節が連続するものは少ないし，「グッ・バイ」のように切れ目に促音がくるものも少ない。

▶5　音韻体系の「すきま」と「あきま」とが対比して言われるが，「あきま」は〈空き部屋〉のような意味で理解したらわかりやすいだろう。フの子音も，ア段の母音もあるが，両者を組み合わせたところが〈空き部屋〉になっていたわけである。

4 原　語

外来語の原語を考えると，16世紀後半からポルトガル語・スペイン語から，江戸時代はオランダ語からの外来語が多かったが，幕末あたりから，英語由来の外来語が増えていった。オランダ語・英語は語形が近いものもあって，たとえばビール・コーヒーは，オランダ語から入ったものだが，英語（の綴字発音[6]）がそれに近いこともあり，英語が訛ったもの，というような意識で捉えられるに至った。英語の綴字発音的なものや，日本語に関わる転訛も多いが，原語にあるようなものまで，日本語独自の転訛であると見なされてしまうこともしばしばある（たとえば，ビフテキなどは，フランス語ないし，それを借用した英語からの外来語であるのに，ビーフステーキが日本で訛ったと捉えてしまうなど）。原語を考える際に，日本語に直接入った言語を問うのか，もともとの語源を問うのかは，何のためにその源を問うのか，ということを明確にする必要があろう。

第二次世界大戦中に英米からの外来語を使わないようにした運動があったこともあって第二次世界大戦後の外来語の増加が目立つが，昭和10年に刊行された外来語辞典である英文大阪毎日学習号編輯局編の『万国新語大辞典』は，本文1300ページを超える大冊で，約2万語（ほとんどが英語からのもの）が載せられている。

▶6　spelling pronunciation. 綴字をそのまま読んだような発音が，規範とされる発音と一致しない場合などにそう呼ばれるが，ここではオランダ語を学んだ日本人が英語をオランダ語流に読んだものも含めている。綴字発音は日本語においても，「あまっさえ」が規範であった「あまつさへ」が「あまつさえ」と読まれて定着したり，「或ひは」を「あるいわ」ではなく「あるひわ」と読むなどがある。

5 和製外来語

和製英語など，和製の外来語であるとされるものがある。外来の要素を組み合わせてできたものが多いが，中には，使用範囲の限られた語を取り入れたことによって，英語でないと誤認されて和製英語扱いされたことのある語もある（ナイターやライフラインなど）。また，接辞などを落としたものを「和製」ということや，英語ではないものを英語風にしたものを和製英語と呼ぶこともあって（「悪銭を溜める」をアクセンタムなど），さまざまな意味合いをもつので注意が必要である。

（岡島昭浩）

参考文献

金水敏ほか（2009）『語彙史』（シリーズ日本語史２）岩波書店。

混種語

1 語の種類が混(こん)じた「混種語」

語種を異にする形態素が複合したもの，すなわち，和語と漢語，和語と外来語，漢語と外来語が複合したものを混種語と呼ぶ。また，漢語や外来語が，動詞・形容詞などの活用をもつに至ったもの（「力(りき)む」「ナウい」など），和語や漢語に英語などの接辞を加えたもの（「がんばりズム」「プレ大会」など）も同様に混種語であるが，サ変動詞（「執筆する」「プッシュする」など）や形容動詞（「大変な」「ハードな」など）は，その語幹部分のみを取り出して，混種語扱いされないこともある。

外来語と外来語とが日本語の中で結合されたもの，たとえ，ドイツ語と英語が結びついたり（「アルバイト・ニュース」など），中国語（漢語ではないもの）と英語が結びついたりしたもの（「チャーハン・セット」など）であっても，それは（和製）外来語であり，混種語に入れないのが普通である。なお，「語種」の項で述べたように，大槻文彦『言海』では，こうしたものを「外外熟語」と呼んだ（「アヘンタバコ」〔洋語＋蘭語〕，「檀那寺(だんなでら)」〔梵語＋朝鮮語〕の二語のみ）。日本語の中で漢字と漢字を組み合わせて作った漢語が「和製漢語」とされるのと同様である。とはいえ，イクラ（ロシア語から）・オクラ（英語からか）のような外来語らしさの低いもの（語形などから）と典型的な外来語とが結びついた「イクラ・パスタ」や「オクラ・スープ」のようなものは，混種語的な意識をもたれそうである。◁1

複合語といっても，単純語としては用法のないものも造語の成分となることがある。それは，過去に使われたけれど使われなくなったというような化石的なものだけでなく，単独の用法はもたないが複合語の一部にはなっている，というような要素もある。「プチ家出」（外＋和）・「プチ贅沢」（外＋漢）の「プチ」は，単独で使われることが少なく，接頭辞的に使われることが多いフランス語由来の外来要素である。漢語要素の「超」は，「超ミニ」（漢＋外）・「超小型」（漢＋和）のような混種語を作りうる接頭辞であったが，後に「超ちいさい」のように形容詞の前にも付くようになり，そのあたりから，副詞◁2になっていったとみられる。

混種語の中では，和語と漢語の混種語がその大部分を占め，ついで多いのが，漢語と外来語の混種語である。収録語の内訳を明示している『新選国語辞典』

▷1　このあたり 4-1 で述べた，由来としての語種と語性としての語種の問題である。

▷2　「超ちいさい」全体で一語としてのアクセントから，「超」が独立したアクセントを有するようになれば副詞とみなされる。

の第9版（2011年）では，混種語6451語のうち，和漢混種語が5436語，漢外混種語が549語，和外混種語が212語である。「折れ線グラフ」（和＋漢＋外）のように3種が混ざった和漢外混種語は，第8版（2002年）では12語しかなかったのに，第9版では254語に増加している。しかし，分解すれば意味が理解できるような複合語は辞書に載らないことも多く，そのような語には，和漢外混種語も多いので（「若大将シリーズ」〔和＋漢＋外〕・「ニュース番組」〔外＋漢＋和〕など），辞典の採録方針によって，採録語数が変わることがあり，和漢外混種語の増加は，日本語そのものの経年的な変化であるとは即断しない方がよかろう。

2 湯桶読み・重箱読み

和漢の混種語は，漢字の読み方の面から，湯桶（ゆとう）読み・重箱（じゅうばこ）読み◁3，と呼ばれて意識されてきたものと重なる部分が多いが，「赤信号」（和＋漢）・「焼肉定食」（和＋漢＋漢）のような3字以上の漢字列については，それらの範囲外に置かれている。和漢和・漢和漢などとなっているものを，漢和・和漢のいずれかに無理に押し込めるのもおかしなことである。さらに，漢字が当てられない混種語には関わらないものであり（外来要素のものだけでなく，たとえば「告（コク）る」は漢＋和の混種語であるのに重箱読みとはならない），これらは，語種についてのものであるというよりも，漢字文字列をどのように意識するか，ということに関わる用語とみるのがよいだろう。ただし，語形を考える上では，和漢外のいずれの要素から始まり，いずれの要素で終わるか，という点は，それぞれ，語頭や語末の特徴を捉える上で，意味のある区別である。「和語」（4-2）のところで述べたような，ラ行で始まるものが少ない，という特徴は，和の要素から始まる混種語にもあるし，「漢語」（4-3）のところで述べたような語末の特徴は，漢の要素で終わる混種語ももつわけである。

なお，混種語の中には，その要素ごとの切れ目を明確にしがたいものもある。たとえば，「サイノロジー」という言葉は，外来語の「サイコロジー」の上に，「妻（さい）のろ」をかぶせたものである◁4。「妻のろ」は，漢語要素の「妻」と，和語の「のろい」（「のろける」と同根で，色情に溺れるような様子を示す）を組み合わせたものだが，「サイノロジー」以前に，「さいのろ」という言い方があったわけではなく，「サイコロジー」に合わせて埋め込んだものである。いわゆる和製英語との境界が不分明な部分もあるし，実際，「サイノロジー」のような語群（「スワルトバートル」のように，語形を外来語風にしたものも含む）を「和製英語」として集めたような書物もある（『社会ユーモア・モダン語辞典』1932年など）。一時的な言葉遊びに過ぎないものもあるが，「テクシー」（外来語「タクシー」に和語の「てくてく」を重ねたもの）のように，ある程度使われ続けたものもあり，こうしたものも，混種語と見なすべきものと考える。（岡島昭浩）

▷3 一語とみられる漢字の連なりがあって，1文字目を訓で読み，2字目を音で読むことを「湯桶読み」と呼ぶ。そば湯などを入れるのに使われる「湯桶」は，「湯」の「ゆ」が訓読みで「桶」の「とう」が音読みであることによる。逆に1文字目を音で読み，2字目を訓で読むことを「重箱読み」という。「重」の「じゅう」が音読み，「箱」の「ばこ」が訓読みであることによる。

▷4 このような語の類を「かばん語」と称することがある。

参考文献

金水敏ほか（2009）『語彙史』（シリーズ日本語史2）岩波書店。

6 品詞と語彙

1 一番種類が多いのはどの品詞か

国語辞典には多くの語が収録されているが，動詞，名詞，形容詞などのさまざまな品詞の中で，どれが一番多いだろうか。答えは，辞書の任意のページをめくれば確認できる通り，名詞である。

語の種類数のことを異なり語数（Type Frequency）とも呼ぶ。日本語でどの品詞が多いのか，『現代日本語書き言葉均衡コーパス』（BCCWJ）[1]の異なり語数を品詞ごとに集計した結果が，図1である[2]。

全体の9割が名詞であり，次いで動詞が約5％ほどである。3位が副詞であることは意外なのではないだろうか。形容詞は0.4%，形状詞[3]は0.9%に過ぎない。

▷1　国立国語研究所作成の大規模コーパス。https://clrd.ninjal.ac.jp/bccwj/

▷2　図1，図2，表1の作成にはBCCWJ品詞構成表（Version 1.1）を利用した（https://clrd.ninjal.ac.jp/bccwj/bcc-chu.html）。語の切り分けには短単位と長単位の2種類があるが，今回は短単位のデータを利用した。

▷3　BCCWJで採用されているUniDicという辞書では「静か」のような形容動詞の語幹を「形状詞」という品詞に認定する。これは，学校文法の品詞体系は「学校だ」は名詞＋助動詞の2語で，「静かだ」は形容動詞1語になるという矛盾を抱えているためである。

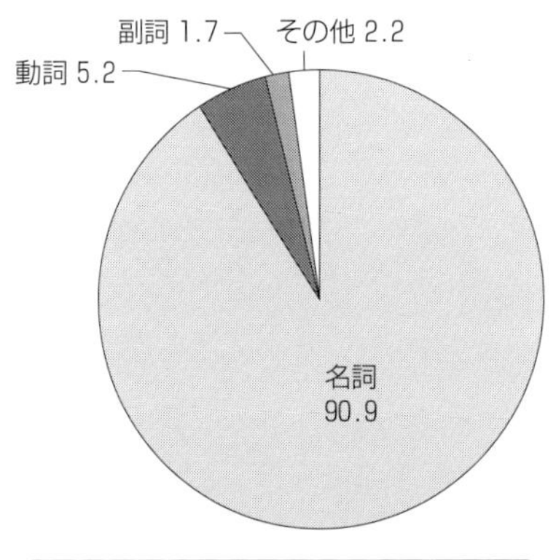

図1　BCCWJにおける異なり語数の比率(%)

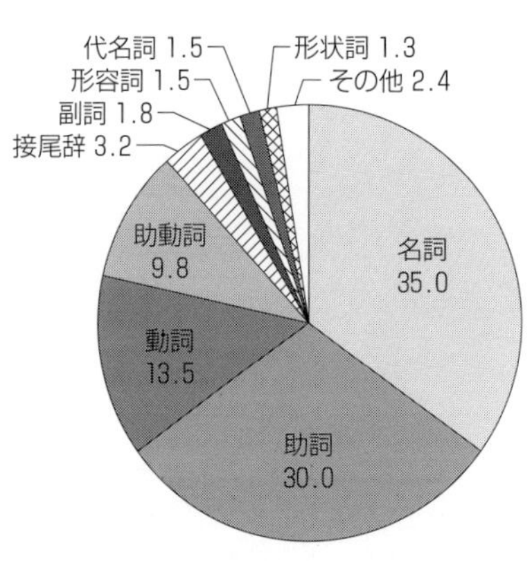

図2　BCCWJにおける延べ語数の比率(%)

2 もっともよく使われるのはどの品詞か

では，種類の数ではなく，一番よく使われる品詞は何だろうか。ある文書や会話において語が実際に出現した回数のことを延べ語数（Token Frequency）と呼ぶ。先ほどと同様に，BCCWJの延べ頻度をグラフにすると，図2のようになる。

異なり語数とはかなり様相が異なる。この比率は日本語の基本的な文法を反映しているといえる。一つの文には普通複数の名詞が使われるため，名詞が一番多い。そして，名詞は格助詞や副助詞を伴うのが普通であるが，ときには無助詞の場合もあるし，複合名詞として名詞が連続する場合もあるため，助詞は名詞よりやや少ない。同様に，動詞を述語にした場合，「言われる」

表1 BCCWJにおける語彙多様性

品詞	A 異なり語数	B 延べ語数	語彙多様性 (A÷B×1,000,000)
名詞	168,210	36,651,583	4,589
感動詞	371	161,716	2,294
副詞	3071	1,830,329	1,678
形状詞	1689	1,314,004	1,285
動詞	9540	14,148,216	674
形容詞	794	1,588,226	500
接続詞	35	481,094	73
連体詞	48	997,276	48
助動詞	71	10,279,970	7
助詞	139	31,428,580	4

開いたクラス

閉じたクラス

「見た」のように助動詞を伴うことも多いが，動詞単独で使われることもあるため，助動詞は動詞よりやや少ないのである。

なお，もっとも延べ語数が少ないのは感動詞であるが，これは書き言葉のデータである。話し言葉では5％に上昇する。また，2番目に延べ語数が少ないのは接続詞であるが，だからといって接続詞の重要性が失われるわけではない。[4]

3 開いたクラスと閉じたクラス

表1はBCCWJの主な品詞について，異なり頻度と延べ頻度の関係をまとめたものである。異なり頻度を延べ頻度で割った値をType-Token Ratio（TTR）といい，この指標は語彙多様性[5]を測るのによく用いられる。ただし，BCCWJのような大規模コーパスでこの値を計算すると，大変値が小さくなってしまうので，それを100万倍した値を表1に示した。

表1を見ると，品詞には名詞のように語彙多様性が高く，さまざまな語が含まれるものと，助詞・助動詞のように語彙多様性が低く，ごく少数の語が繰り返し何度も使われる[6]ものがあるということがわかる。前者を内容語（content word）または実質語（substantial word），後者を機能語（function word）と呼ぶ。内容語は種類が多くさまざまな意味を表すが，機能語は文法関係を表すことが主な働きで，種類は限られる。「内容語」は開いたクラス，機能語は閉じたクラスということができる。ただし，両者は連続的な関係にある。

内容語は新しい語を追加しやすいという特性がある。たとえば，新しい「モノ」が作られれば，それに相当する名詞は容易に作られる。感動詞の語彙多様性が高いことは意外かもしれないが，「ぐびゃー！」「ぷにゃー！」などの斬新な叫び声などは簡単に思いつくのではないだろうか。動詞は，「ググる」「ばえる」など新しい語が作られることもあるが，名詞ほど多く作られているわけではない。形容詞も同様である[7]。そして，典型的な機能語である助動詞・助詞などが新たに生まれることは滅多にないといえるだろう。（中俣尚己）

▶4 石黒圭（2008）『文章は接続詞で決まる』（光文社）という書もある。

▶5 語彙多様性は「語彙密度」と呼ばれることもある（石川 2012）。

▶6 なお，日本語で最も多く使われる語は「の」である。これは，明治時代の小説であっても，現代の大学生のおしゃべりであっても変わらない。BCCWJでは「の」の後は「に」「て」「は」「だ」「を」「する」「が」「と」「で」と続く。

▶7 たとえば外来語は「ビビッドな」のように形状詞として日本語に取り込まれ，「*ビビッドい」のようにはならない。これが形状詞の語彙多様性が高いことの理由の一つである。「エモい」のような例もあるが，形状詞と比べれば数は少ない。

参考文献

石川慎一郎（2012）『ベーシックコーパス言語学』ひつじ書房。

計量国語学会編（2017）『データで学ぶ日本語学入門』朝倉書店。

オノマトペ

1 オノマトペとは何か

オノマトペとは，擬音語と擬態語の総称である。擬音語とは，動物などの声や物音を，人間の言語音[1]によって表したものをいう。ネコの鳴き声「ニャー」，ドアの閉まる音「バタン」などがそれにあたる。擬態語とは，音の伴わない，ものの様子や人の感情などを，人間の言語音のもつイメージに託して表したものをいう。頼りなげに細長い様子「ヒョロヒョロ」，瞬間的に腹立たしい思いになる様子「ムカッ」などがそれにあたる。

擬音語は，日本語以外の言語にも普通に見出すことができる。たとえば，ネコの鳴き声は，英語では meow，フランス語で miaou，中国語で喵（miao），韓国語で야옹（yaong）のように表される[2]。けれども，擬態語になると，日本語の他には，韓国語，バスク語，アフリカ諸語，中南米諸語のような言語に限られ，英語，フランス語，ドイツ語，中国語のような言語には見出しがたい。したがって，擬態語のない言語で擬態語を訳出する際には直接的に対応する言葉がないため，普通の言葉を連ねて説明するしかない。

「オノマトペ」という用語自体は，もとはフランス語であり，上に述べたように，フランス語には擬態語がないので，本来は，擬音語のみを指していた。したがって，「オノマトペ」で擬音語と擬態語を指し示すのは，日本語特有の言い方である[3]。

2 オノマトペのでき方

日本語には，オノマトペが多く存在し，歴史的にみれば5000語程度は見出すことができると推定される[4]。このようにオノマトペが多数存在する理由として，日本語には，オノマトペをつくり出すための極めて規則的な方式があることが指摘できる。そのようなオノマトペには，中核となる基本要素がある。たとえば，「かた」のようなものである。この「かた」に，促音「っ」，撥音「ん」，「り」をそれぞれ付けると，「かたっ」「かたん」「かたり」ができる。さらに，「かた」を二度繰り返すと「かたかた」ができる。これらは，それぞれ，瞬間的な様子，余韻のある様子，ひとまとまりの出来事である様子，繰り返される様子といった，独自のニュアンスを表す。このことは，「かた」の「か」を濁音にした「がた」を基本要素にしても成り立つ。このように，1つの要素から，

▷1　人間の言語音は，「ニャ・ア」「バ・タ・ン」のように，1つひとつに区切ることができる音をつないでいるのに対して，ネコの鳴き声や物音は全体が区切り目のない連続した音である。

▷2　擬音語は，言語が異なっても，このネコの鳴き声の表現のように，類似性が見つかることが多い。

▷3　外来語が，原語の意味を離れて日本語独自の意味に変わったものとして，もともと「複雑な」という意味を表した complex が，「コンプレックス」で「劣等感」を表すようになった例を挙げることができる。他言語における，擬態語の例は，窪薗編（2017）参照。

▷4　小野（2007）では，4500語を収録しているが，漫画のオノマトペのようなものは載録していないので，さらに500語程度は優に上乗せできると思われる。

複数かつ独自のニュアンスをもつオノマトペがつくり出せることが，日本語オノマトペの特徴である。このとき，「かた」と「がた」のように，清音と濁音とで，さらに細かなニュアンスを表し分けることができることも見逃せない。[5]

3 オノマトペの認定

オノマトペをどう認定するのかという問題は，従来，あまり正面から取り上げられてこなかった。たとえば，「あっさり」は，通常，どんなオノマトペ辞典や論文でも取り上げられているが，似たような「ぴったり」からは，基本要素「ぴた」が取り出せて，「ぴたっ」「ぴたん」「ぴたり」「ぴたぴた」のように規則的にオノマトペを作れるのに，「あっさり」から取り出した「あさ」は，「あさっ」「あさん」「あさり」「あさあさ」のようなオノマトペが作れない。また，「あっさり」に対応する「うっすり」という語も存在する。そうすると，「あっさり」「うっすり」は，形容詞「浅い」「薄い」の語幹をもとに副詞として仕立て上げられた語なのではないという疑いが起こる。[6] つまり，「あっさり」は，a 音や s 音のイメージで「淡白な感じ」を表した言葉ではない可能性が高いのである。また，同様に「うきうき」なども，動詞「浮く」との関連性が考えられる。今後は，当たり前のように認定していたオノマトペを，一度立ち戻って１つひとつ確認する必要がある。[7]

4 オノマトペの働き

オノマトペは，一語で微妙なニュアンスを表すことができるという特長がある。たとえば，「きりきり（と痛む）」を，普通の言葉で説明しようとすると，「細いヒモのようなもので締め上げられたような局部的にきつい痛みを感じる」のように言わなければならない。痛みを表すオノマトペには，ほかに「ちくちく」「ずきずき」「しくしく」などが考えられるが，これら一語で，普通の言葉では説明してもしきれないニュアンスを表すことができる利便は大きい。

また，オノマトペは，感覚的にわかりやすい語なので，人の心に訴えかける力がある。[8] そのため，たとえば，「（先制点が取れて）監督は安堵した」のような表現よりも「監督はほっとした」の方が，気持ちがよく伝わってくる感じがする。[9] また，そのような力を用いて，商品名や商品のキャッチコピーに登用されることも多く，[10] さらには，スポーツ指導やロボット工学，精神医療の現場にまで応用されている。

（小野正弘）

▶5　「かた」は軽く弱い感じであるが，「がた」となると重く強い感じになる。オノマトペの規則的な作られ方については，角岡（2007）参照。

▶6　「ＡっＢり」というタイプの語は，オノマトペに多くはあるが，「やっぱり」のようにオノマトペ起源ではないものもある。また，「ほっそり」などは，オノマトペと思わない人が多いだろう。

▶7　一方で，「ほのぼの」のように，もとはオノマトペではなかったものが，現在ではオノマトペのように考えられる語もある。このような問題も，今後考えていく必要がある。

▶8　いわゆる，人の心をわしづかみにするのである。

▶9　「ほっとした」は，客観的な伝達を旨とする（と一般的には考えられている）新聞の記事などにもよくみられる。

▶10　あるパンの名前に，「もちもち」という名前を付けたところ売れ行きが飛躍的に伸びたという報告もある。

参考文献

小野正弘編（2007）『日本語オノマトペ辞典』小学館。

角岡賢一（2007）『日本語オノマトペ語彙における形態的・音韻的体系性について』くろしお出版。

窪薗晴夫編（2017）『オノマトペの謎——ピカチュウからモフモフまで』岩波書店。

8 指示詞・代名詞

1 代名詞とは

言語文脈内や言語外に存在する人・事物・場所などを指示する機能をもつ語が代名詞である。日本語には人称代名詞と指示代名詞がある（「自分・自身」などを再帰代名詞[1]とする場合もある）。人称代名詞は話し手（一人称）・聞き手（二人称）・それ以外（三人称）を指す語，指示代名詞は「これ・それ・あれ」などであり，これらは語として意味はほぼもっておらず，文脈や発話状況などに依存して対象が決まる語である。指示代名詞「これ・それ・あれ」は，連体詞「この・その・あの」，副詞「こう・そう・ああ」などとともに，佐久間（1951）により，指示の機能をもつ語として表1のようにまとめられている（指示領域である「近称・中称・遠称」については，4で説明する）。これらは指示詞（こそあど[2]，指示語）と呼ばれている。

▷1　再帰代名詞とは英語では「myself」など，動作主自身を表す代名詞とされている。反射・反照代名詞とも呼ばれる。

▷2　佐久間（1951）では，表1の語を「こそあど」という名称でひとまとめとして扱っている。

表1　こそあど

	"近称"	"中称"	"遠称"	不定称
もの	コレ	ソレ	アレ	ドレ
方角	コチラ	ソチラ	アチラ	ドチラ
	コッチ	ソッチ	アッチ	ドッチ
場所	ココ	ソコ	アスコ	ドコ
もの・人（卑）	コイツ	ソイツ	アイツ	ドイツ
性状	コンナ	ソンナ	アンナ	ドンナ
指定	コノ	ソノ	アノ	ドノ
容子	コー	ソー	アー	ドー

出典：佐久間（1951）。

2 人称代名詞

人称代名詞はコミュニケーションの場における，話し手（一人称「私，僕，おれ」など）・聞き手（二人称「あなた，君，おまえ」など）・それ以外（三人称「彼，彼女，あいつ」など）という役割を示すものである。西欧語では限られた少数の語が用いられているが，日本語では一つの人称に対して多数の語が使用されている。また，日本語では，いわゆる人称代名詞を使用することはそれほど多くなく，実名・愛称・地位・役職名・親族名などの多彩な語彙の中から，人を指し示す語を選ぶ。たとえば「お父さん，先生」などは，一・二・三人称のどの役割でも用いられる。一・二人称代名詞自体も，使用者や指示対象の社会的関係，性別，場面に従って語彙が使い分けられる。なお，感覚・感情を表す言い切りの文（例：「うれしい」）の主体が一人称に限られることはよく知られている。

3 指示詞の指示用法

指示詞の指示用法は大きくは直示用法と，文脈指示の非直示用法に分けることができる（前者は「眼前指示・現場指示」，後者は「照応・文脈承前」などとも呼ばれる）。

まず，直示用法は，今，現場で目に見える直接知覚・感覚できる対象を指示する（例：「〔八百屋で大根を指さし〕これ，ください」）。次に，非直示の文脈指示は，先行する言語文脈内に当該の指示表現と指示対象を共有する先行詞があるものである（例：「昨日，古本屋で本を買った。その本は絶版になった貴重なものだった」）。さらに，非直示に記憶指示を認めるものがあり，この用法は過去の直接経験に関わる要素で長期的な記憶中にある対象を指すとされるものである（例：「〔ひとりごと〕あの漫画，面白かったなぁ」）。現代語では直示用法はコ・ソ・ア，非直示の文脈指示はコ・ソ，記憶指示はアが用いられている。

4 直示用法の指示領域

コ・ソ・アの直示用法の指示領域「近称・中称・遠称」には，人称区分説と距離区分説がある。人称区分説は佐久間（1951）で，コ「話し手の近くにあるもの」・ソ「聞き手の近くにあるもの」・ア「話し手・聞き手から遠くにあるもの」とされるものである（この場合のソが指示する領域を「聞き手領域」とする）。この人称区分説に対し，ソは「話し手からやや離れたもの」を指示するとした距離区分説があり（この場合のソが指示する領域を「中距離」とする），議論されてきた。しかし，どちらか一方で捉えられるものではなく（発話状況・指示対象などにより違いはあるが），ソは「聞き手領域」「中距離」のどちらにも用いられると考えられる。

（岡﨑友子）

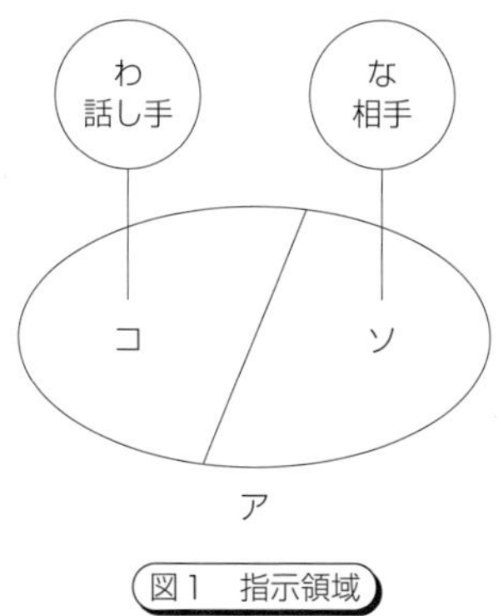

図1 指示領域

出典：佐久間（1951）。

参考文献

金水敏・田窪行則編（1992）『指示詞』（日本語研究資料集）ひつじ書房。

金水敏（1989）「代名詞と人称」『日本語の文法・文体』上，（講座日本語と日本語教育 4）明治書院。

金水敏（1999）「日本語の指示詞における直示用法と非直示用法の関係について」『自然言語処理』6-4，言語処理学会。

佐久間鼎（1951）『現代日本語の表現と語法 改訂版』恒星社厚生閣。

新語・流行語

1 人々の意識と新語・流行語

「新語」はしばしば「流行語」と同様に捉えられ，両者を同義的に用いることが少なくない。毎年末に発表される「新語流行語大賞」[1]も，1984年（第1回）から1993年（第10回）までは「新語部門」と「流行語部門」に分かれていたが，1994年（第11回）からは両部門を合わせて選定するようになっている。

「流行語」がその時代の人々の興味・関心すなわち意識抜きでは存在し得ないことは当然であり，結果として流行語の多くは時代が経過して人々の意識が変われば衰退し忘れられてゆく運命にある。そのため「流行語研究」というテーマを掲げる考察は，言語学よりむしろ，当該の時代における世相の考察（世相語研究）として社会学や文化史学の分野に属するものが多い。

2 〈いわゆる新語〉と〈気づかない新語〉

「新語」には，〈新しく造出された語〉すなわちそれまで存在しなかった語形，意味用法，表記が出現するという客観的事実としての新語と，〈新しいと認められた語〉すなわちその語を新奇な存在と捉える人々の主観的意識による新語がある。一般に「新語」として取り上げられるのは後者であり，たとえ既存の語であっても，それに接した人々が“新しい”と意識すれば「新語」として扱われる。このような人々の新語意識に支えられた新語を〈いわゆる新語〉と呼ぶ。「流行語」と同一視されるのはこの〈いわゆる新語〉である。

一方，新出であってもそうとは意識されないまま使用が拡大し，いつの間にか広く一般に普及する語がある。これを〈気づかない新語[2]〉と呼ぶ。新語意識を刺激しない〈気づかない新語〉は，使用に対する抵抗もないため，知らぬ間に定着してしまうことが多い。使用が拡大したのちに一部の非使用者から批判や非難を受けることもあるが，そのときにはすでに広く普及している。〈気づかない新語〉の例として古くは「時点」「好投」「熱戦」などがあり，近年では「特化」「食感」「食材」「滑舌」「目線」などが挙げられる。

3 新語の定着過程

『朝日新聞』『日本経済新聞』における「食感[3]」出現記事数の推移は図1のようになる。ここにみられる「食感」使用増加の推移は，新語の定着過程におい

▶1 「『現代用語の基礎知識』選ユーキャン新語・流行語大賞」参照。(https://www.jiyu.co.jp/singo/)

▶2 この考え方は早く見坊（1958）にみられる。なお，方言における共時態の〈気づかない方言〉に対する，通時態としての〈気づかない新語〉という位置づけができる。橋本行洋（2005）「「気づかない～」という術語について――新語研究の立場から」『日本語の研究』1-4，105-108頁を参照。

▶3 「食感」は1950年代から食品学・調理学の研究者が用いていたが，それが食品業界での使用を通じて一般に広く用いられるようになったのは1990年代以降である。『日本経済新聞』での出現が早いのは，食品業界関係の記事が多く掲載されるためである。なお，国語辞典への登録は1998年（『広辞苑』第5版，『三省堂現代新国語辞典』第1版等）から認められる。橋本行洋（2006）「「食感」の語誌――新語の定着とその要因」『日本語の研究』2-4，92-107頁を参照。

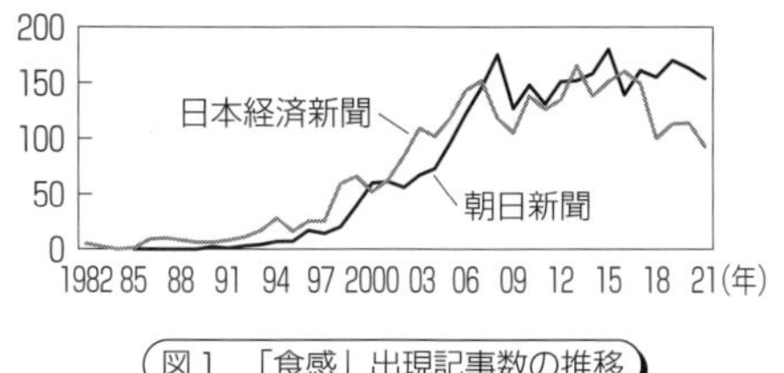

図1 「食感」出現記事数の推移

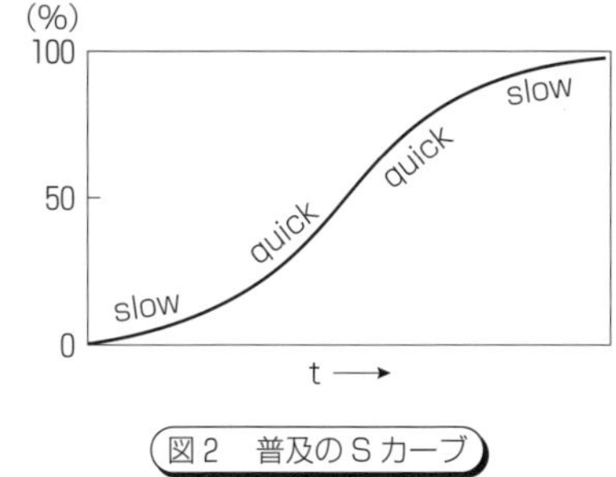

図2 普及のSカーブ

出典：井上（2000）による。

て典型的にみられる〈普及のSカーブ〉[4]を描いている。井上（2000），小柳（2013）は，言語変化の段階において〈「案出（新しい言語表現の産出。ある個人がある時に1回行う）」→「試行（新しい言語表現の拡散。複数の人が散発的に行う）」→「採用（新しい言語表現の受容。ある集団内で人々が漸次的に行う）」〉という過程の存することを提示しているが，このSカーブは，「案出」から「試行」そして「採用」に至る推移を計量的・視覚的に示したものと言えるだろう。

4 語彙体系と造語法

定着する新語の多くは，それが〈必要な語〉の場合である。つまり従来の語彙体系に欠けていた〈穴〉ないし〈空き間〉を埋める働きを持つ語である。

「食感」の場合は，「味（食味）」「色」「形」などとともに〈おいしさ〉を示す語彙体系を構成し，それまで「口当たり」「歯ざわり」「のどごし」などさまざまに表現されていたものを統一的に示す語としての機能を有している。このような有用性が「食感」の多用と定着に際しての主な要因になったものと考えられる。またその造語法については，「食味」「食欲」「食費」等を形成する語基の「食」，および「音感」「質感」「触感」等の語基「感」の結合によるものと見ることができる。「食材」についても同様に，「食」と「材」（「教材」「題材」「画材」等）による造語とみられるが，先行する「食品材料」という語の存在から，その略語とも考えられる。実際のところは，両者（語基の結合と先行語の略語）が複合的・重層的に働くことによる造語で，〈略語的造語〉と呼びうるものである。

5 語基の造出による体系的な造語

「就職活動」の略語である「就活」，およびそこからの類推によって生じた「婚活」が広く用いられるようになった結果，「活」が〈目標に対して努力する活動〉を意味する新たな語基として「妊活」「終活」「美活」「保活」「温活」のような新語が大量に作られている[5]。このような新たな語基による造語法は，上述の「感」や「材」と同様のものであり，和語「じわる」「タピる」の「-る」，「乙女チック」「漫画チック」の「-チック」のような外来語接尾辞などによる造語法とともに，体系的な新語造出の方法として注目される。（橋本行洋）

▶4 "S-curve".〈言語変化のS字カーブ〉とも呼ばれる。はじめはゆっくりと増加を始め（slow），次第に急激になり（quick），さらに加速し（quick），やがて減速して（slow）定着に至るというもので（井上2000参照），前掲の「特化」「食材」等も同様のカーブを描いて推移している。

▶5 橋本行洋（2016）「「活動」を「活」とする略語の史的考察」近代語学会編『近代語研究』19，239-264頁を参照。

参考文献

井上史雄（2000）『東北方言の変遷』秋山書店。
窪薗晴夫（2002）『新語はこうして作られる』岩波書店。
見坊豪紀（1958）「国語辞書と新語」『言語生活』79，35-42頁。
小柳智一（2013）「言語変化の段階と要因」『学芸 国語国文学』45，18-26頁。
新野直哉（2011）『現代日本語における進行中の変化の研究』ひつじ書房。
橋本行洋（2016）「新語・流行語」斎藤倫明編『日本語語彙論Ⅱ』ひつじ書房，161-195頁。
橋本行洋（2021）「新語の定着とその条件」金澤裕之・川端元子・森篤嗣編『日本語の乱れか変化か』ひつじ書房，131-151頁。
橋本和佳（2010）『現代日本語における外来語の量的推移に関する研究』ひつじ書房。
米川明彦（1989）『新語と流行語』南雲堂。

統語論概説

統語論とは

統語論とは，単語を組み合わせて文を作る方法のことである。統語論によって作られた構造を統語構造といい，文の音声と，文の意味をつなぎ合わせる役目をする。

統語論では，「語順」がもちろん重要な位置を占める。たとえば同じ単語を用いても，(1)の a と b では意味が異なる。

(1) a．山田さんがイヌを追いかけた。

　　b．イヌが山田さんを追いかけた。

しかし，語順が同じでも，複数の異なる意味が読み取れる場合がある。たとえば次のようなものである。

(2)山田さんが白いギターの箱を運んでいる。

この場合，「白い」ものが「ギター」であるとする解釈と，「箱」であるとする解釈が可能である。すなわち一次元的な語順だけでは，一通りに音声と意味を結びつけることができないので，別途，二次元的な（あるいはそれ以上の）構造を仮定する必要がある。日本語の統語構造として「文節（の係り受け）構造」「入れ子構造」などが提案されているが，ここでは仮に次のような枝分かれ図（樹形図とも）を考えてみよう（「白いギターの箱」の部分だけ考える）。

(3) a．

b．

白い　ギター　の　箱

(3a) では，「ギターの箱」というまとまりをまず作り，それを「白い」が修飾しているので，白いのは「箱」であるといえる。(3b) では，「白い」がまず「ギター」を修飾し，その後で「箱」に係っているので，「白い」のは「ギター」であるといえる。この場合，語順が同じでも，話し手や聞き手の頭の中には (3a) または (3b) のような構造が組み立てられていると仮定できる。[1]

▷1　言語研究家の中村明裕氏は，「頭が赤い魚を食べる猫」が統語構造のあいまい性によって5通りの解釈を持つことを示した。川添愛（2023）『世にもあいまいなことばの秘密』筑摩書房，124頁参照。

文節という単位

日本語の統語構造では，「文節」と呼ばれる単位が重要な役割を担っている。

とくに「学校文法」では，文節を単位として統語構造を説明している。たとえば次の例について考えてみよう。

(4)山田さん　が|イヌ　を|追いかけ　た

「|」で区切られた3つのユニットが文節である。文節内部は普通ポーズを置かず一息に発音されるが，文節と文節の間は間投助詞やポーズが挿入されたり，文節末が特殊な音調を伴って延伸されたりすることがある。文節とはこのように，文の「音声」の面に寄りかかった単位となっていることがわかる。

なお学校文法では，「山田さん」「イヌ」「追いかけ（る）」のように，単独でも文節を構成することができる語を「自立語」[2]，「が」「を」「た」のように自立語に付加された形でしか用いられない語を「付属語」[3]と呼んでいる。

▶2　名詞，動詞，形容詞，接続詞，感動詞が含まれる。

▶3　助詞・助動詞が含まれる。「付属語」を，前接する自立語の一部とみて，語と認めない立場もある。

3 文節だけでは不十分

以上に見たように，文節内部と文節どうしでは，統語現象にかなりの違いがあるが，どちらか一方だけで日本語の統語現象を論じることはむずかしい。たとえば次のような例を見られたい。

(5)a．これは|白い|花だ。

b．これは|たぶん|花だ。

（5a）の「白い」と（5b）の「たぶん」は，文節単位で考えると両方とも「花だ」を修飾しているとしかいえないが，（5a）の「白い」は連体修飾語句で「花」を修飾しており，（5b）の「たぶん」は連用修飾語句で「花だ」に係っている。つまり，文節のみを用いた統語構造では，文の意味を正しく反映することはできないということである。（5a）の構造をあえて示すと，次のように書けるだろう。

(6)これは|[白い|花]だ

つまり，意味のまとまり（□で表している）と文節とがミスマッチを起こしているといえる。

また次の例を見られたい。

(7)a．ねえ，|今日は|あなたが|パンを|買って|きて|くれたでしょうね

b．[$_D$ねえ［$_C$今日は［$_B$あなたが［$_A$パンを 買ってきてくれ］た］でしょう］ね］

同じ文について，（7a）は文節による表示で，（7b）は南不二男の4段階説[4]に従って，入れ子（包摂）関係を示した表示になっている。（7b）の構造は，一般的には次のような文の入れ子型の構造を示している[5]。

(8)［$_D$呼びかけ［$_C${非制限的修飾句，主題}[6][7]［$_B${制限的修飾句，主格名詞句}［$_A${様態・頻度の副詞，補語（ヲ格・ニ格名詞句等）}述語］（否定）テンス］モダリティ］終助詞］

（金水　敏）

▶4　南不二男（1974）『現代日本語の構造』大修館書店。

▶5　田窪行則（2010）『日本語の構造』くろしお出版。5-3も参照。

▶6　「非制限的／制限的修飾句」については，5-3を参照。「主題」については5-7を参照。

▶7　ここで，{α, β}という記法は，αとβの順番が決められないことを表している。

参考文献

井上和子編（1989）『日本文法小事典』大修館書店。
橋本進吉（1948）『新文典別記』口語篇，冨山房。

語順とかき混ぜ・省略

1 語順とかき混ぜ

日本語は語順が自由な言語だといわれるが，その場合の語順というのは，文節の内部と外部（文節どうし）で大きく様子が違っている。まず，文節内部の構造は語順がかなり厳密に決まっていて，入れ替えることがむずかしい。

(1) a．山田さんが→*が山田さん[1]

b．追いかけた→*た追いかけ

これに対し，文節間の語順はかなり自由に入れ替え可能である。

(2) 山田さんが｜イヌを｜追いかけた→イヌを｜山田さんが｜追いかけた

(2)のように，動詞に係る成分（主語，目的語，連用修飾成分等）の順序を入れ替えても意味が変わらないという現象を「かき混ぜ（scrambling）」という。かき混ぜは，同じ述語に係る文節どうしの間では解釈に困難を引き起こさないが，連体修飾成分や条件節などの従属節内部の成分は，その従属節の外に出ることはむずかしい。この現象は日本語における「島の制約」の一種とも考えられる[2]。

(3) a．これは［ゴッホがいつ描いた］絵ですか？→bはOK，cはアウト

b．[OK]これは［いつゴッホが△[3]描いた］絵ですか？

c．*いつ，これは［ゴッホが△描いた］絵ですか？

2 省　略

日本語では，文の要素の省略（削除）が頻繁に起こることも知られている。この場合，文節内部の要素が省略されることと，文節全体が省略されることは文法的に大きく意味が異なる。たとえば，文節の付属語を残して自立語が残されることは極めて起こりにくい[4]が，文節がまるごと省略されることは文脈が許せば簡単に起こる。

(4) a．「田中さんはパンを食べましたか」「*はい，｜φ[5]を｜食べました」

b．「田中さんはパンを食べましたか」「[OK]はい，｜φ｜食べました」

また自立語を残して付属語を省略することはあるが，文体（話し言葉か書き言葉か等）や方言などの条件が大きく関わる現象であり，文節の省略とは別の現象である。省略することができない付属語も多い[6]。

(5) a．「田中さんはパンを食べましたか」「[OK]はい，｜パンφ｜食べました」

b．「田中さんはパンをどこで買いましたか」「*はい，｜コンビニφ｜買いました」

▷1 「*」は，母語話者が母語の文法に照らして適格と認められない（＝非文法的）という意味を表す記号である。

▷2 「島の制約（island constraint）」とは，英語のWH移動など，統語構造において特定の成分を元の場所から別の場所に移動させる場合，埋め込み文のような“島”から要素を取り出すことができないという制約である。詳細は，Ross, J. R.（1967）*Constraints on Variables in Syntax,* Doctoral dissertation, MIT. を参照。

▷3 「△」は，問題となる要素が本来あるべきであると仮定される位置を表す。

▷4 例外的な現象として，有田節子（2015）「日本語疑問文の応答に現れる「は」について――係助詞から感動詞へ」（『国立国語研究所論集』9，1-22頁）を参照。

▷5 「φ」は，本来その位置にあるべき成分が現れていないことを表す。

▷6 5-6 参照。

(5a) は日本語として解釈可能であるが，日常的なぞんざいな話体に聞こえる。方言によっては，助詞の省略がよく起こる方言とそうでない方言に分かれることが知られている。古代日本語では主格助詞（「の」「が」で表される）は従属節の中でしか現れないことが知られており，また対格助詞「を」も主節では表れないことが多い。現代語でも省略可能なのは「が」または「を」（まれに「に」）であり，それ以外の助詞は一般に省略不可である。(5b) では「で」が省略されているとすると，日本語としては許容できない非文法的な文となる。[7]

3 統語構造と標準語順

5-1 に示したように，南／田窪の 4 段階説に基づいた統語モデルを採用すると，日本語の語順には自ずから一定の序列が生じることになる。それは次のような序列となる。

(6) [$_D$呼びかけ [$_C$ {非制限的修飾句，主題} [$_B$ {制限的修飾句，主格名詞句} [$_A$ {様態・頻度の副詞，補語（ヲ格・ニ格名詞句等[8]）} 述語]（否定）テンス] モダリティ] 終助詞]

次の文は，まさしくこのような順序で要素が現れる例である。

(7) [$_D$ねえ [$_C$今日は [$_B$あなたが [$_A$パンを 買ってきてくれ] た] でしょう] ね]

もしこのようにして日本語の文ができているとしたら，これが標準語順であると一応仮定できるだろう。その上で，かき混ぜや省略のような現象を考える上では，いったん(6)のような構造を，文節構造に置き換えてみることが必要である。

(8)ねえ|今日は|あなたが|パンを|買って|きて|くれたでしょうね

(8)の下線部は，かき混ぜや省略がかなり自由に起こる部分である。かき混ぜと省略を組み合わせると，(8)は16通りの表現が可能である。その中からいくつか表示してみよう。

(9) a．ねえ，あなたが今日はパンを買ってきてくれたでしょうね
b．ねえ，今日はパンを買ってきてくれたでしょうね
c．ねえ，今日はあなたが買ってきてくれたでしょうね
d．ねえ，パンを買ってきてくれたでしょうね
e．ねえ，買ってきてくれたでしょうね

どのような条件のもとでどの文型が選ばれるかは，文脈の中でどの要素が既知か，どの要素を強調したいかに主に依存する。[9]

このように見てくると，日本語の統語論は，文における意味のまとまりを作る入れ子構造と，音声として打ち出す際の形式としての文節構造が対応していて，文脈に依存したかき混ぜや省略等の現象は主に文節構造において生じる現象であると仮定することができる。（金水　敏）

▶7　なお，(5b) で「コンビニ。」のように短く答える場合は「で」はなくてもよい。西垣内泰介（1986）「日英語対照研究の視点——WH 疑問文をめぐって」（*Shoin Literary Review* 20, 67-85頁）参照。

▶8　ここで，{α, β} という記法は，この理論では α と β の順番が決められないことを表している。

▶9　5-7 参照。

参考文献

岸本秀樹（2005）『統語構造と文法関係』くろしお出版。

3 主節と従属節

1 主節とは何か

文頭から文末までのまとまりを「主節」と呼ぶ。主節の中に，入れ子のように従属節が包み込まれる。たとえば，次の文について考えよう。

(1) ［今日は［天気がいいので］，外で食事をしましょうね。］

一番外側の［　］で囲まれた「今日は〜しましょうね」が主節であり，「しましょうね」は主節の述語となる。また下線部「天気がいいので」が従属節である。なお，従属節の中にさらに従属節が埋め込まれる場合もあり，理論的には無限に従属節を埋め込むことができる。たとえば次の例は，従属節の中にさらに従属節が埋め込まれている。

(2) ［［［チーズをかじった］ネズミを追いかけた］ネコが足を滑らせた。］

主節末は書き言葉であれば「。」が打たれ，話し言葉（音声言語）であれば終助詞や文末の音調が現れるが，現実の話し言葉では「〜て」「〜けど」「〜から」等の言いさし表現[1]がしばしば用いられ，また言いさしか，従属節か判断のつきにくい節が連接し，「早く！」「誰が？」など，文の成分のまま打ち切られた未展開文[2]も多くみられるので，主節と従属節の区別は必ずしもたやすくない。

なお，後に述べるように，直接話法の引用節（ト節）は従属節ではあるが，節の中に主節と同じ構造を丸々埋め込むことができる。

▷1　「ご飯できてるけど（食べますか）」のような文で（〜）の部分を言わないで済ませるような表現を「言いさし表現」という。

▷2　節にもなっていない文の成分を発話して文に替える表現を「未展開文」という。

2 機能による従属節の分類

従属節を，一段上の節における統語論的な機能によって，次のように分類することができる。

1．連用修飾節

時間関係：(シ) ナガラ，(シ) ツツ，(シタ) アトデ，(スル／シタ／シテイル) トキ (ニ)，(シテ) カラ等

反復・例示：(〜シ) タリ (〜シ) タリ，(シ) テハ〜 (連用形) 等

手段・方法：(シ) テ，(スル) コトニヨッテ等

理由・原因：(スル／シタ) カラ，(スル／シタ) ノデ，(シタ) コトデ等

条件節：(スル) ト，(スレ) バ，(シ) タラ，(スル／シタ) ナラ等

並列関係：(連用中止)，(シ) テ

2．連体修飾節・準体節（例：「挿絵がきれいな本」「田中さんがいないのはなぜ？」）

3．引用節（〜ト）

3 南の４段階による分類

5-1 で紹介した，南（1974）に示された主節・従属節の４段階説の観点から従属節を分類してみよう。AからB，C，Dと進むに従って，豊富な要素を含むことができるようになる。

A段階→目的語，様態修飾句と述語動詞は含むが，主語，時制を含まない：

（シ）ナガラ　例：「［ぱらぱらと新聞を読みながら］朝食を食べた」

（シ）テ（手段・方法）　例：「［はさみを使って］半分に切る」等

B段階→A段階の要素と，主語，制限的修飾句，時制（後述する）は含むが，主題，（真性）モダリティは含まない：

（連体修飾節）　例：「［お母さんが買って来た］パンはどこ？」

C段階→B段階の要素と，主題，非制限的修飾句，「だろう（でしょう）」「まい」等の（真性）モダリティは含むが，呼びかけ，終助詞等は含まない：

（スル・シタ）カラ　例：「午後は雨が降るだろうから，傘をもっていった方がいいよ」

（スル・シタ）ケド　例：「山田は来たけど，田中はまだ来ない」

D段階→C段階の要素と，呼びかけ，終助詞等を含みうる。命令，禁止等すべての言語行為を表すことができる：

（引用　直接話法）　例：「田中は，「うん，わかっているよ」と肯いた」

以下に，注意すべき項目について述べていく。

4 A段階節（とくにナガラ節）

ナガラ節などA段階の従属節は，表面上は主語（ガ格名詞句）を含むことができないわけであるが，述語があるので，その主語は必要である。その主語とは，ナガラ節が係っていく述語の主語，つまり一段上の節の主語と必ず一致する。この現象を，「コントロール」と呼ぶ。

(3)田中さんが，［△ 新聞を読み］ながら朝食を食べた。

(3)で，△の位置に理論上のナガラ節の主語があることになるが，その主語は一段上の節の主語，すなわち「田中さん」と一致する。つまり△は「田中さん」にコントロールされているのである。

5 B段階節(1)（とくに条件節）

（スル）ト，（スレ）バ，（シ）タラによる条件節[◁3]は，主節とは異なる主語をもつことができるが，時制の対立を示すことはできない。

(4)田中が ｛来ると／来れば／来たら｝ みんなが喜ぶよ。

▷3　条件節については 5-4 も参照。

（田中が来る＜みんなが喜ぶ　“＜”は時間の先後関係を表す）

このような点で，ト，バ，タラ節は不完全時制節と呼ばれることがある（5-4 参照）。ここで，条件節と主節がそれぞれ表す事態動詞の関係としては，必ず条件節の事態が主節の事態に先行するという特徴がある。これに対し，ナラ節は時制の対立を表現することができ，主節の事態より先の事態を表すことができる。

(5) a．［先生がいらっしゃるなら］しっかり歓迎の準備をしておこう。
（歓迎の準備をする＜先生がいらっしゃる）

b．［先生がいらっしゃったなら］さぞかし会も盛り上がったことだろう。
（先生がいらっしゃる＜会が盛り上がる）

6 B段階節(2)（とくに連体修飾節）

▶4　連体修飾節については 5-5 参照。
▶5　モダリティについては 5-17 参照。

連体修飾節[4]はB段階の従属節であるが，モダリティ[5]を内に含むかのようにみられる例がある。

(6)［博士が今年書くであろう］本

これは，おそらく歴史的な経緯による，古典文法の残存であろう。古典文法では未来または推量を表す「む」が連体修飾節に自由に現れる。一方で，「の」で結ばれる準体節には，真性モダリティは現れることができない。

(7)*［博士が今年書くであろうの］はこの本です。

なお，「かもしれない」「にちがいない」「らしい」等の，時制の対立をもつ疑似モダリティ成分は，連体修飾節，準体節をはじめ，B段階の節に自由に現れることができる。

7 C段階節（とくにカラ節）

▶6　5-7 参照。

カラ節は，「だろう」「まい」を含みうるのでC段階の節であると上に述べたが，カラ節は制限的修飾節になる場合と非制限的修飾節になる場合があり，制限的修飾節の場合はB段階，非制限的修飾節の場合はC段階の節となる。制限的修飾節であるということは，焦点（の一部）であるということであり，非制限的修飾節であるということは，前提の一部であるということである[6]。たとえばWH句を含む節，あるいはその答えに当たる節は制限的修飾節であるということができる。

(8) a．田中さんは，［何があったから］帰ったのですか。

b．［歯が痛くなったから］（帰ったの）です。

カラ節が「だろう」「まい」を含むときは，非制限的修飾節，つまりC段階の節となる。逆に「だろう」「まい」を含むときは，制限的修飾節になれない。

(9) 田中さんは，［何があった（*だろう[7]）から］帰ったのですか。

▶7　「何があった（*だろう）から」は，「何があったから」は日本語として適格であるが，「何があっただろうから」は不適格となる，という意味である。

なお，カラ節に意味が似ているノデ節は，「だろう」「まい」を含めることができないが，しかし制限的修飾節は作りにくく，むしろC類の非制限的修飾節として用いられることが多い。

(10)田中さんは歯が痛くなった（*でしょう）ので，さっき帰りました。

8 テ 節

テ節は，時制の対立を表すことができず，また「だろう」「まい」を含むこともできないが，A，B，Cそれぞれの段階の節と解釈できるものがある。次のようなものである。

A段階：方法・手段。例：「はさみを使って切ってください」

B段階：原因・理由。例：「田中さんが応援に来てくれて，仕事が大変はかどった」

C段階：対比。例：「田中さんは5時になると出て行って，代わりに山口さんが入ってきた」

9 引用節（直接話法・間接話法）

引用節は，発話内容や心内語を示す節で，「～と ｛言う／話す／叫ぶ／ささやく／思う／感じる……｝」のような構文のト節や，「「こんにちは」とドアを開けて入ってきた」のように，動作に付随する発話を示すト節に現れる。[8]

英語には間接話法と直接話法があることが知られ，前者はthat節，後者は引用符号で示されるとされるように，形式的に大きな違いがあるが，日本語にも英語ほどははっきりとした形式的差異は見えにくいものの，間接話法と直接話法を区別することができる。日本語の場合，間接話法では，代名詞や指示詞，移動動詞等，直示の使い方が主節の視点と統一的に示されるが，直接話法では，実際の発話を模倣する形で示される。

(11) a．小枝子は ｛自分／彼女｝ は夫を殺害しておらず，そのとき彼女に見せたこのナイフは見たこともないと犯行を否認した。（間接話法）

b．小枝子は「刑事さん，私は夫を殺してはいないし，そのナイフは見たこともないわ」と犯行を否認した。（直接話法）

ここで注意したいのは，間接話法ではト節にC段階の要素までしか入ることができないのに対し，直接話法では発話そのものを模倣するので，呼びかけや終助詞を含めたD段階の要素をすべて含むことができる。ただし，代名詞や直示表現がなく，また呼びかけ，終助詞もない場合など，ト節が間接話法にあたるのか，直接話法にあたるのか判断ができない場合も少なくない。

（金水　敏）

▶8　藤田保幸（2000）『国語引用構文の研究』和泉書院参照。

参考文献

田窪行則（2010）『日本語の構造』くろしお出版。

益岡隆志・田窪行則（2024）『基礎日本語文法 第3版』くろしお出版。

南不二男（1974）『現代日本語の構造』大修館書店。

条件節

1 たらればの話：形式も用法も多様

現実的でない架空の話のことを「たらればの話」と言うことがある。現代日本語の仮定表現に使われる述語の活用語尾 -tara（「〜たら」），-reba（「〜れば」）から作られた造語である。どちらも基本的な条件形式で，「P たら Q」「P れば Q」で，事態 P が成立した場合にそれに依存して Q が成立することを表す。

(1)雨が ｛降れば／降ったら｝ 試合は中止されるだろう。

基本的な条件節形式は，他に，「なら」や「と」「ては」などがある。[1]

基本条件形式による条件表現には，さまざまな種類がある。[2]条件節事態（P）がまだ実現されていない未来のことを表しているのか，それとも実現したかどうかが確定している現在あるいは過去のことを表しているのか，という観点と，主節事態（Q）と P とがどのような関係になっているかという観点が分類の鍵になる。以後，タラ，バ，ナラ，トのように表す。

(ア)**予測的条件文**：P がまだ実現するかわからない未来の事態を表し，それが実現した場合にどのようなことが起こるかを予測して Q に判断や態度を述べるような条件文。(1)や(2)のように，主にバ，タラ形式によって表される。[3]

(2)この仕事が済んだら，休憩しよう。

テハ形式で表現した場合，(3)のように，Q に望ましくない結果を述べて，P が実現するのを回避すべきという否定的な含みがある。

(3)甘い物ばかり食べては，病気になってしまいますよ。

(イ)**認識的条件文**：P が実現したかどうかが確定している現在あるいは過去のことを表し，しかも，話し手はそれが本当のことなのかを確信していない。そのような P が仮に真の場合にどうなるかについての判断や態度を Q に述べるような条件文。主にナラ形式によって表される。

(4)今日の試合はどうなったかなあ。日本代表が勝ったんなら，ベスト 8 なんだけど。

(5)あいつ，部屋にいるかな。いるなら，そろそろ，下に降りてくる頃だけど。

(4)のナラ節の「日本代表が勝った」かどうかは発話の時点でもう決まっている過去のことで，話し手がどちらになったかを知らないで，仮に勝ったとしてどうなるか（「ベスト 8 だ」）を述べている。(5)も今現在「部屋にいる」が本当

▷1　形容動詞と判定詞（「だ」「である」）は「である」形の場合には，「であるなら」「であれば」のようにナラとバが分化する。しかし，「だ」形の場合は「ならば」となり，ナラとバの区別がなくなる。タラ，テハは子音語幹動詞の語幹が m，n，b で終わる場合は「だら」「では」となる。形容動詞と判定詞のタラ形は「だったら」，テハ形は「では」になる。

▷2　基本条件形式には「梅もあれば桜もある」のような並列・列挙用法，「しなければならない」「するといい」などの評価のモダリティ的用法，「にしてみれば」などの後置詞的用法，「いわば」「すると」などの接続詞的用法などの非条件的用法もあるがここでは扱わない。前田（2009）参照。

▷3　トも予測的条件を表すこともあるが，「雨が降ると，試合は中止されるらしいよ。」のようにトで表すと，規則上そうなっているという意味合いが強くなり総称的条件文に近付く。「雨が降ったなら，試合は中止されるだろう」とも言えるが，この場合の「〜たなら」の「た」は未来の完了時を指し，「たら」に置き換えてもあまり意味は変わらない。

に成り立っているか確信のないまま述べている。ナラの前に形式名詞「の」やその縮約形「ん」が挿入されることもある。

ナラやノナラ（「ノナラ」「ンナラ」「ノダッタラ」「ンダッタラ」も含む）は，Pが対話相手から聞いたばかりの事柄である条件文にも現れる。

(6)A：「今度の日曜日ディズニーランドに行くよ」

B：「へー，いいなあ。君が行くのなら，僕も行こうかな」

談話で得られたばかりの情報は，まだ完全には自分のものになっているとは言えない。(6)の話者Bは，直前のAの発話「ディズニーランドに行く」を理由に自分も行こうという意志を表しているのだが，理由形式ではなく条件形式で表す。これも認識的条件文の一種である。◁4

(ウ)**反事実的条件文**：Pが過去または現在のことで，事実に反することがわかっている事態が仮に成立した場合に，どのようなことが起こりえたかをQに述べるような条件文。後悔や相手を責める気持ちを表すのが典型的である。Pの述語が「〜てい」の形をとる（「ていれば」「ていたら」など）傾向がある。◁5

(7)足元に気をつけて歩いていれば，ころんで怪我をせずにすんだのになあ。

(8)時間どおりに着いていたら，今頃旅館で風呂でも入っているところだよ。

(エ)**総称的条件文**：PとQが習慣的・法則的に依存し合って成立することを表す条件文を総称的条件文と呼ぶ。ト，バ形式が主に現れる。

(9)4月になると新入生で食堂が混み合います。

(10)以前は難病だとされていた病気も，手術をすれば治るものが増えたそうだ。

(オ)**事実的条件文**：過去にPが成立した際にQが成立したことを述べる条件文。前件も後件も一回性の事実で，その依存関係が偶発的であることが表される。ト，タラ形式が主に現れる。

(11)あやしい人を追いかけていくと，狭い路地に迷い込んだ。

(12)教室を出たら，ちょうど，約束していた友達がやってきた。

このように，条件文の種類により，複数ある基本的な形式が使い分けられており，日本語では英語のifのような典型的な形式を1つに絞ることは難しい。

2 表裏一体：条件節，理由節，譲歩節

条件文のPとQの間にあるような論理的関連性は理由文や譲歩文にもある。条件節と理由節は主節に対する順接的関係を表すという点で一致する。一方，譲歩節は，主節との条件関係が成立しないという逆接的関係を表す。

(13)a．雨が降ったので，試合が中止になった。（理由文）

b．雨が降っているから，試合は中止しよう。（理由文）

(14)a．雨が降ったのに，試合が続行された。（事実的譲歩文）

b．雨が降っても，試合は中止しないつもりだ。（仮定的譲歩文）

c．（幸い雨は降らなかったが）雨が降っていても，試合は中止しなかっ

▷4 (6)の談話がいったん終了して，たとえば，家に帰って家族に報告するときには，「Aさんがディズニーランドに行くから，私も行くことにした。」のように理由節を使う。時間を経て本当に自分の知識になったことがわかる。Akatsuka, Noriko (1983) "Conditionals." *Papers in Japanese Linguistics* 9：1-33. を参照。

▷5 テイ（ル）形と反事実性との関わりが議論になっている。ヤコブセンは，テイ（ル）形も含めて未完了アスペクトには，話者の視点である基準時以外の時点までも想定されるという時間的な特徴が本質的に備わり，そこから話者の世界（現実の世界）以外の可能世界までも想定されるという解釈へと拡張され，仮定的・反事実的意味が生じるとし（ヤコブセンM.ウェスリー，2011,「日本語における時間と現実性の相関関係——仮定性の意味的根源を探って」『国語研プロジェクトレビュー』5，1-19頁），テイル形と反事実性を直接結びつけている。一方，状態形としてのテイル形が表すのはある時点における世界の状態であり，それが反事実世界の場合もある（田窪行則，2008,「日本語の条件文と反事実解釈」『日本文化研究』28, 21-45頁）というように，直接結びつけない立場もある。

ただろう。（反事実的譲歩文）

E=1	E=0
条件文 理由文 反事実的条件文	仮定的譲歩文 事実的譲歩文 反事実的譲歩文

図１　条件文，理由文，譲歩文の関係

出典：坂原（1985/2007）を一部修正。

譲歩文には，（14a）のように，事実が当初の予想に反していたことを表す事実的譲歩文，（14b）のように期待されるとおりにはいかないことを表す仮定的譲歩文，（14c）のように実際には起こらなかったことを表す反事実的譲歩文がある。

条件文，理由文，譲歩文は条件文を中心とした論理ネットワークを構成していると考えるとわかりやすい。条件文や理由文を述べるときにある「暗黙の前提」（E＝1で示す）が，譲歩文では成り立たない（E＝0で示す）のである。

図１から条件文と理由文が近い関係にあることがわかる[6]。実際，条件形式でも，理由形式でも，伝達される情報に変わりがない場合もある。

⒂わかった。あなたがそこまで言う｛なら／から｝，この話はなかったことにするわ。

談話の中で初めて得られたこと（「あなたがそこまで言う」）をまだ自分の情報とせず，Qの決心の条件と見なせば（認識的）条件文，自分の情報として，Qの決心の根拠と見なせば理由文になる。まさに表裏一体なのである。

3　元はと言えば：条件表現の歴史

古代日本語では，同じ -ba という形式が用言の未然形に接続すると仮定条件の意味を，已然形に接続すると確定条件の意味を表していた。つまり，本来近い意味を表す条件文と理由文が同じ文法形式で表されていたのである。

已然形＋バの現然仮定は，「恒常条件」とも呼ばれている。近世中期資料においてこの恒常条件を表す用例数が大きく増加したのに加え，バ節の事態が特定の時点に位置づけられない仮定条件表現において，未然形ではなく已然形の割合が増える。一方，中世末期以降から助動詞「たり」の未然形タラバ，「なり」の未然形ナラバが広がりを見せ，その結果，未然形＋バの仮定条件の表現としての勢いがなくなっていったと言われている[7]。

さらに多様な時制の助動詞が衰退してタリの勢いが高まる過程があって，偶然確定は，中世末期にタリの已然形タレバにまとまり，それがタリャを経てタラになり，事実的条件文に至る。事実的条件節のタラは予測的条件節のタラとは由来が異なる[8]。

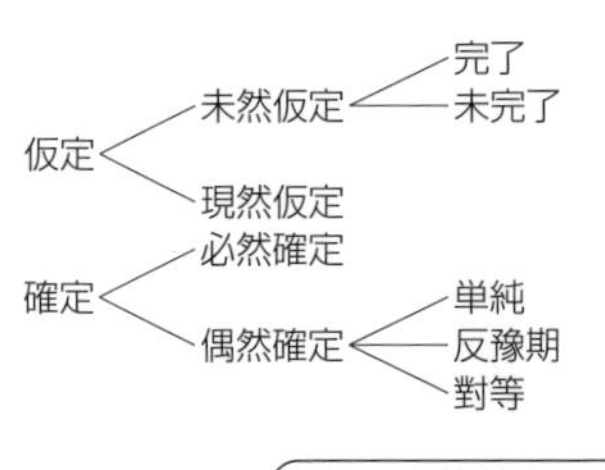

図２　古代日本語の条件表現

出典：松下大三郎（1928）『改撰標準日本文法』。

なお，トは，その由来を格助詞「と」とする説，逆態の接続助詞「と」と

▶６　条件文と理由文は「同じ知識の２つの現れ方」（坂原 1985/2007）であり，形式は違えど表す意味は近い。一方譲歩文は，Pの場合だけでなくPでない場合もQが成り立つことを述べたり（「PであってもPでなくてもQ」），Pの場合にQにならないことを述べたりすることにより（「PであってもQではない」）条件文あるいは理由文が前提とする一般的因果関係「PならQ」を否定するように働く。

▶７　古代語のナラバは述語の連体形を承けていわゆる準体句を形成し，現代語のナラ条件文だけでなくタラ条件文に対応するような文脈でも使われていたが，それが中世以降の準体句の衰退とタラバの発達により，ナラバがタラ用法を失っていく。タラ（バ）とナラ（バ）がそれぞれ，予測的条件文，認識的条件文に偏って分布するようになるまでには，さらに複雑な過程があり，詳細は矢島（2013）を参照のこと。

▶８　一方，必然確定の方も，已然形＋バが仮定条件にシフトする中で，中世末期以降に，ホドニ，ニヨッテ，ユエ（ニ）など，バとは別の接続形式によって表されるようになる。

する説など諸説あるが，バ，タラ，ナラとはまったく異なる過程を経て条件形式の一形式となったのは確かである。その分布が総称的条件文と事実的条件文に偏在するなど，バ系列の条件形式と異なる性質があるのは，そのような背景による。

4 とりあえずタラ？：タラは万能条件形式か？

仮定条件の諸形式は，さまざまな使用制約があるとされている。その一部を例示する。制約①ト文のＱには価値判断の表現や，意志・願望・行為要求の表現が現れない。制約②ナラ文のＱにはＰからの当然の帰結の表現は現れない。制約③ＰとＱが同一の主語でＰが非状態性述語をとる場合にバ文のＱに行為要求の表現は現れにくい。◁9

⒃３時に ｛*なると／なったら｝，休憩した方がよい・休憩しよう・休憩したい・休憩しなさい。（制約①）

⒄電車が遅延 ｛すると／すれば／したら／*するなら／*したなら｝，遅延証明書が発行されます。（制約②）

⒅山田さんに ｛?会えば／会ったら｝ 電話してほしいと伝えてください。（制約③）

日本語教材では，ト・バ文のＱに上述のようなモダリティ制約があることが強調され，その結果，Ｑのモダリティの制約が少ないタラ形式の使用が促される。ナラについても，タラが使えない場合に使うものという位置づけで，タラが現れない（6B）のような直前の対話で初めて知ったことを前件に表す用法と，⒆のような主題的用法が強調される。

⒆ ｛ビールなら／ビールを飲むなら｝，ビヤ・ガーデンが最高だ。

では，タラはそんなに万能か。そうとも言えない。認識的条件文は主にナラまたはノナラによって表されることはすでに見たとおりである。さらに興味深いことに，Ｑに行為要求がくる場合にタラが使えない場合もある。◁10

⒇（手伝わないで邪魔ばかりする相手に）｛手伝わないなら／*手伝わなかったら｝，出ていって。

(21)俺はお前が主役にふさわしいと思って抜擢した。｛断るなら／*断ったら｝，女優をやめろ。

話し手が本当に相手に望んでいるのは手伝うこと，断らないことで，それが発話の時点でかなえられそうもない，それならば「出ていって」「やめろ」と，次の要求をしている。⒃や⒅のような状況が整った段階でＱの行為を要求するタイプとは条件節の働きが異なる。⒇(21)のタイプの文にはもっぱら（ノ）ナラが使われる。タラは必ずしも万能条件形式ではない。（有田節子）

▶9　制約③には地域差があり，東北地方や九州地方の一部地域でバが使われることが全国方言分布調査で報告されている。また，バ文の主節の制約があるとされている地域においても個人差があり，さらに，同じ個人の中でもバが比較的容認されやすい文脈があることが報告されている。有田編（2017）所収論文を参照。

▶10　従来，タラは，ＰタラＱのＰとＱの時間的先後関係がＰ→Ｑでなければならず，Ｑ→Ｐのような関係は表せないとされ，この時間的先後関係がタラの制約とされていた。⒇(21)の時間関係はＱ→Ｐだけでなく，Ｐ→Ｑの解釈もあるので，少なくとも後者の解釈の場合にはタラが使えるはずだが，そうではない。有田節子（2020）「条件付き命令・依頼文――日本語条件文のモダリティ制約再考」田窪行則・野田尚史編『データに基づく日本語のモダリティ研究』くろしお出版参照。

参考文献

有田節子編（2017）『日本語条件文の諸相』くろしお出版。

坂原茂（1985/2007）『日常言語の推論』東京大学出版会。

蓮沼昭子・有田節子・前田直子（2000）『条件表現』くろしお出版。

前田直子（2009）『日本語の複文』くろしお出版。

矢島正浩（2013）『上方・大阪語における条件表現の史的展開』笠間書院。

連体修飾節・準体節

1 連体修飾節の分類

▶1 5-3参照。

連体修飾節と準体節は従属節の一種である[1]。連体修飾節は，被修飾名詞と一体となって，文中で名詞相当句として機能する。また準体節はそれ自体が名詞相当句として機能する。

連体修飾節は，文の形をした節と，節が修飾する主名詞との関係によって大きく2種類に分けることができる。

(1)［私が△愛用している］パソコンはこれです。

(2)［私がこのパソコンを愛用している］事実を誰も知らない。

(1)では，節の中に「△」で表した“ギャップ”（文の構造上，そこにあるべき主語，目的語等の文の要素が音声的には現れていない現象）が存在し，そのギャップに入るべき要素と主名詞（ここでは「パソコン」）が同一指示の関係となっている。このタイプの連体修飾節を「“内の関係”の連体修飾節」と呼ぶ[2]。

▶2　寺村秀夫（1984）『日本語のシンタクスと意味Ⅱ』くろしお出版。

(2)では，節の中にギャップがないか，あるいはあってもそのギャップと主名詞（ここでは「事実」）とが同一指示の関係にないタイプの名詞句である。このタイプを「“外の関係”の連体修飾節」と呼ぶ。

“内の関係”の連体修飾節のギャップは，出来事の主語（主体），目的語（対象），場所，時間，道具等がありうる。“外の関係”では，主名詞が出来事を指し示す抽象名詞（「事実」「事件」「こと」「問題」「件」等）であり，連体修飾節はその主名詞の内容を表す。

2 準体節の分類

準体節は，連体修飾節の主名詞にあたる部分が「の」で置き換えられている名詞節と捉えることができる。

(3)［私が△愛用している］のはこれです。

(4)［私がこのパソコンを愛用している］のを誰も知らない。

(3)は“内の関係”の連体修飾節に似ているタイプで，節にギャップが存在する。これを「モノ準体節」と呼ぶことにする。モノ準体節が実際何を指し示すかは文脈に依存して決定される。

(4)は“外の関係”の連体修飾節に似ているタイプで，「コト準体節」と呼ぶことにする。コト準体節は全体として事柄を指し示す。

さらに準体節には次のようなタイプもある。

(5)お腹がすいたら［お母さんがパンを買ってきた］のを食べなさい。

(5)は，節にギャップがないがコト準体節ではなく，準体節全体としては，節内の「パン」を指し示している。このようなタイプを「主部内在節」と呼ぶことにする。

3 連体修飾節・準体節と南の4段階

5-3で述べたように，連体修飾節および準体節は，B段階の節であると考えられる。その根拠は，主語は含むが主題を含めることができないということと，時制（「（す）る／（し）た」）は含むが真性モダリティ（「〜だろう」等）を含むことができない（難しい）からである。

(6)a．［中村博士｛が／*は｝去年書いた］本はこれです。

b．［中村博士が去年書いた（*？だろう）］本はこれです。

(7)a．［中村博士｛が／*は｝去年書いた］のはこれです。

b．［中村博士が去年書いた（*だろう）］のはこれです。

ただし，条件を整えると，連体修飾節では真性モダリティや主題を許容することも可能にみえる。

(8)a．？［中村博士が去年書いたであろう］本はこれです。

b．［地球は太陽の周りを回っている］ことをまだ信じていない人がいる。

なお，連体修飾節，準体節は基本B段階の構造であるが，A段階を表すようにみえるものもある。次のような例である。

(9)a．［△絵を描く］道具を買う

b．［△早起きをする］ことは健康によい。

(10)a．包丁には［△魚や肉を切るの］と［△野菜を切るの］とがある。

b．［△ソロキャンプをするの］が最近の流行だ。

△の位置には本来主語名詞句が入るが，これらの例では，主語名詞句が表示されないことによって，「誰でも」「誰であれ」といった一般的・総称的・不定的な動作主が想定されることになる。これらは事実上A段階の連体修飾節，準体節ということもできる。（金水　敏）

参考文献

大島資生（2010）『日本語連体修飾節構造の研究』ひつじ書房。

奥津敬一郎（1974）『生成日本文法論』大修館書店。

格と格助詞

1 格助詞の働き(1)：述語と項の関係を定める

文ないし発話の意味は，何よりもまず述語と項[1]の関係が定まらないことには明らかにならない。たとえば他動詞文に現れる2つの項において，どちらが主語でどちらが目的語かということがわからなければ，文ないし発話の解釈に支障をきたすことになる。そういうことにならないよう，言語には，述語と項の関係を定めるためのさまざまな手段がそなわっている。

▷1　ある出来事が節で表されるとすると，節の主要部を述語と呼び，その従属部を項と呼ぶ。出来事の参与者は項として表現され，主語や目的語となったり，あるいは動作主や被動者となったりする。

日本語書き言葉[2]（以下，書き言葉）では，「太郎が英語を次郎に教えた」のように，格助詞を用いて述語と項の関係を定めることとなっている。言い換えると，格標示によって述語と項の関係が定まることとなっている。しかし常に格助詞を用いて述語と項の関係を定めるというわけではなく，そうではない場合もある。たとえば「〜には」「〜とは」「〜からは」などにおいては下線部の格助詞を取り去ることができないのに対し，それらに対応すると考えられる「〜がは」「〜をは」においては下線部の格助詞を取り去って「〜は」としなければならない[3]。この「〜がは」ならぬ「〜は」にしても「〜をは」ならぬ「〜は」にしても格助詞を用いていないにもかかわらず，一方は主語と解釈され，他方は目的語と解釈される。すなわち，格助詞によって述語と項の関係が定まっているとはいえないことに注意が必要である[4]。

▷2　論文や報告書などのいわゆる堅い文章を書く際の使用をイメージされたい。

▷3　モが後接する場合にも同じことがいえる。

▷4　では何によって述語と項の関係が定まっているといえるだろうか。これは重要な今後の研究課題である。

書き言葉においては，格を，述語と名詞句の関係を表す名詞の形態的特徴と定義してもさして問題がない。また，この定義により格助詞の働きは，述語と項の関係を定めることと理解することができる。ただしこうした格の定義や格助詞の働きの理解は，あくまで書き言葉において通用するものである。そもそも私たちは日常を生きる中で，書き言葉ほどに律儀に格助詞を用いておらず，格助詞を用いたとしても，後述するようにそれは，述語と項の関係を定めるためだけに用いるのではない。つまり日本（全国）共通語の話し言葉では，書き言葉とは大きく異なる現象が認められ，この現象に見合った記述が求められる。

2 格助詞の働き(2)：項の語用論的性質を標示する

日本共通語話し言葉（以下，話し言葉）では，「雹（ひょう）Ø 降ってきた」「山田さん Ø 朝ご飯 Ø 作ったよ」などのようにハダカ現象[5]が頻繁に認められる。この点に注意をはらいつつ話し言葉における格助詞の出現について考えてみよう。

▷5　「ハダカ現象」は名詞句の主名詞に助詞が現れないことをいう。

話し言葉では，主題となった項はふつうハダカで現れ，書き言葉と異なり，ワ[6]で標示されることは稀である。[7]これに対し「何が降ってきたの？」や「誰が朝ご飯作ったの？」といったWH疑問文[8]への応答においては「雹（ひょう）が降ってきた」や「山田さんが作ったよ」のようにガが出なければならない。つまり主語が焦点という役割を担えばガの標示が義務的となる。これに対し「どうしたの？」と聞かれて応答するときは，「雹（ひょう） {Ø/ガ} 降ってきたよ」あるいは「山田さん {Ø/ガ} 朝ご飯作ってくれたよ」というようにガの標示が任意となる。このときの「雹」や「山田さん」は主題でも焦点でもないことに注意しよう。[9]

目的語の場合はどうだろうか。パンのことが話題になっている文脈で，「パンØさっき買ってきたよ」は自然であり，ワで標示するのもすわりが悪い。よって主題となれば目的語はハダカで現れる。「何を買ってきたの？」あるいは「いったい何を買ってきたの？」といったWH疑問文への応答としては「パン {Ø/オ} 買ってきた」のように，オ[10]の標示が任意である。そして「どうしたの？」と聞かれて応答するときは，「パンØ買ってきたよ」のようにハダカとなるのがふつうである。以上をまとめると表1のようになる。

▶6 書き言葉のハに対して話し言葉ではワを用いる。

▶7 ワで標示されると主題というより対比であることを表すようになると考えられる。

▶8 5-19 参照。

▶9 焦点という役割を担う主語を標示するガは，久野（1972）が「総記」と呼ぶガに等しく，また，「主題でも焦点でもない」主語を標示するガは，久野（1972）が「中立叙述」の文脈で現れるとするガに等しい。

▶10 書き言葉のヲに対して話し言葉ではオを用いる。

表1 話し言葉における格助詞ガ，オの出現

	主題	非主題かつ非焦点	焦点
主語	Ø	Ø/ガ	ガ
目的語	Ø	Ø	Ø/オ

表1の縦軸には文法関係が並び，横軸には語用論的役割が並んでいる。主語/主題，[11]主語/非主題かつ非焦点，主語/焦点，目的語/主題，目的語/非主題かつ非焦点，目的語/焦点という，6つの項タイプについて，格助詞の出現がどのようであるかが示されている。ここからわかることは，話し言葉においてガ，オの出現を予測するには，項の文法関係に言及するだけでは不十分で，語用論的役割に言及しなければならないということである。先に見たように，書き言葉のガ，ヲはもっぱら述語と項の関係を定めるという働きを担っているといえる，つまり表の縦軸にある文法関係だけで出現が予測できるのに対して，話し言葉におけるガ，オは，述語と項の関係を定めるということに加えて項の語用論的性質を標示するという働きが認められる。

▶11 「主題」「焦点」については5-7 参照。

表1からはわかることが他にもある。一つは，ガには脱主題化という情報構造上の役割があるということである。[12]ガは「非主題かつ非焦点」と「焦点」というように主題ではない環境に出現するので，表中の「主題」であることを表すØと対立する有標の形式とみることができる。そして，わかることのもう一つは，主語を標示するガと目的語を標示するオの非対称性である。表中の「主語」の行と「目的語」の行を比べた場合，格助詞の出現環境が前者の方で

▶12 詳しくは，Lambrecht（2000），竹内・下地編（2019）における，下地論文および竹内・松丸論文を参照。

▶13　角度は異なるが，下地（2019）（竹内・下地編（2019）に所収）でも同様のことが観察されている。

広く，後者の方でより制限されていることがわかる。[13]

3 話し言葉における格標示

格標示には，指向の異なる2つの働きがある。1つには述語と項の関係を明示するための標示があり，もう1つには項それ自体の性質を明示するための標示がある。このことをふまえて，以下では，ガ，オの出現についてもう少し深く考えてみよう。

ガの標示についていえば，表1にあるように，非主題かつ非焦点である項を標示する場合は任意であり，焦点である項を標示する場合は義務的である。そして，非主題かつ非焦点である項と焦点である項は主題ではないということが共通しているので，ガは項名詞が主題ではないことを標示するといえる。言い換えれば，ガは，項それ自体の性質を明示しているということができる。

他方，オの標示について言えば，非主題かつ非焦点である項を標示する場合は不可であり，焦点である項を標示する場合は任意である。よって，オは項名詞が焦点であることを標示するといえる。オが焦点標示ということであれば，オもやはり項それ自体の性質を明示しているということができる。

このようにみてくると，話し言葉のガ，オと書き言葉のガ，ヲの比較において両者は際立った対比を示すこととなる。書き言葉におけるガ，ヲは，主語，目的語を標示するということでほぼ義務的に用いられ，項それ自体の性質を明示するための標示というよりは，述語と項の関係を定めるということに特化している。

▶14　書き言葉の格助詞「へ」に相当。

ニ，エ[14]，ト，カラ，マデ，ヨリといった格助詞も意味役割に応じて，項それ自体の性質を明示するための標示として働くが，格標示が項それ自体の性質を指向するということは，話し言葉における格助詞に一貫して認められるとみることができる。

4 格標示とそれに代わる等価な手段

先に見たように，話し言葉ではハダカ現象がふつうに認められる。このとき述語と項の関係はどのように定まるのだろうか。一つの考え方に，有形格助詞の省略と見なし，ゼロ格，ハダカ格などといって抽象的な格を認めるということがある。この考え方は，さも穏当であるようにみえるかもしれないが，書き言葉と同じように話し言葉においても，述語と項の関係が「格」という単一の文法的な手段によって定まると決めてかかっている。また，名詞の形態的特徴だけに着目しているという点にも問題がある。話し言葉と書き言葉の格標示において異なる現象が観察されるとすれば，この現象の違いに即して理論的な考察を行う余地があるはずである。

述語と項の関係を定めるのに際し，書き言葉ではほぼ格標示という文法的手段が用いられるが，話し言葉では格標示に代わる手段がある。[15]

項を一つしかもたない自動詞文はさておき，以下では他動詞文における項の識別を考えてみよう。言語一般における他動詞文の典型は，A（他動詞文の主語）が人間で，P（他動詞文の目的語）が無生であるということが知られているが，[16] 個別言語がこの典型から外れるパターンをどれだけ許容するかということに注意したい。日本共通語話し言葉では，Aが人間でPが無生であるパターン，Aが人間でPも人間というパターンは容認されるが，Aが無生でPが無生といったパターン（「*風 {Ø/ ガ} 木 倒した」）やAが無生でPが人間というパターン（「*雨 {Ø/ ガ} 学生たち 濡らした」）は許されない。

他動詞文の主語が有生に限られるということがあるすると，他動詞文における無生である項は直ちに目的語と解釈される。たとえば「山田さん Ø はたいた」に対する「カーテン Ø はたいた」，「学生たち Ø 濡らした」に対する「傘 Ø 濡らした」，「お兄ちゃん Ø おろした」に対する「エレベーター Ø おろした」などのように，前者においては項の解釈に曖昧性が残るのに対し，後者では一意的に項が目的語であると解釈される。このように，項が無生であることにより述語と項の関係が定まるということになれば，格標示は不要となり，ハダカ現象が生じることとなる。

上に述べたことと関連して，Aが人間でPが無生であるとき，「山田さん Ø パン Ø 食べてる」のように2つの項名詞においてハダカ現象が生じる。にもかかわらず，「山田さん」が主語で「パン」が目的語と解釈できるのは，格標示に代わる手段が決め手となっているからと説明することができる。すなわち，有生性階層[17]における「主語＞目的語」という階層差によって主語と目的語が区別されていると説明できる。以上から，有生性効果（animacy effects）という手段があることがわかる。

では，「どうしたの？」「山田さん Ø ワニ Ø 食べてる」という発話の連なりにおける「山田さん Ø ワニ Ø 食べてる」を取り上げてみよう。このように2つの項名詞がともに有生である場合はどうか。今度は有生性階層において「主語＝目的語」という状況を考えるわけである。「ワニ Ø 山田さん Ø 食べてる」と比べてみればわかりやすいが，先行する方が主語，後続する方が目的語となっている。よって，話し言葉には語順という手段もあることがわかる。

したがって話し言葉には，少なくとも格標示，有生性効果，語順という3つの手段があることになる。1つの節につき1つの手段があればよいので，格標示，有生性効果，語順は等価であり，かつ競合する手段である。このように，話し言葉では述語と項の関係を定める手段が多様であるのに対し，書き言葉では，ほぼ格標示という単一の手段が用いられる。格という文法カテゴリーにおける文法化という観点からすれば，話し言葉と書き言葉は文法化のあり方や度合いが大きく異なるのだということができる。 （竹内史郎）

▶15 以下に述べる格標示に代わる手段について，より詳しくは竹内（2022），竹内・松丸（2022）（木部・竹内・下地編（2022）に所収）を参照されたい。

▶16 コムリー（1992）など。

▶17 名詞をカテゴリー別に並べて階層として整理したもの。ここでは「有生名詞－無生名詞」といった単純なものを想定している。なお，左の「有生名詞」のところを「代名詞－固有名詞－親族名詞－人間名詞－動物名詞」のように，より細かく分けた方が有効に文法現象を説明できる場合もある。

参考文献

久野暲（1972）『日本文法研究』大修館書店。

木部暢子・竹内史郎・下地理則編（2022）『日本語の格表現』くろしお出版。

竹内史郎・下地理則編（2019）『日本語の格標示と分裂自動詞性』くろしお出版。

Lambrecht, Knud (2000) When subjects behave like objects: An analysis of the merging of S and O in sentence-focus construction across languages. *Studies in Language* 24 (3).

コムリー，バーナード（1992）『言語普遍性と言語類型論』（松本克己・山本秀樹訳）ひつじ書房。

7 主題・焦点

1 情報構造

▷1 [5-1] [5-2] 参照。

言語コミュニケーションは，話し手と聞き手の共有知識を基盤として，その上に話し手が聞き手にとって新しい知識を提供するという図式を基本として展開していくと仮定できる。そのためには，共有知識と新知識を区別する必要があるが，それは統語構造[◁1]や，専用の形式等で表されることがある。このように，発話に盛り込まれた情報の共有制を表す言語構造を情報構造と呼ぶ。「主題」「焦点」といった概念は，そのような情報構造に基づく概念である。

2 南／田窪の4段階説と情報構造

[5-1]，[5-3] で紹介した従属節の4段階説は，日本語の統語構造と情報構造に結びつけて再解釈できる。主節のA段階～B段階の構造は，基本的に新情報（話し手が聞き手に新たに提供する知識）である。これに対し，C段階で示される構造は，話し手と聞き手が共有している（あるいは共有していると話し手が仮定する）情報，すなわち旧情報である。

3 主題と「は」

助詞「は」は，必ずしも「主題」専用の助詞ではなく，「対比」と呼ばれる用法ではむしろ新情報を提示するが，ここでは「～は」という形式を主題の典型例として考えることとする。[5-1] で述べたように，主題「～は」はC段階の要素である。たとえば「田中さんはX」（Xには何らかの述語が入る）という文型では，「田中さん」という人物が話し手と聞き手にとって既知の人物であることを表す。既知の人物であるというのは，「田中さん（は）～」にあたるようなさまざまな田中さんの属性を話し手が知っているということである（当然，「田中さん」も既知の人物である）。そのような状況において，新たな情報X（「田中さんがXということ」）を付け加えるのがこの文の意味である。たとえば「田中さんは今度パリ勤務になった」であれば，「田中さんが今度パリ勤務になった（こと）」という命題が，新たな知識として共有知識に付け加えられるということになる。

4 焦点の種類

主節のB段階の成分で示されるのが焦点であり，新情報を伝達する。「あ，ツバメが飛んでいる！」のような眼前の状況の描写文は，文全体が新情報であり，焦点からは除外して考えておく。

焦点はそのドメインと，文脈との関係による性質から分類することができる。ドメインとしては，「全体焦点」と「部分焦点」に分けて考える。全体焦点とは，B段階全体が焦点となる文で，たとえば次のようなものである。

(1)お爺さんは山へ芝刈りに行きました。（下線部が焦点）

部分焦点は，項，修飾句（節），述語，アスペクト成分，否定成分，時制成分等の文の要素が新規情報を担い，それ以外の部分は旧情報に属する場合の，新情報の部分である。たとえば(2)では，疑問詞「どこ」が焦点となっている。

(2)で，お婆さんはどこに行ったの？

焦点の文脈上の性質は，「新規性」「総記性」「対比性」の３つの観点から分類できる[2]。新規性は，焦点のドメインで示された成分が新規情報を表しているという意味である。総記性は，文脈で問われている事柄に対し，焦点のドメインで示された情報がすべてである（＝他の要素は排除される）という意味である。たとえば，「教室には誰が残ってる？」「田中さんと山田さんが残っています」という場合，ふつうは残っているのは「田中さん」と「山田さん」だけで，あとは誰もいないということを含意する。これが総記性の意味である。

対比性とは，文脈上で問題となる仮説が分岐している場合に，正解を選び，他を排除するという意味である。(3)の下線部は，対比性をもつ焦点である。

(3)A：カメはネコを負かしたの？

B：違うよ，カメはウサギを負かしたんだよ。

論理的にこの３つの観点は「新規性⊃総記性⊃対比性」のような包含関係になる。すなわち，対比性があれば必ず総記性があり，総記性があれば必ず新規性もある。

▷2 下地理則（2019）「現代日本共通語（口語）における主語の格標示と分裂自動詞性」竹内史郎・下地理則編『日本語の格標示と分裂自動詞性』くろしお出版，1-36頁参照。

5 焦点とノダ文

ここまでの例文を見てわかるように，（共通）日本語の焦点構文には，ノダ文が多く現れる。まず，眼前の状況の単なる描写にはノダ文は用いられない。

(4)*あ，ツバメが飛んでいるんだ！

ノダ文が表す焦点は，全体焦点と部分焦点の両方がある。前者は「ムードのノダ」，後者は「スコープのノダ」と呼ばれることがある[3]。（金水　敏）

▷3 野田春美(1997)『「の(だ)」の機能』くろしお出版。

参考文献

田窪行則（2010）『日本語の構造』くろしお出版。

8 動詞文

1 動態述語と静態述語

まず，意味の観点から，日本語の述語を動態述語と静態述語に分類する。動態述語とは，意味の中に複数の局面の時間的な進展が含まれるものである。静態述語は，ある時点においてある状態やあるものの存在が成立しているということを表すのみで，時間的な進展の意味は含まれない。この2種を品詞に対応させると次のようになる。

動態述語：動詞の大部分

静態述語：形容詞・形容動詞，名詞述語，動詞の一部

静態述語に含まれる動詞には，「ここに机がある」「先生は部屋にいらっしゃる」のような存在文のほか，「入学には50万円要る」「町の北側には六甲山系がそびえる」などがある。「ヤギの蹄は2つに割れている」のように，本来，動態述語である「割れる」が単なる状態を表すために用いられているものもここに含めることとする。本節では，以後，動態述語としての動詞を扱っていくこととする。

2 動詞（動態述語）文の特徴

日本語の動態述語としての動詞文には次のような特徴がある。

(1) a．一部の動詞に自動詞・他動詞の対立がある。

b．「ヴォイス」と呼ばれる文法範疇がある。

c．「アスペクト」と呼ばれる文法範疇がある。

d．「意思性」の面から，意志動詞と無意志動詞を区別することができる。

以下，簡単に説明を加える。

3 自動詞と他動詞

「切れる」と「切る」，「立つ」と「立てる」，「回る」と「回す」のように，形態的に共通部分をもちながら活用の種類が対立する，自動詞と他動詞の組が日本語には多数存在する。これを「自他対応」と呼ぶ。「紐が切れる」と「紐を切る」の例からわかるように，これらの自他対応では，自動詞の方が対象物の変化を表すのに対し，他動詞の方は，動作の主体が対象物に働きかけて変化を引き起こす意味を表す。[◁1]

▷1　ただし自他対応がない（対をもたない）自動詞や他動詞もある。たとえば「歩く」「走る」「笑う」のような，持続的な動作を表す自動詞には対応する他動詞がなく，他者の働きかけがある場合は「歩かせる」「走らせる」「笑わせる」のように使役文を用いなければならない。また「書く」「読む」のような他動詞は対応する自動詞がなく，その代わりに「書かれている」「読まれている」のような受身文が用いられることがある。

4 ヴォイス

日本語文法では以下のような文法範疇を「ヴォイス」と読んでいる。[2]

受身文（受動文）：窓が開けられた／敵に先手を打たれた

自発文：ふるさとが思い出される／泣けてくる

可能文：私は何キロでも泳げる（能力可能）／この天候では泳げない（状況可能）／なんとか100メートル泳げた（達成）

使役文：子どもにたくさん食べさせた／戦争で一人息子を死なせてしまった

受身文は，元の動作主を主語から外し，動作の受け手を中心に出来事を述べる形式である。自発文は，心理的な現象が動作主の意思に関わりなく起こることを表す文である。可能文は，動作主の能力を属性的に述べたり，ある状況下での動作の成否について述べる文である。これらの文はいずれも「（ら）れる」という接辞によって表される（可能文は「e る」という形式も用いられる[3]）。使役文は，使役の主体が動作主に何らかの動作をさせることを表す文であり，「（さ）せる」という接辞を用いる。

5 アスペクト

動態述語としての動詞文は，「（す）ル／（し）タ」の形を用いると，動作や変化全体が未来や過去の時点で成立したことを表す。これを「完成相」という。

(2) a．今晩，カレーを<u>食べる</u>（<u>食べます</u>）。【完成相未来】

b．昨日，カレーを<u>食べた</u>（<u>食べました</u>）。【完成相過去】

一方，動作や変化は開始時，終了時のような局面を分析することによって，その出来事の部分を取り出すことができる。

(3) a．お金が道に<u>落ちている</u>。【結果相】

b．今，カレーを<u>食べています</u>。【継続相】

このように，動詞が表す出来事のさまざまな時間的局面を表し分けるのが「アスペクト」である。[4]

6 意志動詞と無意志動詞

「作る」「読む」「勉強する」「走る」のように，動作主の意志的動作を表す動詞を「意志動詞」，「（紐が）切れる」「（子どもが）転ぶ」のように，主体の意志が関わらない現象を表す動詞を「無意志動詞」と言う。命令文や依頼文や「～たい」のような願望を表す文は意志動詞にしか適用できない[5]（例：「ゴールテープを切りたい」（＝意志動詞）「*ゴールテープが切れたい[6]」（＝無意志動詞））。

（金水　敏）

▷2 5-12～5-14 参照。

▷3 3-1 参照。

▷4 5-15 参照。

▷5 5-17 参照。

▷6 文頭に「*」が付いている文は，日本語母語話者が理解可能な文ではない（＝非文法的）という意味を表す。

参考文献

益岡隆志・仁田義雄・郡司隆男・金水敏（1997）『文法』（岩波講座言語の科学5）岩波書店。

9 形容詞・形容動詞文

1 形容詞と形容動詞

日本語では形容詞は基本形が「い」で終わり，形容詞独自の活用をもつ。一方形容動詞は名詞述語の仲間であり，基本形は「～だ」「～である」「～です」等の形態をもつ。ただし形容動詞は連体形「～な」をもつ点が名詞述語と異なる。[◁1]

しかし，意味・用法において形容詞と形容動詞は異なるところがなく，ともに属性，評価，感情，感覚等を表す静態述語として機能する。形態的にも，たとえば程度を表す「さ」を付加して名詞化することができるという共通性がある（例：赤い→赤さ，眠い→眠さ，激しい→激しさ，見事だ→見事さ，残念だ→残念さ）。このような点から，この項目では形容詞と形容動詞を区別することなく扱うこととする。なお，日本語教育の分野では，普通の形容詞をイ形容詞，形容動詞をナ形容詞と呼ぶことが多い。

2 状態・評価形容詞と感情・感覚形容詞

形容詞が表す物事の有様には，特定の認知主体を必要としないものと，特定の認知主体（感情・感覚の主体）を必要とするものがある。前者を主に表す形容詞を状態・評価形容詞，後者を表す形容詞を感情・感覚形容詞という。この2種は，項の種類や数の違いとして文法に反映される。

(1)a．外が騒がしい（こと）／この茶碗が造形がみごとである（こと）／この賞があなたにふさわしい（こと）【状態・評価形容詞】

b．私｛に／が｝遠く離れたふるさとが懐かしい（こと）／私｛に／が｝あなたの落選が残念である（こと）／私が背中がかゆい（こと）【感情・感覚形容詞】

(1)の例示は，格関係がわかりやすいようにあえて「こと」への連体修飾節に入れる形で示している（＝コト化[◁2]）。こうすると，(1a) の状態・評価形容詞では，状態の持ち主や評価の対象（外，この茶碗，この賞）がガ格（主格）で提示されることがわかる。さらに「この茶碗（の）造形」のように，主語の一側面や部分が小主語としてガ格で提示される場合もある（二重主格構文[◁3]）。また「あなたにふさわしい」のように適用の対象がニ格で表されることもある。

なお，コト化を外して主節として表現すると，次の例に見るように，いずれ

▷1　3-2 3-3 参照。

▷2　主節の文を「こと」の連体修飾節に入れようとすると，主題「～は」はそのままでは入らないので，格助詞に置き換えなければならない。こうすることによって，述語と主題名詞句の格関係が明らかになる。その操作を「コト化」という（例：「田中さんは毎日5時に帰宅する→田中さんが毎日5時に帰宅すること」）。

▷3　主格名詞句（＝ガ格名詞句）が，1つの節の中に2つ表れるものを「二重主格構文」と呼ぶ。日本語では二重主格構文が表れるのは静態述語に限られる。

かの格成分が主題化されることが多い。

(2)外は騒がしい／この茶碗は造形が見事だ／この賞はあなたにふさわしい

また（1b）の感情・感覚形容詞では，「私に」または「私が」のように，感情・感覚の持ち主がニ格またはガ格で提示され，「ふるさとが」「あなたの落選が」「背中が」のように，感情の向かう先，感覚の発生場所等がガ格で掲示されることがわかる。ただし主節として表現される場合は，次の例に見るように，感情・感覚の持ち主が主題化[4]されるか，そもそも省略されることが多い。

(3)（私には）遠く離れたふるさとが懐かしい／（私は）あなたの落選が残念だ／（私は）背中がかゆい。

3 感情・感覚形容詞の人称制限

感情・感覚形容詞が表現する有様は，いわば感情・感覚の持ち主の“内面”にあたる。このことから，日本語では感情・感覚形容詞における感情・感覚の持ち主にはかなり厳密な人称制限が観察できる。基本的には断定の表現では一人称のみが許される。また二人称が許されるのは疑問文のみである。

(4)a．{わたし／*あなた／*田中さん} は背中がかゆいです。

b．{*わたし／あなた／*田中さん} は背中がかゆいですか。

なお，過去形（～た）とすれば三人称が許されるという説があるが，正確な観察とはいえない。(5a) のように，対話文では過去形でも三人称の感情・感覚形容詞文は不適格である。正確には，小説のような「物語文」であれば三人称の適用が許されるというべきである[5]。

(5)a．「*田中さんは背中がかゆかった？」「うん，*かゆかった」

b．田中さんはその日，朝からとても背中がかゆかった。（小説の一部として）

三人称を感情・感覚形容詞に適用するためには，適切なモダリティを付して間接的な言明にする必要がある[6]。

(6)田中さんは背中がかゆい {らしい／ようだ／そうだ／のだろう}。

4 恒常的状態と一時的状態

形容詞によって表される静的事態には，時間の推移とともに変化していくことを前提とするものと，時間の推移とは関わりなく，対象の属性を規定するものとがある。前者を一時的状態，後者を恒常的状態と呼ぶ。ただし恒常的状態とは，永遠に変化しないという意味ではなく，時間の推移を問題にしないという意味である。テストフレームとして，たとえば副詞句「今」で形容したときに不自然に感じられるものは恒常的状態，自然に解釈できるものは一時的状態と考えられる。

(7)a．父は（?? 今）気性が激しい／モナリザは表情が（?? 今）神秘的だ

b．今，外が騒がしい／私は今，背中がかゆい　（金水　敏）

▷4 5-7 参照。

▷5　金水敏（1989）「「報告」についての覚え書き」仁田義雄・益岡隆志編『日本語のモダリティ』くろしお出版，121-129頁。

▷6 5-17 参照。

参考文献

北原保雄（2010）『日本語の形容詞』大修館書店。

八亀裕美（2008）『日本語形容詞の記述的研究』明治書院。

名詞述語文

1 名詞述語文概観

述語が「名詞句＋コピュラ」の形を取る文を広く名詞述語文と呼ぶこととする。名詞述語文は，「コピュラ文」と呼ばれることもある。ここで，「コピュラ」と呼ぶのは，学校文法では「指定（断定）の助動詞」と呼ばれるもので，「だ／である／です／でございます」等（打ち消しは「で（は）ない／じゃない／で（は）ございません」等）の形式が含まれる。また「春は曙 ϕ」（ϕ は音形がない成分を表す）のように，名詞で終わってコピュラの音形が現れない場合があるが，これも“ゼロ・コピュラ”としてコピュラの一種として取り扱う。

名詞述語文には，大きくいって次のようなヴァリエーションが含まれる。

1．狭義名詞述語文
　a. 属性文（措定文）[1]　例：「田中は図書委員だ」
　b. 指定文　例：「田中が図書委員だ」
　c. 倒置指定文　例：「図書委員は田中だ」
2．分裂文　例：「葵上の命を奪ったのは六条御息所だ」
3．カキ料理構文　例：「カキ料理は広島が本場だ」
4．ウナギ文　例：「私はきつねうどんだ」
5．人魚構文　例：「私は来年退職する予定だ」

それぞれの構文について，簡単に解説する。

▷1　西山佑司（2003）『日本語名詞句の意味論と語用論』（ひつじ書房）では，三上章，上林洋二の用語を受けついで「措定文」と呼んでいるが，この用語はわかりにくいので「属性文」と改める。

2 属性文と指定文，カキ料理構文

属性文はまさしく主語（「田中」）の属性を表す。これに対し 1b は，「図書委員」であるのは「田中」であり，かつ「田中」以外に図書委員はいないという含意をもつ。1c は「図書委員のメンバーは誰かというと，それは田中だ」という意味の文をもつ。属性文は，形容動詞文「田中は貧乏だ」などと同様に，田中の属性を述べるのみである。これに対し，1b の指定文は「図書委員」のメンバーについて言及している点で属性文と異なるが，1b は「田中」について“総記性”が与えられた焦点構文であると捉えることが可能である。[2]

▷2　5-7 参照。

3 の「カキ料理構文」は，語順を変えて「広島がカキ料理の本場だ」とすれば，1b の指定文と同じになる。この文から，いわば「カキ料理」を主題化して文頭に上げればカキ料理構文ができあがると解釈できる。「カキ料理は（＝

カキ料理について言えば)，広島が（その）本場である」という解釈である。

3 倒置指定文と分裂文

1c は属性文，指定文とは性質の異なる構文で，述語の位置にあたる「田中だ」はむしろ主語名詞句の「図書委員」に対して，意味的には主語にあたるように見える。その点で，「図書委員は（＝図書委員について言えば）田中（が図書委員）だ」というウナギ文との解釈も可能である（後述）。2の分裂文も，同様の考え方で捉えることができる。すなわち，「葵上の命をうばったのは」という準体節が，倒置指定文の主語名詞句と同等の成分として働くわけである。

4 ウナギ文

ウナギ文は，本来「ぼくはきつねうどんを注文する」（または「注文した」）という動詞述語文であるところを，「注文する」の部分を端折って名詞述語文にしたように見える。たとえば奥津敬一郎[3]は，まさしく統語操作として「注文する」という述語動詞を削除する規則を立てて説明している。西山佑司[4]は，「ぼくは［（注文料理は）きつねうどんだ］」のように，倒置指定文を述部としてもつ措定文（属性文）であると説明している。金水敏は，注文物の定性（既出・特定か新規・不定か）によって，「メトニミー説」（「きつねうどん」を「きつねうどんを注文した人」と解釈する）と奥津（1978）の削除説を組み合わせることを提案している[5]。さらに検討が必要であるが，「きつねうどんはぼくだ」のような，いわば“逆ウナギ文”も併せて考察する必要があるだろう。

▶3　奥津敬一郎（1978）『「ボクハ　ウナギダ」の文法』くろしお出版。

▶4　西山佑司（2003）『日本語名詞句の意味論と語用論』ひつじ書房。

▶5　金水敏（2016）「「ウナギ文」再び」福田嘉一郎・立石始編『名詞類の文法』くろしお出版，203-214頁。

5 人魚構文

動詞文として始まりながら，文末が名詞述語文となる次のような文型を人魚構文という。頭が人間，尻尾が魚という人魚の姿になぞらえた命名である。

(1)［花子は名古屋に行く］予定だ。

(2)［花子は今本を読んでいる］ところだ。

(3)［外では雨が降っている］模様だ。

角田太作によれば，人魚構文に近い文型をもつ言語は，100を超える言語を調べた中で8つしかなく，すべてアジアまたはアフリカの言語であったという[6]。

人魚構文は，「予定」「ところ」「模様」等の名詞が，“文法化”（概念語が付属語のような文法的な機能をもつ成分に変化する現象）によって，モダリティやアスペクト等の成分として働く現象とみることができる。ウナギ文などとの関連も検討されるべきであろう。　　（金水　敏）

▶6　角田太作（2012）「人魚構文と名詞の文法化」『国語研プロジェクトレビュー』7，3-11頁。

参考文献

西山佑司編（2013）『名詞句の世界』ひつじ書房。

取り立て

1 「取り立て」の定義

「取り立て」は，文の中で明示される要素を，明示されない同類の他の要素との関係で示すことを表す，日本語学独自の用語である。たとえば，次の(1a)では，文の中で明示されている「パン」を取り立て，明示されていない同類の要素である「ごはん」や「うどん」と関連づけている。ここで「ばかり」の意味は，前者を食べ，後者は食べないという「限定」を表すとされる。

(1)a．太郎はパンばかり食べている。

　b．太郎はいつもパンを食べている。

このような取り立ての意味は(1b)では「いつも」という副詞によって表されている。「取り立て」自体は意味論的な概念であるため，それが特定の品詞によって表されるとは限らないが，とくに文法的に興味深いふるまいをするのが取り立てを表す助詞，すなわち「取り立て助詞」である。

2 取り立て助詞の分布

取り立て助詞には，(2)のようなものが挙げられ，(3)のようにその分布が他の助詞に比べて自由なことに特徴がある。

(2)「も」「でも」「さえ」「すら」「まで」「だけ」「のみ」「ばかり」「しか」「こそ」「など」「なんか」「くらい」「(対比の)[1] は」

(3)a．雨さえ降らなかった。　(名詞句の後)

　b．雨が降りさえしなかった。　(動詞句の後)

　c．雨はポツリとさえ降らなかった。　(副詞句の後)

　d．雨 {さえを／をさえ} 恨めしく思う。(格助詞の前／後)

　e．雨を恨めしくさえ思う。　(形容詞句の後)

このような統語的な特徴を「分布の自由性[2]」と呼び，取り立て助詞を他の助詞と区別して「とりたて詞」という一つの品詞を立てようとする考え方もある。

3 取り立ての対象

取り立て助詞のさらに興味深い点は，意味論的な取り立ての対象[3]が，助詞がついた句とは限らない点である。たとえば，次の例を比べてみよう。

(4)a．太郎はおかずさえこぼした。

▷1　対比の「は」とは，「料理はまずいがサービスは良い」のように，2つのものを比べるニュアンスの強い「は」。主題の「は」と異なり，連体修飾節に入ることができる（「サービスは良い店」）。

▷2　ただし，助詞の中でも独立性の強い「ね」「さ」などの間投助詞はまた違った形で，分布が自由である。「あのね，タピオカのね，つぶつぶしたね，食感がね，病みつきにね，なってね，やめられないんだ」。

▷3　取り立ての対象はしばしば取り立ての「焦点(focus)」といわれる。しかし，取り立ての対象は，情報構造上の焦点と直接関係がないことは次の例からも明らかである。「太郎が次郎にだけ誰を紹介したの？　太郎が次郎にだけ[花子を]$_{焦点}$紹介した」。よって，ここでは「焦点」という語は使わず，「取り立ての対象」と呼ぶ。

b．太郎はおかずをこぼしさえした。

c．太郎は愚痴さえこぼした。

(4a) の通常の解釈は，太郎は「お茶」や「ごはん」に加えて，「おかず」までこぼした，という意味だが，(4b) も同様の意味に解釈することが可能である。つまり，(4b) では「さえ」が「おかずをこぼし」という動詞句に付いているにもかかわらず，意味的には名詞句「おかず」だけを取り立てることができる。一方 (4c) では「さえ」は名詞句「愚痴」についているが，取り立てる対象は動詞句「愚痴をこぼす」である（他に「こぼし」たものはない)。(4b) は「お茶をこぼす」「ごはんをこぼす」「おかずをこぼす」を対照した結果，「おかず」だけが取り立てられているように見えている可能性があるが，(4c) はそのような語用論的な解釈によるとは考えられず，取り立ての主要部であるはずの取り立て助詞が，取り立ての対象に後置されていない点で，日本語の主要部後置の原則[4]に反する興味深い現象である。

4 取り立ての作用域

作用域（scope）とは，その要素が意味論的に取る範囲をいう。取り立て助詞とそれがついた要素は数量的な解釈をもつので，他の数量詞や否定などと，作用域の相互作用を起こす。たとえば次の語順を変えた例を比べてみよう。

(5) a．３人の学生がおかずさえこぼした。

b．おかずさえ３人の学生がこぼした。

(5a) は「ある３人の学生について，お茶やごはんに加えておかずもこぼした」という「３人の学生」が広い作用域を取るのに対し，(5b) には，その解釈に加えて「お茶やごはんに加えておかずについても，それをこぼした学生が３人いる」という「おかずさえ」が広い作用域を取る解釈（「ごはん」と「おかず」を両方こぼした学生が１人もいなくてよい）がある。

よく話題になってきた格助詞「で」と取り立て助詞「だけ」の語順による解釈の違いも，このような作用域の違いによって説明できる。

(6) a．そこへはバスだけで行ける。

b．そこへはバスでだけ行ける。

この場合，作用域の相対性[5]を起こしているのは取り立て助詞句「バスだけ」と可能を表す「-e る」である。(6a) (6b) どちらにも，「バスで行くのは可能で，バス以外では行くのは可能でない」という「バスだけ」が広い作用域を取る解釈がある。他方，(6a) には可能が広い作用域[6]を取る「バスで行き，バス以外で行かないことが可能だ」という解釈もある。この解釈は，格助詞が「で」のときに限られ，特殊な解釈であることが知られている。（衣畑智秀）

▶4　名詞句「美しい山」の主要部「山」は後にくる，形容詞句「大変美しい」の主要部「美しい」は後にくる，動詞句「山に登る」の主要部「登る」は後にくる，といったように，日本語では主要部が句の最後に置かれるのが原則である。

▶5　(5a) の取り立て助詞句，可能のそれぞれの作用域を［　］で示すと次のようになる。取り立て助詞句が広い：「[バスだけで[行 ke る]]」；可能が広い「[[バスだけで行 k] e る]」。

▶6　可能の作用域は通常取り立て助詞句より狭い。よって「太郎だけが行ける」は他の人は行けない，という解釈しかない。しかし，否定の作用域は，取り立て助詞句に対して広くも狭くもなる。よって，「太郎だけが行かない」は，太郎は行かない，という解釈に加え，太郎も行く（他の人も行く)，という解釈もある。

参考文献

沼田善子（2009）『現代日本語とりたて詞の研究』ひつじ書房。

沼田善子・野田尚史編（2003）『日本語のとりたて』くろしお出版。

受身文

1 受身文の意味と構造

受身文は，人が主語に立つか（有情主語），事物が主語に立つか（非情主語）で意味や機能が大きく異なる。

(1)僕は山田に｛からかわれた／ほめられた／認められた｝。

(2)消費税が引き上げられたが，この税収は国民に還元されなければならない。

(1)の有情主語の受身は，「私は人に～された」という形で「影響を受ける」という「受影」の意味（益岡 1982）をもつ。とくに「私（一人称）」や私に近い人が主語に立ち，特定の動作主がニ格に明示されるときに受影の意味を帯びやすくなる。これに対し，非情主語の受身は，「誰がしたか」ということを問題にせずに背景化し，「何が起こったか」という事態の実現に焦点を当てて述べるために用いられる。このため，動作主は文中に現れないことが多い。(2)の「還元される」のように，もはや誰が動作主であるかということを想定できない場合もあり，主に対応する自動詞のない他動詞（無対他動詞）の自動詞的表現を補う機能を果たしている。

2 受身文の下位分類

有情主語の受身は，主語に立つ有情者が動詞が表す事態のどのような参与者であるか（対応する能動文でどのような格を取るか）によって，直接対象の受身(1)，相手の受身(3)，持ち主の受身(4)，第三者の受身(5)に分けられる（鈴木 1972）。

(3)花子が太郎に｛手紙を渡される／文句を言われる／プロポーズされる｝。

(4)私が姉に｛頭を叩かれる／服を取られる／作品をほめられる｝。

(5)私が娘に｛変な歌を覚えられる／一日中家にいられる｝。

このうち，第三者の受身は「はた迷惑の受身」（三上 1953）や「間接受身」（柴谷 1978；寺村 1982）とも呼ばれ，英語にはない日本語に特有の受身として長年多くの研究者が関心を寄せてきた。持ち主の受身は，「顔を殴られる」のように，主語の身体部位がヲ格に立つことで，主語がかなり直接的に動作を被るものから，「私が妹に（私の）話し方を真似される」のように主語の事態への関与が間接的なものまであり，直接受身（直接対象と相手）と間接受身（第三者）の中間にあって両者をつなげている。以上は動作主が人である場合であるが，このほか，「育児に｛追われる／悩まされる｝」のように，抽象名詞がニ格に原因として明示され，有情主語の心理・生理的状態を表す受身もある。[1]

非情主語の受身は，文のテンス[2]・アスペクト[3]的特徴と動作主をどのように背景化するかという観点から，次のように分けられる。①個別一回的な事態を表す事態実現型(2)，②結果状態のアスペクトである状態型（「踊り場に抽象画が飾られている」），③不特定一般の人が動作主で繰り返しのアスペクトである習慣的社会活動型（「肥満は現代病と考えられている」等），④超時で対象の性質や関係を述べる超時的事態型（「この箱は中が仕切られている」）（志波 2015）。以上は行為者が人である場合であったが，「海に囲まれた国」「小松菜には鉄分が含まれる」のように，事物が行為者相当（「海がその国を囲んでいる」「小松菜は鉄分を含む」）である受身もある。

以上のように，有情主語受身と非情主語受身が異なる観点から分類されるのは，この2つの受身が根本的に異なる機能を担うことによる。日本語は，話し手（に近い人）を主語に立てて事態を述べたがる傾向があり，こうした日本語の特性から，事態に関与するあらゆる人を主語に立てる有情主語受身を発達させている。一方，非情主語受身は「動作主に言及せずに，動作主を介さずには起こり得ない事態を実現に焦点を当てて（自動詞的に）述べる」ことを本質的機能としており，さまざまな形で動作主を背景化させる受身をもつ。

3 受身文の被害（迷惑）の意味

「私は人に～された」という有情主語の受身が受影の意味を帯びるということとは別に，日本語の受身文がどのような場合に被害（迷惑）の意味を帯びるのかということも盛んに議論されてきた。たとえば，次の(6)は受影の意味があり，かつこの影響が悪い影響であるため，「被害」の意味を帯びていると感じられる。

(6)友達が酔っ払いに ｛殴られた／からまれた｝。

しかし，「人 ｛を殴る／にからむ｝」という動詞の語彙的な意味自体に「マイナスの働きかけ」という意味があり，これが受身になることでマイナスの影響を受けるという意味を帯びると考えられる。

これに対し，「見る，待つ，連れて行く」などは，その動詞自体には何らマイナスの働きかけの意味がないにもかかわらず，受身になることで明確に被害の意味が現れる。ところが，「誘う，招待する，プロポーズする」などの動詞では被害の意味が出ることはない。

(7)私は田中君に ｛駅前で見られた／家の前で待たれた／鎌倉に連れて行かれた｝。

(8)私は佐藤さんに ｛飲み会に誘われた／招待された／プロポーズされた｝。

このように，動作の直接対象が主語に立ちながら，受身になることで被害の意味が現れる要因については，インヴォルヴメント（巻き込まれ）という概念

▶1　益岡（2000）では「機縁受動文」と呼ばれている。

▶2　5-16 参照。

▶3　5-15 参照。

で説明される（久野 1983）。すなわち，主語が当該行為に直接に巻き込まれていればいるほど，受身文としての「被害」の意味は出ないのに対し，主語の巻き込まれ方が弱ければ弱いほど被害の意味が出る，という説明である。しかし，上記の(7)と(8)の動詞に巻き込まれ性において違いがあるかどうかは疑問の余地があり，いまだ議論の続くところである。

4 受身文と動作主（ニ受身とニヨッテ受身）

一般に，(1)のような有情主語の受身の動作主はニ格で表示され，(2)のような非情主語の受身の動作主はニヨッテで表示される。一方で，「受身文の下位分類」で述べた受身の類型の他に，主語の属性を叙述する属性叙述受動文（(9)，益岡 1982）や非情主語でありながら受影の意味をもつ受身として潜在的受影者のいる受身文（(10)，益岡 1991）等がある。

(9)この雑誌は若者によく読まれている。

(10)私の大事な絵が妹に破られた。

この属性叙述受動文は動作主がニ格表示されるニ受身でありながら受影の意味をもたない受身として知られる。後者の潜在的受影者のいる受身は，非情主語でありながら受影の意味をもつニ受身として知られる。

なお，ニヨッテは非情主語の受身に動作主を明示する場合に用いられるが，事態の実現（結果）を前景化して述べる自動詞相当の受身にあえて動作主を明示するということは，情報上の焦点をこの動作主句に当て，新情報として提示するという機能とも関わっている。

(11)この作品は，スペインを代表する作家によって書かれた。

5 受身文と共感（視点）

有情主語の受身（ニ受身）がもつ受影の意味は，話し手の「共感（視点）」と深く関わっている。有情主語受身は話し手が行為を被る対象に共感を寄せ，この人を主語に立ててこの人の立場から事態を述べる文であるといえる。そして，動作対象の側から事態を眺めるということは，自分に対して動作が求心的に向かってくるということであり，こうした捉え方と「影響を受ける」という受影の意味が関係していると考えられる。これに対し，非情主語の受身は，動詞の表す事態の登場人物の誰にも共感を寄せることなく，いわば舞台を外側から眺めて述べる文である（共感は人にしか寄せることができない）。このような述べ方を「視点が中立的である」と表現する。話し手は中立的な立場で事態を述べるため，非情主語の受身は客観的な表現となる。

6 受身と自発・可能

受身は動詞の語幹に -(r)are- をつけ，対象（ないし動作主以外の事態関与者）

がガ格に立ち，動作主は斜格[4]で表示される。こうした形態的かつ構文的特徴を持つ文は，受身の他に可能と自発がある。自発と可能の対象は典型的には非情物であり（「日本の将来が思いやられる」「納豆が食べられない」等），語順的にも自発・可能では動作主が文頭に現れるのが無標の語順である点が受身と大きく異なる。しかし，⑿のように動作主が話し手個人であるのか不特定一般の人であるのか曖昧になると受身と自発が近くなる。また，（13ab）のように，人が対象の場合にも，受身か可能かが曖昧になることがある。

⑿日本はこの先ますます格差が拡大すると｛懸念される／懸念されている｝。

⒀a．良夫に春子が捨てられるものか。　（cf. 松下 1930）

b．あなたに甘えられてうれしい。

c．この魚は生で食べられます。

（13a）では，動作主である良夫に共感して述べれば可能の意味になるし，対象である春子に共感して述べれば受身の意味になる。（13b）では，ニ格の「あなた」を動作主と読むか（受身），相手対象と読むか（可能）で解釈が異なる。さらに（13c）は「生で食べたいけど大丈夫かな？」という質問の答えとしては可能の解釈になり，「日本ではどうやって食べますか？」という質問の答えとしては受身の解釈になる。つまりここでも，当該行為の実現を期待する動作主の側から述べれば可能になり，中立的な視点で述べれば非情主語の受身となる。

7 受身文とヴォイスの体系

ヴォイスとは，「主語が自ら行為を意志的に行うのか否か」という意味的な違いを形態論的および構文論的な転換によって表し分ける文法カテゴリーであるが，対象が非情物であるとき，つまり受身なら非情主語受身（「答案用紙が配られる」等），使役なら使役対象が非情物であるとき（「経済を発展させる」等）は，自動詞と他動詞の体系の穴を埋める役割を主に果たしている。一方，主語が人である有情主語受身は，話し手が誰の立場から事態を述べるか，という話し手の共感に関わる授受構文（テモラウ，テクレル，テヤル）やある種のテクル文（「田舎の母がリンゴをたくさん送ってきた」）と，視点転換の機能を共有して体系を成しながら，意味に応じて使い分けられている。また，間接受身は事態に直接関与しない人を関与者として導入することから，使役文[5]と意味的に近くなることがある（「私は戦争で子ども｛に死なれた／を死なせた｝」）。　（志波彩子）

▷4　斜格とは主格以外の格のことをいう。日本語ではガ格が主格であり，ヲ格，ニ格，カラ格などは斜格である。

▷5　5-14参照。

参考文献

久野暲（1983）『新日本文法研究』大修館書店。
志波彩子（2015）『現代日本語の受身構文タイプとテクストジャンル』和泉書院。
柴谷方良（1978）『日本語の分析』大修館書店。
鈴木重幸（1972）『日本語文法・形態論』むぎ書房。
寺村秀夫（1982）『日本語のシンタクスと意味』くろしお出版。
松下大三郎（1930）『標準日本口語法』中文館書店（復刻：白帝社1961，増補校訂版：徳田政信編『増補校訂標準日本口語法』勉誠社1977，同修訂版：1989）。
益岡隆志（1982）「日本語受動文の意味分析」『言語研究』82：48-64頁（再録：「受動表現の意味分析」益岡 1987）。
益岡隆志（1987）『命題の文法』くろしお出版。
益岡隆志（1991）「受動表現と主観性」仁田義雄編『日本語のヴォイスと他動性』くろしお出版，105-121頁。
益岡隆志（2000）『日本語文法の諸相』くろしお出版。
三上章（1953）『現代語法序説』刀江書院（くろしお出版，復刊版：1972）。

13 自発・可能

1 自発と無意志自動詞

自発（non-volitional）とは，「遠くの山を見ると（私には）故郷が懐かしく思い出された」など，動作主（話し手）に意志がないのにコントロールできるはずの事態が自然に実現するという意味で，動詞のラレル形の一用法としてある。古代語では動作動詞や自動詞でも自発文を構成したが，現代語では「思い出される，憚られる」など認識や感情を表す一部の心理他動詞に限られている。

自発は，しばしば無意志自動詞（自然発生自動詞）の「枯れる，溶ける」などが表す意味と同列に扱われることがある。しかし，これらの無意志自動詞との大きな違いは，自発では動作主を含意する意志動詞が用いられ，この動作主に意志がないのに事態が実現すること（non-volitional）を表すのに対し，「枯れる」等の語彙的自動詞（とくにモノの変化を表す動詞）は動作主の介在なしに変化が発生するという自然発生（spontaneous）の意味を表す。ラレル文の自発の意味は，むしろ「疲れる，呆れる」等の人の変化を表す無意志自動詞に近い。歴史的に -(r)are- はこうした無意志自動詞の語尾の再分析から取り出されたと考えられており，自動詞の「自然発生」の意味を継承しているが，文法的接辞の -(r)are- は必ず動作主を含意する動詞に付いて，「動作主に対して行為が自然発生する」という自発の意味を表すものとなった。

2 自発と直接受身

自発文は直接受身文との格体制の共通性があり，その近さが指摘されるが（森山 1988等），動作主がニ格表示されるニ受身文の対象ガ格は通常人間であるのに対し，自発文の対象ガ格は事物である。また，自発文の動作主は通常話し手である上，受身文とは無標の語順が違うため構造的にかなり異なる。

(1)私には　それが　昨日のことのように感じられた。〈自発〉

(2)私は　祖母に　大切に育てられた。〈直接受身〉

ただし，心理動詞で対象が事物であり，かつ動作主が明示されない場合，次のように意味に曖昧性が生じる。

(3)津波防止の対策が ｛待たれる／期待される／考えられる／検討される｝。

上記の「検討される」のように，自発の意味になりにくい心理動詞もあり，さらに，テイル形で繰り返し・習慣のアスペクトになると，受身の解釈しか生じない。

3 可能の定義と構文的特徴

可能とは，動作主が当該の事態を実現しようと意図・期待をもったときにそれが実現するだけの許容性・条件（余地）が状況の中にある，という意味である（尾上 1998）。可能は，五段動詞[1]の語幹に接辞 -e- をつける可能動詞と一段動詞の語幹に -(r)are- をつけるラレル形があるが，「ら抜き[2]」と呼ばれる現象で，一段動詞も次第に可能動詞化しつつある[3]。

可能の格体制は自発よりも複雑で，他動詞の場合，対象はガ格でもヲ格でも現れるし，動作主の格もガ格とニ格で現れ得る。

(4)私はママ友の名前 {が／を} 覚えられない。

(5)ひろし {が／に} この漢字が読めないことはみんな知っている。

構文の特徴として，通常の述語よりも否定に偏り，

(6)この本は {難しくて子どもには読めない／かわいそうで最後まで読めない}。

のように，実現しない要因の句（「難しくて」「かわいそうで」）と実現の仕方を限定する句（「子どもには」「最後まで」）を伴うことが多い。

4 可能の下位タイプ

可能には，個別具体的な時間に位置づけられない，人や事物の潜在的許容性を表す潜在系可能(7)と，個別一回的な出来事として（主に実現しにくい）事態が動作主の期待通り実現することを表す実現系可能(8)に大きく分けられる。

(7)大介は {クロールで25メートル泳げる／エビが食べられない}。

(8)徹は（やっと）{25メートル泳げた／彼女の名前が覚えられた}。

そして，上のそれぞれにおいて，実現の許容性・条件がどこにあるか，という観点から動作主可能（能力可能），対象可能，場所可能，などと分類される。

5 語彙的な自発・可能動詞と「泣ける，笑える」類

「見える，聞こえる，思える」などは語彙的な動詞として自発・可能の意味をもつ動詞である。また，「この小説は {泣ける／笑える}」のように，一部の可能動詞が自発の意味になることがあるが，使用は限られている。「ここから富士山がよく見える」等，語彙的な自発・可能動詞はとくに自発か可能かが曖昧であるが，自発とは動作主に当該行為実現への意図・期待も意志もないのに対し，可能は必ず動作主の事態実現への意図・期待を含む点で異なる。

（志波彩子）

▶1 3-1 参照。

▶2 「ら抜き」については 3-1 も参照。

▶3 動詞スルはデキルという形になる。また，「動詞-ことができる」という形は書き言葉文体でよく用いられる。「動詞-やすい／にくい」という形も広義の可能形式である。

参考文献

尾上圭介（1998）「文法を考える 6 出来文(2)」『日本語学』17-10。

森山卓郎（1988）『日本語動詞述語文の研究』明治書院。

14 使役文

使役とは何か

国語大辞典やウィキペディアなどによると，使役とは，ある行為を他人に行わせることを表す言い方，あるいは，「せる」「させる」「しむける」のような表現形態を指す文法上の概念であるとされる。しかしこの定義にはいくつか問題点がある。まず，(1)のように「させる」を用いなくてもある行為を他人に行わせることができる。次に，(2)のように「させる」を用いても必ずしも他人にある行為を行わせることになるとも限らない。

(1)先生が学生たちを全員大講堂に入れる。

(2)冷蔵庫に入れてゼリーを固まらせる。

さらに1970年代以降理論言語学で，他動詞 kill を CAUSE TO BECOME NOT ALIVE に解体分析したように，

(3)「ゴキブリを殺す」

のような，状態変化を引き起こす他動詞文も使役として扱われるようになった。そこで「殺す」「開ける」などの対応する非使役動詞（「死ぬ」・「開く」）との形態関係が不規則なものを語彙的使役ないし使役他動詞[1]と呼び，「させる」表現のように，規則的なものは生産的（迂言的）使役として区別するようになった。

2 使役構文の作り方

日本語の場合，使役構文は普通動詞の形の変化に伴ってその構造に変化が及び，形作られる。「学生たちが全員大講堂に入る」（非使役文）を例にすると，その語彙的使役文として(1)が成立し，生産的使役文として「先生が学生たち{を・に}全員大講堂に入らせる」が成立する。つまり使役文になると，非使役文にはない使役者主語（下線の部分）が新たに導入され，項が1つ増加する。それに伴って非使役文の主語（学生たち）が使役文では被使役者（破線の部分）として再配置され，「させる」使役文では被使役者がヲ格をとることもニ格をとることも可能となる。それぞれヲ使役文・ニ使役文[2]と呼ばれる。ただし，「子どもが本を読む」のような他動詞文は，二重ヲ格制約[3]により「母親が子ども{*を・に}本を読ませる」のようにニ使役文のみ許される。一方，「ゼリーが固まる」のような状態変化自動詞文は語彙的使役文「花子が冷蔵庫に入れてゼリーを固める」とともに，生産的使役文「花子が冷蔵庫に入れてゼリー

▶1　他動詞には2種類あって，使役の概念を含むものとそうでないものがある。状態変化を表す他動詞は普通対応する自動詞のペアがあり，意味的にCAUSEを含む使役他動詞である。一方，「読む」「食べる」などの行為動詞や「蹴る」「叩く」「触る」などの接触・打撃動詞類は，対応する自動詞のペアをもたず，使役他動詞ではない。

▶2　ヲ使役文とニ使役文の意味的な相違については，柴谷（1978：第6章）を参照されたい。

▶3　日本語では，1つの節の中に2つ以上のヲ格（対格）が続けて現れてはならないという二重ヲ格制約がある。しかしこのような制約がない言語（韓国語）もある。

{を・*に} 固まらせる」も許される◁4が，被使役者ゼリーは，使役行為に反応して自ら被使役事態を引き起こすことができないため，ニ格は許されない。

3 直接使役と間接使役，および随伴使役

使役構文の意味は，原因事態＝使役事態（E1）と結果事態＝被使役事態（E2）の使役連鎖として把握される。この2つの事態の関係は，時間的・距離的なオーバーラップの程度によって，2つの状況間の直接性の度合いを特徴づけることができる。たとえば，「母親$_i$がさくら$_j$に自分$_i$の部屋で服を着せた」のような語彙的使役文は，母親の直接的な物理的行為（E1）により，さくらの身の上に起こる結果状態（E2）が時間を待たずにほぼ同時に行われ使役事態と被使役事態が使役者主語を中心とした1つの事態として解釈される直接使役を表す。一方，生産的使役文「母親$_i$がさくら$_j$に自分$_j$の部屋で服を着させた」は，母親が指示・命令などをすること（E1）により，さくらが自ら服を着る行為（E2）が引き起こされ，2つの事態が独立的に起こると理解される間接使役を表すことができる。この場合，「自分の部屋」は2通りの解釈が可能であるが，このような曖昧性も2つの事態が時空間的に独立して起こることから生じるものである。

上記の直接使役と間接使役に加えて，その中間に位置するものとして随伴使役がある。3つの使役状況が認められ，その意味領域は「させる」が担っている◁5。1つ目は直接使役寄りのもので「賢が花を公園で遊ばせている」から理解される同伴行為使役，2つ目は「母親が子どもにご飯を食べさせている」から理解されるように，母親がご飯を掬（すく）って子どもの口の中に直接運んでいる補助使役である。3つ目は，間接使役寄りのもので「父親が息子に本を音読させている」から理解される監督使役である。ここでは，使役行為と被使役行為が空間的には離れていることができても時間的には重複している状況が要求される。

4 誘発使役と許容使役

これまでの例はすべてE1がE2を導く場合の誘発使役である。しかし，これと事態の順序が若干異なる許容使役がある。許容使役には，被使役者からの懇願などがまずあり，使役者がそれを認めることで使役が成立する場合の許可と，状況からみるとE2がすでに開始していて，使役者はそれを黙認することでE2が認められ，使役として成立する場合の放任がある。「（一生のお願いと言うから）私は彼女をフランスに行かせてやった」は許可使役であり，「（すでに日が暮れたが）子どもたちをそのまま公園で遊ばせておいた」は放任使役である。放任使役には往々にして「〜ておく」が用いられ，「あのお湯は湧くままに湧かせておくより仕方がない」のように状態変化動詞も許される◁6。

（鄭　聖汝）

▷4　状態変化自動詞は「させる」と共起しないと判断されるのが普通である。しかし，ある一定の意味条件さえ整えば，状態変化自動詞も「させる」と共起できる。たとえば，「*お湯を沸かせる」や「*ガラスを割れさせる」は不適切であるが，「心を沸かせる本」や「筋肉を割れさせるには」などは許容できる。状態変化自動詞と「させる」の共起は，許容使役の状況でもよくみられる。詳細は鄭（2006：第5章）を見られたい。

▷5　随伴使役は，「させる」に「〜ている」を付けてみたときに，その意味領域が明らかになる。この領域の発見によって語彙的使役は直接使役を表し，生産的使役は間接使役を表すといった二分法的な対応関係から脱出でき，使役連続性が唱えられるようになった。

▷6　許容使役の場合も，E1（許可行為や黙認行為）が起こらなければ，E2は起こらないであろうという，半事実条件の想定のもと，E2の実現はE1に依存していると認定している。

参考文献

柴谷方良（1978）『日本語の分析』大修館書店。

鄭聖汝（2006）『韓日使役構文の機能的類型論研究』くろしお出版。

 アスペクト

出来事を言葉で表す際，状態か，動きかを表し分けることができる。また，動きのどの段階，どの局面なのかも表し分けることができる。これらは，主に動詞の時間表現として形式化され，これに関する概念をアスペクトという。

 “I know” の和訳が「私は知る」にならないのはなぜか

“I know” の和訳は，「私は知る」ではなく，「私は知っている」だろう。また，「私は知っている」の英訳を “I am knowing” とすると奇妙である。これは，日本語の「知る」という動詞は「運動動詞」に属し，英語の “know” という動詞は，「状態動詞」に属しているために起こる違いである◁1。「知る」も “know” も，情報を獲得するという言葉の意味は似ていると思うが，～テイル◁2にするかどうか，-ing にするかどうかという点では，タイプが異なる。このような異なりが，「アスペクト」の異なりである。動詞はアスペクトの観点からいくつかのタイプに分類でき，外国人に日本語を教える際等に，この点を考慮しないと，「私は知っている」と言うべきときに，「私は知る」と言ってしまう等の誤りが生じる。

 アスペクトの観点から動詞を分類してみよう

以下の下線部分の動詞を分類してみよう。

(1)「太郎が<u>走る</u>」「水が<u>流れる</u>」「あそこに太郎が<u>いる</u>」
「あの人は私の伯父に<u>あたる</u>」「窓が<u>閉まる</u>」「台の上に<u>乗る</u>」

まず，～テイルという形にならない，あるいは，なりにくい動詞はどれか。答えは，「いる」「あたる」である。これらの動詞は，先に述べた状態動詞である。これら以外の動詞は，運動動詞となる。

次に，運動動詞の分類をしてみよう。～テイルの形になったとき，運動後の結果の状態という意味になる動詞はどれか。答えは「閉まる」「乗る」である。「窓が閉まっている」と言えば，閉まった後の状態（「閉まる」という運動の結果の状態）であるし，「台の上に乗っている」と言えば，乗った後の状態である。「閉まる」「乗る」のような動詞を，「変化動詞◁3」といい，「閉まっている」「乗っている」のような運動後の結果の状態を，「結果継続」（あるいは「結果相」等）という。残る動詞は，「走る」「流れる」であり，これらの動詞は，結果継続を表すことはない。「走っている」「流れている」が表すのは，走った後や流

▷1　現在のことを述べる際に，～テイルという形式をとる動詞を運動動詞（あるいは「動き動詞」）という。一方，そのままの形（動詞基本形，スル，はだかの形，φ形等ともいわれる）で，今現在のことを述べることができる動詞を状態動詞（あるいは「静態動詞」）という。「太郎が<u>走る</u>」というと，これからの運動について述べていることになるが，「あそこに鉛筆が<u>ある</u>」というと，今，あそこに鉛筆が存在しているという今現在のことについて述べていることになる。

▷2　現代日本語において，アスペクトの中心的な形式となるのが～テイルという状態化形式である。～テイル，シテイル等の表記の仕方がある。～テイルが接続していると「状態」，～テイルの接続がないと，ひとまとまりの運動，つまり「非状態」であり，両者の対立が現代日本語アスペクト研究の前提となっている場合が多い。なお，話し言葉等では，～テイルが～テルという形になることもある（例：「走っている」→「走ってる」）。

▷3　「結果動詞」等ともいう。動詞の表す意味の中に，「結果の局面」が含まれていることがポイントである。たとえば，「窓が3時間閉まる」といった場合，

れた後の結果の状態ではなく，今まさに「走る」「流れる」という動作が行われている最中であるということである。このような動詞を「動作動詞」◁4といい，「走っている」「流れている」のような動作が行われている状態を「動作継続」（あるいは「進行相」等）という。なお，変化動詞であっても，基本的には，動作継続を表すことができる（「窓がゆっくり閉まっている」等）。

これ以外にも，さまざまな分類が可能であるが◁5，アスペクト的観点からの主たる分類は今述べた通りである。まとめると次のようになる。

3 ～テイルの意味はどれだけあるのか

先ほど，動作継続と結果継続をみた。これ以外に，～テイルの意味としてどのようなものがあるか。たとえば，～テイルは，「10年前に，ホノルルマラソンを走っている」「犯人は，３日前に，東海道新幹線に乗っている」のような，過去の経験や記録を表すこともできる。基本的に，運動動詞であれば，～テイルの形で経験や記録を表すことが可能である。この点，結果継続を表せるのは，変化動詞のみであることとは異なる。しかし，経験や記録も，結果継続も，運動が終わった後，という点では共通しており，この共通点をパーフェクト（perfect）という用語で捉えることができる。また，「山がそびえている」等は，結果継続に似ているが，先行する変化が想定しにくいことを踏まえ，「単なる状態」と呼ぶことがある。この他，「最近，公園の周りを走っている」等のように，１回の運動ではない，反復・習慣を表すこともできる。

4 どのような形式がアスペクトに関係するか

“The airplane is arriving at the airport” を「飛行機は空港に到着している」と訳すと，着陸後の状態について述べているようで正確ではない。「着陸しつつある」という訳が妥当だろう。このように考えると，～テイルだけではなく，～ツツアルという形式もアスペクトに関係する形式であるといえる（なお，～ツツアルは，話し言葉等では，あまり使われない傾向がある）。また，～テアルもアスペクトに関係する形式といえる。この他に，どのような形式がアスペクトに関係するだろうか。

～テイクや～テクル，～ハジメル，～ツヅケルもアスペクトに関わる形式といえる。ただし，これらの形式は，～テイッテイル等のように，～テイルを付けることができるので，～テイル・～テアル・～ツツアルとはレベルが異なる。

（福嶋健伸）

この「３時間」は，閉まった後の結果の局面を修飾しているわけであり，「閉まる」という動詞の表す意味の中に，結果の局面があることがわかる。

▷４　動作動詞は，その意味の中に，「結果の局面」が含まれていないことがポイントである。その意味で，「非結果動詞」ともいえる。

▷５　「閉まる」「乗る」等は，「閉まる」「乗る」という運動が完成する時点が想定できる。「閉まる」でいうと，開いていたものが完全にくっついてしまえば，運動が完成したといえる。このような運動の完成点を「限界」と呼び，「限界」をもつ動詞を「限界動詞（telic verb）」，もたない動詞を「非限界動詞（atelic verb）」と呼ぶ。「閉まる」「乗る」等の変化を表す動詞は限界動詞であり，「走る」「流れる」等の変化を表さない動詞は，非限界動詞である。ただし，「（駅を）通過する」のように，限界点を有するが，変化を表すとは言いがたい動詞もある。非限界動詞であっても，「駅まで走った」等のように，副詞句等で，限界点を付与することは可能である。

参考文献

工藤真由美（1995）『アスペクト・テンス体系とテクスト』ひつじ書房。
金水敏（2000）「時の表現」仁田義雄・益岡隆志編『時・否定と取り立て』（日本語の文法２）岩波書店。
日本語記述文法研究会（2007）『アスペクト・テンス・肯否』（現代日本語文法３）くろしお出版。

16 テンス

出来事を言葉で表す際，出来事と基準点の前後関係を表し分けることができる。主に述語の時間表現として形式化され，これに関する概念をテンスという。基準点の違いによって「絶対テンス」と「相対テンス」に分けられる。

1 「絶対テンス」とは何か

発話時を基準と考えた場合，発話時より前ならば「過去」，発話時と同時ならば「現在」，発話時より後ならば「未来」となる。これを「絶対テンス」という。会話文の文末は基本的に絶対テンスである。では，絶対テンスを表す形式にはどのようなものがあるだろうか。「走る」という動詞を例として，次の文の（　　）の中に，適切な形を入れてみよう。

「昨日，校庭で（　　）」「現在，校庭で（　　　）」「明日，校庭で（　　）」

それぞれ，「走った」「走っている[1]」「走る[2]」が入ると思う。ここからわかるように，過去は～タ，現在は～テイル，未来は動詞そのままの形（動詞基本形）で表す[3]。ただし，これは主に運動動詞の話であり，状態動詞[4]は，「昨日，そこにいた」「現在，そこにいる」「明日，そこにいる」のように，過去を表す場合に～タが接続するだけで，基本的に，～テイルは使用しない。形容詞（イ形容詞）や形容動詞（ナ形容詞），名詞も，状態動詞と同様で，「忙しかった／賑やかだった／大学生だった」等のように，過去を表す場合には～タが接続し，現在や未来を表す場合には「忙しい／賑やかだ／大学生だ」のように何も接続しない形（基本形）を用いる。形容詞・形容動詞・名詞は，「来年の今頃は，忙しい／賑やかだ／大学生だ」等のように，「未来」を表せるものの，「未来」を表す場合には，「来年の今頃は，（忙しく／賑やかに／大学生に）なる」のように，運動動詞を用いて表現する場合も多い。

2 「相対テンス」とは何か

「明日，映画を観た後に，コーヒーを飲む」という場合，「映画を観る」のは未来の出来事なのに，「観た」のように過去の形になっている。この～タは，発話時を基準としたものではなく，主節の出来事（「コーヒーを飲む」）からみて，「以前」であることを表している。時間軸上，「映画を観る」→「コーヒーを飲む」の順であり，「コーヒーを飲む」という出来事からみれば，「映画を観る」という出来事は，過去のものだという発想である。

▷1　アスペクトの観点からみると，「走っている」は「状態」，「走る」「走った」は，ともに「非状態」である。運動動詞の場合，～テイルを伴う「状態」のみが，「現在」を表せる。この点，テンスとアスペクトには，密接なつながりがある。ただし，～テイルは，あくまでも状態を表す形式であり，「明日の10時頃だと，校庭で走っているよ」等のように，未来の状態も表し得るし，～テイルに～タを接続させれば，「昨日の10時頃は，校庭で走っていた」等のように，過去の状態を表すこともできる。

▷2　「明日，校庭で走ろう」「明日，校庭で走るだろう」等の文も自然だろう。「走ろう」は「意志」，「走るだろう」は「(未来の) 推量」であり，これらはモダリティの形式である。「未来」といっても，まだ現実には起こっていないという点で，「意志」や「(未来の) 推量」と同じように，「非現実 (irrealis)」というモダリティの領域に属するともいえる。このような点で，テンスとモダリティはつながっている。

時間軸 ―――――――――――――――――→
発話時　映画を観る　コーヒーを飲む

このように，主節時の出来事を基準とする場合を，「相対テンス」という。「昨日，コーヒーを飲む前に，映画を観た」の「飲む」も相対テンスである。この例の場合，発話時からみれば，「コーヒーを飲む」という出来事は過去のものである。しかし，「映画を観る」という時点からみれば，「コーヒーを飲む」という出来事はまだ先のことである。このため，～タが使用されていない。なお，絶対テンスの場合は「過去」「現在」「未来」，相対テンスの場合は「以前」「同時」「以後」という用語を使用する。「映画を観る後に，コーヒーを飲む」「コーヒーを飲んだ前に，映画を観た」等の文は不自然であり，アト節やマエ節では，基本的に，相対テンスを用いる。「昨日，公園を走っているときに，猪を見た」等の場合，「公園を走っている」という出来事は過去のことだが，「走っている」という出来事の最中に，「猪を見る」という出来事が発生しており，２つの出来事が重なっている。このため，相対テンスとしては「同時」と考えられ，～テイルが用いられている。

絶対テンスと相対テンスの違いは基準をどこにするかであり，出来事間の前後関係を表している点において，「過去」と「以前」，「現在」と「同時」，「未来」と「以後」は，それぞれ同じものである。

3 相対テンスか，絶対テンスか

「明日の予防接種，注射をうった人は，夜，若干の熱が出る」の「うった」は，相対テンスによって～タになっている。一方，「優勝したチームは，試合会場までバスで行った」の「優勝した」はどうだろうか。「試合会場までバスで行く」→「優勝する」という順で出来事が起こっているので，相対テンスとしては「以後」となり，～タの形をとる必要がない。このため，「優勝した」のように～タが使用されている理由は，絶対テンスとして「過去」だからだと思われる。どのような場合に相対テンスとなり，どのような場合に絶対テンスとなるのか，考えてみると面白いだろう。

4 テンスがない場合や特殊な用法など

「走れ」等の命令を表す場合や，「鳥は飛ぶ」等の一般的な真理を表す場合，料理の作り方の説明にみられる，「まず玉葱を切る」「次にそれを炒める」のような動きの概念のみを示している場合等は，テンスがないともいえる。また，「さっさと，食べる」「走った，走った」のように，動詞基本形や～タの形で命令表現になる等，一般的なテンスとは異なる，特殊な用法も存在する。◁5

（福嶋健伸）

▷３　～タが接続していれば「過去」，していなければ「非過去」という捉え方もある。～テイルの有無と，～タの有無を，十字分類で整理することもできる。

	非状態	状態
非過去	スル	～テイル
過去	シタ	～テイタ

▷４　5-15 側注１参照。

▷５　小説等の地の文では，「彼は，急いで同僚のもとに駆けよった。同僚はかなりふらついている。慌ててその腕をつかみ，体を安定させる」等のように，さまざまなテンスの形式が出現する。この場合の時間表現は，臨場感を出す等の表現方法の１つといえる。
また，新聞の見出し等では，過去の出来事であっても，「開会式行われる」のように，～タを用いない場合が多い。～タを用いると，見出しとしては，かえって奇妙な感じがするだろう。日記等でも，「○月○日，映画館に行く」のように，～タを用いない場合もあるが，こちらの方は，「○月○日，映画館に行った」のように～タを用いた表現も自然である。

参考文献

工藤真由美（1995）『アスペクト・テンス体系とテクスト』ひつじ書房。
金水敏（2000）「時の表現」仁田義雄・益岡隆志編『時・否定と取り立て』（日本語の文法２）岩波書店。
日本語記述文法研究会（2007）『アスペクト・テンス・肯否』（現代日本語文法３）くろしお出版。

17 ムード・モダリティ

1 ムードとモダリティ

西洋語の文法では，動詞について，時制（テンス）とは異なって，確定した事実を述べているか，想像された事態を述べているかといった，事態の述べ方に関わる形態の対立をムード（mood）と名づけている（例：直説法 indicative mood／仮定法 subjunctive mood[1]）。さらに伝統的なムードの枠組みでは捉えきれない補助動詞の用法などをモダリティと呼ぶことも行われるようになった（例：認識的モダリティ epistemic modality，義務的モダリティ deontic modality[2]）。

日本語学では，もっとも狭い意味で，平叙文や疑問文に表れる「田中さんは大学院に行く {そうだ／らしい／だろう}」のような形式を（あるいはそれだけを）モダリティと呼ぶことが多いが，広義には，「大学院に行きなさい」「大学院に行ってはどうでしょう」のように相手に働きかける命令・依頼文のような文型にもモダリティが関わるとする見方もある。広くは，すべての「言語行為[3]（speech act）」にモダリティが対応するとする見方もできる。ここでは，狭義のモダリティ形式を中心に，その統語論的なふるまいや意味・機能について検討することとする。

▷1 たとえば英語で I am a teacher. のような平叙文は「直説法現在」であるが，If I were you, ... のような反事実条件文に用いられるムードは「仮定法現在」である。

▷2 I must go home.（私は家に帰らなければならない）における must は義務的モダリティであるが，It must be my book.（それは私の本に違いない）における must は認識的モダリティである。

▷3 「何かを言うことはすなわち何かを行うことである」という立場から，発話が遂行する「行為」を分析する言語哲学の一流派。イギリスの J. L. オースティン，アメリカの J. R. サールによって発展させられた。「発話行為」と呼ばれることもある。

2 述語末構造におけるモダリティの位置

平叙文における，現代日本語の述語末構造はおおむね次のようである。動詞の場合を例に取る。

(1)【動詞】+ {ヴォイス，アスペクト，受益表現，尊敬語・謙譲語，丁寧語，否定} + {テンス１} + {モダリティ１ + テンス２} + {モダリティ２} + {終助詞類・イントネーション}

ヴォイス（「～られる」〔受身〕，「～させる」〔使役〕等），アスペクト（「～ている」「～はじめる」「～つづける」「～てある」「～てしまう」「～てくる」「～ていく」等），受益表現（「～てあげる」「～てくれる」「～てもらう」等），尊敬語・謙譲語，丁寧語，否定までは，一定の制約のもと，さまざまな組み合わせ・順序で成分が連接される。ここに「テンス１」（タ形と基本形の対立）が加わり，「時制節」を形成する。時制節には格成分としては，主格（ガ格）以下の格助詞成分が含まれるが，主題（「～は」等）は含まれない。

「モダリティ１」には，テンスの対立をもつモダリティ形式，すなわち必然性・蓋然性（～にちがいない，～かもしれない等），義務のモダリティ（～なければならない），証拠推量（～ようだ，～らしい等），が含まれる。「行くかもしれなかったようだ」のように，モダリティ１どうしの連接もある。モダリティ１はテンスの対立があり，また連体修飾節の中に収まるなどの点から，「疑似モダリティ」と呼ばれることがある[4]。モダリティ１＋テンス２までを拡大時制節と呼んでおく。

「モダリティ２」には，「～だろう（でしょう）」「～まい」が含まれる。テンスの対立をもたない点から，「真性モダリティ[5]」と呼ばれることがある。

なお，この図式に当てはまらない願望のモダリティ（「～たい」「～てほしい」）および妥当性のモダリティ（「～べきだ」），見込みのモダリティ（「～はずだ」）もある。

5-1，5-3で示した南の４段階説では，テンス１の前までがＡ段階，モダリティ２の前までがＢ段階（＝時制節），終助詞の前までがＣ段階，終助詞・イントネーションの後がＤ段階となる。

以下，モダリティ１，モダリティ２とその他のモダリティについて詳しくみていく。

3 必然性・蓋然性・義務のモダリティ（モダリティ１）

必然性のモダリティは「～にちがいない」である。「～」の部分は，動詞・形容詞の時制節，形容動詞語幹である。「（コピュラの）に＋違い（名詞）＋ない」という語構成なので，形容詞「ない」（あるいは「ある」の否定形）と同様に活用する。

(2) a．鹿はここから斜面を登っていったにちがいない。
　　b．性格がいいかげんなので，仕事のデキもいいかげんにちがいありませんでした。

蓋然性のモダリティは「～かもしれない」である。「～」の部分は「～にちがいない」と同様である。語構成は「（助詞）かも＋（動詞）しれ＋（否定の接辞）ない」なので，「～ない」と同様に活用する。

(3) a．ひょっとしたら先生はもう帰ってしまわれたかもしれない。
　　b．まだ売れ残っているかもしれませんよ。

必然性，蓋然性といっても，様相論理学で$\Box p$，$\Diamond p$で表されるような論理的な必然性・蓋然性とは表される意味が異なる。論理的な必然とは，どの可能世界[6]を探しても当該の命題pが成立するという意味であるが，「～にちがいない」は，「もしかしたら違っているかもしれない」という一抹の不安をもちながら用いるのが普通である。もし本当に必然的であれば，モダリティ成分を付けずに断言するはずである。また論理学における蓋然性$\Diamond p$は，到達可能な可能世界のうち最低１つにおいてpが真であるという意味だが，「～かもしれな

▶4　仁田義雄（1991）『日本語のモダリティと人称』ひつじ書房。

▶5　仁田，前掲書。

▶6　たとえば，サイコロを投げると１から６までの出目が予測されるが，様相論理学では「１が出た世界」「２が出た世界」……のように，あり得べき世界が分岐していくと考え，それぞれの世界を「可能世界」と呼ぶ。命題pを「サイコロの出目は１以上６以下である」とし，命題qを「サイコロの出目は１である」とすると，$\Box p$（$=p$は必然である），$\Diamond q$（$=q$である可能性がある）のように書くことができる。任意の命題Pについて，$\Box\neg P \equiv \neg\Diamond P$，$\neg\Box P \equiv \Diamond\neg P$の関係が成り立つ。

い」は，当該の命題が真であることに対する不安や淡い期待を込めて発話するのである。つまりどちらも，純然たる断定に比して，不安，希望等の主観が込められるのが基本である。

「〜なければならない」は動詞述語の未然形に接続し，当該の出来事がさまざまな理由から実現することが求められていることを表す。

(4) a．通報があってから調査委員会は6カ月以内に報告を提出しなければならない。

b．出荷されるニンジンは10センチ以上でなければならない。

4 証拠推量のモダリティ（モダリティ1）

「〜ようだ」「〜みたいだ」「〜そうだ」「〜らしい」はいずれも，話し手が現実に把握できる状況を通じて「〜」の部分が指し示す事態が真であると信じられるという意味である。「〜」の部分には時制節が入る（名詞述語，形容動詞ではそれぞれ接続が異なる）。これらの成分自体は，ふつう，否定にも疑問にもできない。証拠となる状況は，「〜ようだ」「〜みたいだ」は視覚，聴覚等の直接的な情報が中心であり，「〜そうだ」は伝聞情報であり，「〜らしい」は両者の中間くらいである。

(5) a．玄関の靴を見ると，もう父が帰っている｛ようだ／みたいだ／*そうだ／らしい｝。

b．妹の言うことには，新しく開店したパン屋の食パンはそうとうおいしい｛?ようだ／?みたいだ／そうだ／らしい｝

なお，「〜ようだ」「〜みたいだ」には次のような「比況」の用法もある。

(6) 風に舞う落ち葉はまるでダンスを踊っている｛ようだ／みたいだ｝

証拠推量とは，直接把握できる情報（眼前の状況や伝聞情報）と，時制節によって言語化された事態が相同である[7]ということを表す表現といえるが，相同性という意味では比況も該当する。

▶7 （5a）では，「玄関に父の靴がある」という事態と「もう父が帰っている」という事態が，この文脈において“同じこと”と見なせるという意味になるが，(6)では「落ち葉が風に舞っている」ようすが「落ち葉がダンスを踊っている」ことと同一視できるという意味を表している。事態Aと事態Bを同一視するというのが「ようだ」の意味のあり方といえる。

関連して，述語の連用形に接続する「〜そうだ」は，「〜」によって表される事態が，近い将来実現するということを示唆する状況が眼前に存在するという意味であり，証拠推量の「〜そうだ」とは意味・用法が異なる。

(7) 厚い雲が垂れ込め，今にも雨が降り出しそうだった。

5 モダリティ2（〜だろう，〜まい）

「〜だろう」（丁寧形は「〜でしょう」「〜でございましょう」等）は時制節（まれに，モダリティ1＋テンス2まで含めた拡大時制節）に接続する。なお，名詞述語，形容動詞では過去形でなければ語幹に直接接続する。「〜まい」（丁寧形は「〜ますまい」）は述語の基本形にのみ接続する（すなわち「〜た」には接続できない）。「〜まい」は文章語，あるいは古風な話し言葉であり，普通の話し言葉では

「～ない」+「～だろう」に置き換えられる。

「～だろう」「～まい」は，話し手が明示的に“今提示した事態は，私は（現在までの）現実の事態として保証しない”ということを示す標識と捉えることができる。

(8) a．明日は山間部で雪になるでしょう。

b．もし保険に入っていなかったら，今頃困りはてていただろう。

なお,「～だろう」「～まい」は文末に置かれて上昇イントネーションで発話されると，話し相手への同意要求の働きをする。

(9) a．ね，お醤油を垂らすとおいしいでしょう？

b．たまに休みを取って酒を飲むのも悪くはあるまい？

6 その他のモダリティ

時制の対立に加えて肯定・否定の対立をもつ，願望のモダリティ「～たい」「～てほしい」，義務のモダリティ「～べきだ」，見込みのモダリティ「～はずだ」について触れておく。

「～たい」は動詞述語の連用形に接続し，動作主がその動作の実行を望んでいる意味を表す。否定表現もある。「～てほしい」は，二人称または三人称の動作主に，当該の動作の実行を望んでいる意味を表す。

(10) a．今は熱いお茶が飲みたい。(「お茶を飲みたい」も可能)

b．あなたに長生きしてほしかった。

「～べきだ」は，動詞の基本形に接続し，当該の出来事が何らかの基準に照らして妥当性を有することを表す[8]。「～べきではない」は，当該の出来事が妥当性をもたないことを表す。「～べきではなかった」は多くの場合，あってはならないことが起こってしまったことへの非難を表す。

(11) a．君はもっと努力するべきだ。

b．子どもに過剰な玩具を与えるべきではない。

c．君はあのとき，希望を取り下げるべきではなかった。

「～はずだ」は時制節に接続し，当該の出来事（他者の行為や無意思的な出来事）や状態の実現が何らかの推論によって見込まれることを表す[9]。「～はずがない」は当該の出来事や状態の実現があり得ないことを強く主張する表現である。「～はずではなかった」は，当該の出来事や状態の実現があり得ないと思っていた（のに実際は実現してしまった）ことを表す。

(12) a．予定によれば，あと3分で到着するはずだ。

b．これだけ慎重に準備を重ねたのだから，失敗するはずがない。

c．こんなに損をするはずではなかった。

（金水　敏）

▶8 「～べきだった」とすると，当該の事態が実現しなかったことに対する批難や後悔の意味が生じやすい。

▶9 同時に,「～はずだ」によって示される事態はあくまで推論なので，はずれる可能性もあるという含みを必ずもつ。

参考文献

三宅知宏（2011）『日本語研究のインターフェイス』くろしお出版。

宮崎和人・安達太郎・野田春美・高梨信乃（2002）『モダリティ』くろしお出版。

益岡隆志（2007）『日本語モダリティ探究』くろしお出版。

18 終助詞と文末イントネーション

1 終助詞とは

終助詞とは文末に生起するワ，ゾ，ヨ，ナ，ネなどの助詞[1]で，その文の内容についての話し手の態度，ないし，対話における聞き手への態度というモダリティ的な意味を表す。ヨ，ナ，ネのように非文末で使われるものもあり，そのように使われたものを間投助詞という。

(1)そろそろ出かける時間だ｛わ／ぞ／よ／な／ね｝。(終助詞)

(2)昨日｛よ／な／ね｝，店に｛よ／な／ね｝，電話したら……(間投助詞)

疑問の助詞カは「どこだかわからない。」のように非文末のものは終助詞とも間投助詞ともいわないが，文末に生起したものは終助詞と見なすことがある。準体助詞ノ，接続助詞カラ，ケドなどは，通常，終助詞と見なさないが，「本当に行くの？」「もう結構ですから。」のように文末に生起した場合，終助詞に似たものとして扱うことがある。このように広く文末でモダリティ的な意味を表すもの全般を文末詞[2]と呼ぶことがある。

終助詞は基本的に話し言葉の要素である。書き言葉の典型である新聞記事で「21日未明，容疑者が逮捕されたよ。」などと使うことはない。そのため，話し手の属性による方言差や性差が反映されやすい。

▷1　自立語に付属する成分で活用しないもの。終助詞のほか，格助詞，取り立て助詞，接続助詞などがある。

▷2　文末詞という用語が終助詞と同じ意味で使われることもある。

2 終助詞の文法的特徴を分析する

たとえば，終助詞ゾとヨの違いを考える。「ほら，時間だ｛ぞ／よ｝。」という例で比べると，ゾもヨも聞き手に情報を示す点で似ていて，文法的な違いは説明しにくい。「ゾの方が男性的な気がする」という説明は性差の説明であって文法的な説明にはならない。しかし，ヨとゾには目に見えて明らかな文法的違いがある。

まず，文をムードの面から平叙文，疑問文，命令文などに分類した場合，ゾは平叙文にしか生起しないのに対し，ヨは他のタイプの文にも生起する。

(3)ほら，時間だ｛ぞ／よ｝。(平叙文)

(4)今，何時だ｛*ぞ／よ｝。(疑問文)

(5)そろそろ行け｛*ぞ／よ｝。(命令文)

終助詞相互の承接（接続関係）という点でも違いがある。「行くか｛*ぞ／よ｝。」のように，「か」に「ぞ」は後接しないが「よ」は後接する。「*行くわ

▷3　標準語は東京の言葉を基盤に作られたものだが，書き言葉としての性格が強い。それに対して，東京の話し言葉を東京方言と呼ぶ。地域を首都圏全体で捉えて首都圏方言と呼ぶこともある。

ぞ。」が不適格なのに対し，「行くわよ。」は（女性語的だが）文法的に適格である。文の構造において，ヨはカやワの後に位置することになる。時代劇のキャラクターなど特定の話者しか使いそうにないが「行くぞよ。」という承接を認めるならばゾはカ，ワと同じ位置を占めることになる。ナ，ネなど他の終助詞はどう位置づけられるだろうか。「行くよね」が適格で「*行くねよ」が不適格なことから，ネはヨより後に位置づけられる。

このように，生起する文のタイプ，相互の承接といった観点から捉えると，終助詞の文法的特徴を整理して把握することができる。

カ
ワ　｝ヨ
（ゾ）

図1　カ,ワ,ゾ,ヨの相互承接

3 方言の終助詞

ここまで東京方言◁3を想定して考えてきたが，①で述べたように終助詞の使用には方言差が目立つ。方言の終助詞の特徴を分析すると新たな発見がある。

たとえば，テレビで目にする大阪出身の芸能人は終助詞デを使うことがある。大阪方言の「ほら，時間やで。」は東京方言の「ほら，時間だ｛ぞ／よ｝」と似ているように感じられるが，②のように生起する文のタイプや相互承接という点から分析した場合，デはゾとヨのどちらに近いだろうか。

ある方言で使われる終助詞の全体を体系的に捉えてもよい。筆者の知る多くの方言では，相互承接で後に位置する終助詞ほど多くのタイプの文に生起し，対人的な意味を持ちやすい傾向にある。

4 文末イントネーション

イントネーションは文末でモダリティ的な意味を表す点で終助詞と関わりが深い。たとえば，禁煙の場所でタバコを吸おうとする友人に「ここでタバコ吸っちゃだめだよ。」と言うとする。禁煙であることを知らない相手にそれを教える場合は上昇調イントネーションの「だめだよ↗」が自然である。禁煙であることを知っているはずだと見なし，それをとがめる場合は下降調の「だめだよ↘」が自然である。イントネーションによる意味の違いはヨ以外の終助詞にもある。「9時ですか。」や「やだね。」という文の意味が文末イントネーションの違いでどう変わるか考えてみるとよい。

イントネーションは上昇と下降の2分類で整理できるとは限らない。同じ上昇でも連続的に上昇するもの（例(6)）と急に高くなってそこから平らになるもの（例(7)）がある。また，急に高くなってから下降するもの（例(8)）もある。

(6)「君，ひょっとして，やだね？◁4」

(7)「僕はもちろんやだね！」

(8)「暗いニュースが多いね」「うん，やだねぇ」（白岩広行）

▷4　ここでは例文のニュアンスを初学者にもわかりやすく示すため「ね？」「ね！」「ねぇ」という表記を用いたが，研究上，文末イントネーションは「ね↗」「ね↑」「ね↷」のように矢印で表示することが多い。

参考文献

井上優（2014）「終助詞」日本語文法学会編『日本語文法事典』大修館書店，265-266頁。

郡史郎（2020）「話しことばの「末尾のイントネーション」」『日本語のイントネーション』大修館書店，135-186頁。

野田春美（2002）「終助詞の機能」『モダリティ』（新日本語文法選書4）くろしお出版，261-288頁。

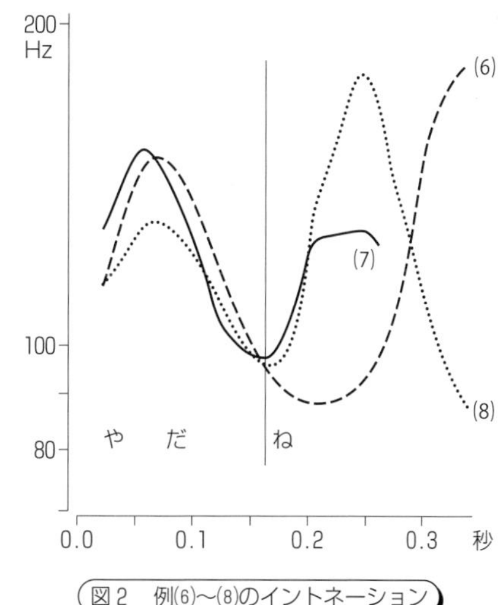

図2　例(6)〜(8)のイントネーション

注：筆者による読み上げ。縦線は「ね」の開始位置を表す。グラフの縦軸は対数目盛。

19 疑問文

1 疑問文の意味と形式

疑問文とは，当該の命題の真偽もしくは命題の一部が話し手にとって未知・不明であることを示す文であり，構造の形式には，上昇イントネーションや終助詞の「か」，「の（だ）」等の付与がある。とくに，聞き手に答えを求める質問では原則上昇イントネーションを伴う。

疑問文の中心的機能は聞き手に言語的反応や情報提供を求める「質問」であるが(1)，聞き手なしに独白的に話し手の疑問を吐露する「自問（疑い）」の疑問文もある(2)(3)。しかし，いずれも人前で発すれば相手はなんらかの反応を返すことが期待される（林 2020）ことから，両者は連続している。

(1)春子はどこに行ったの？／どこに行きましたか。

(2)春子はどこに行ったの｛かしら／かな｝。／どこに行ったんだろうか。

(3)春子はどこに行ったのか。

2 疑問文の分類

疑問文は，構造的な違いによって，疑問語疑問（WH 疑問，(4)），真偽疑問（Yes/No 疑問，(5)），選択疑問(6)の３つに大きく分類できる。

(4)中に何が｛入ってる？／入っていますか。｝

(5)鈴木さんはお酒を｛飲む？／飲みますか。｝

(6)デザートに｛する？／しますか｝，それともまだ｛飲む？／飲みますか。｝

疑問語疑問とは，疑問語以外の部分（(4)なら「中に何か入っている」）が前提となり，疑問語部分が焦点となってその答えを求めるものである。このため，疑問語を焦点化する「の（だ）」がつくことが多い。一方で，相手に単なる事実の報告を求めたり（「彼は誰と来た？」）相手の意向を確かめたりする場合（「明日は何で行く？」）は必ずしも「の」は必須ではない（益岡・田窪 1992）。ただし，原因理由を尋ねる「なぜ・どうして」の疑問文は「の」が必須である。◁1

▷1 「なぜそんなことをした？」は警察の事情聴取等，上の立場から詰問する表現になる。試験問題等も，相手との知識の調整が必要ないため，必ずしも「の」は要らない。

真偽疑問とは，「はい／いいえ」で答える疑問のことで，話し手の判断が正しいかを相手に尋ねるものである。この真偽疑問に「の（だ）」をつけると不自然，さらに失礼な印象を与えることがある（「私のこと覚えてるんですか」「〔君は〕学生なんですか」等）。これは，命題部分（「私のことを覚えている」「君は学生だ」）を前提にして，さらにその命題を疑うことになるからである。一方，必須補語[2]ではない場所や時を表す語や，未知の部分にプロミネンス[3]が置かれて焦点となる場合には真偽疑問にも「の（だ）」が用いられる(7)。

(7)小林さんはドイツで田中さんに出会ったんですか。

選択疑問とは，「はい／いいえ」で答えられず，提示されたいずれかの選択肢を答えとする疑問文で，疑問語疑問に近い文法的ふるまいをする。

3 「か」「の」「だろう」

「か」は疑問の助詞といわれるが，丁寧体の疑問文は通常「か」を伴うものの，普通体の質問において，疑問語疑問と選択疑問では（「の」なしに）「か」を伴うことはできない（「*何を買うか？」）。真偽疑問でも「か」が付かない方が自然である（「?? 太郎は来るか？[4]」）。

「の」は普通体の質問で多用される。上で述べたように，真偽疑問では不自然になることもあるが，「の」がある場合とない場合でほとんど意味・機能の差がない場合もある（「宿題は｛終わった？／終わったの？｝」，林 2020）。

推量[5]の代表形式といわれる「だろう」は，本来的に自問の形式であるが，人前で発すれば相手から何らかの反応を誘発することになる（「誰がやったんだろう」）。

4 疑問文の拡がり

質問は，相手に解答や反応を要求するという機能から，相手を勧誘したり（「一緒に行きませんか？」），申し出たり（「お荷物持ちましょうか？」），話し手がすでに真だと判断する命題を確認したり（「暑い／暑かったでしょう？」）といったモダリティへと連続している[6]。また，聞き手に解答を要求することを本務とする直接疑問文の質問から，聞き手を想定せずに自らの疑いを吐露する自問への連続を見たが，自問の疑問文はさらに間接疑問文へと連続している。先の(3)の文は独白の自問ともみられるが，「分からない」が省略された言いさし[7]の文とも考えられる。

間接疑問では，普通体で「か」が非文ないし不自然になるという制約はなくなり，「か」が必須となる（「誰が行くか知らない」）。一方で，間接疑問節は丁寧やダロウを含むことができない等の制約がある（ただし引用のトは除く）。

(8)*なぜこうなりますか（を）考えていきます。

(9)*彼が明日来るだろうかは分からない。

さらに，疑問は感嘆（「何て美しいんだろうか」）とも深い関係があるが，従属節にも間接感嘆文と呼ばれるものがあり，連続している。

(10)自分がいかに恵まれていたかを知った。

（志波彩子）

▶2　必須補語とは，動詞が表す事態の解釈に必ず必要となる補語のことで，「割れる」などの自動詞であればガ格のみ，「割る；作る」などの他動詞ではガ格とヲ格，「預ける」などの他動詞ではガ格，ヲ格，ニ格が必須補語となる。

▶3　プロミネンスとは強調するために強く発話されることをいう。

▶4　ただし「もう宿題は終わったか？」や「明日はちゃんと起きるか？」のように，「はい」の答えを要求するような疑問文では真偽疑問の普通体に「か」が用いられる。

▶5　5-17 参照。

▶6　5-17 参照。

▶7　「言いさし」とは，文を最後まで述べ切らずに言い終わる文のことである。

参考文献

林淳子（2020）『現代日本語疑問文の研究』くろしお出版。

益岡隆志・田窪行則（2024）『基礎日本語文法 第3版』くろしお出版。

 口語体と文語体

1 文体研究での口語体・文語体

口語体・文語体という用語は，日本語研究での文体についての研究で使用される。この文体研究は，一般的に，類型的文体の研究と個性的文体の研究とに分けられる。類型的研究では，不特定多数の言語表現に共通する類型的な特殊性が検討され，たとえば漢文訓読[1]用の文体がこれに該当する。個別的研究では，ある言語表現の特殊性がそれ独自のものとして認識される点が検討され，特定の作家の文体研究，たとえば村上春樹の文体研究などがこれに該当する。

▷1 8-3 参照。

口語体・文語体は，類型的文体研究に属するもので，検討対象となる言語表現が，口語すなわち話される言葉の特徴を保持するのか，文語すなわち書かれる言葉の特徴を保持するのか，という点から区分される。ただし，口語体・文語体という区分をどのような判断基準によって行うのか，という点については，明確なものが示されておらず，伝統的な語彙・語法の使用の有無などから資料ごとに個別的に判断されているのが現状である。

2 口語体・文語体と音声言語・書記言語

口語体・文語体と，言語表現上のメディアの差異による音声言語と書記言語[2]とは区別しておく必要がある。

▷2 6-2 参照。

音声言語は音声として発せられ聴覚によって捉えられる言語である。一方，書記言語は文字によって書記され視覚によって捉えられる言語である。口語体・文語体が文体研究の側面からの用語であることからすると，口語体的な書記言語，たとえばマンガの吹き出しや，文語体的な音声言語，たとえば書記された原稿を読むような講演のように，口語が話された言語，文語が書かれた言語を指すというような単純なものではない。

3 歴史的な研究との関連

金水（2008）[3]は，口語体・文語体の背景にある，この音声言語と書記言語の問題について，日本語史研究の側面から考察を行っている。音声言語はその都度１回ごとの個別的な情報の伝達で常に特定の話し手と聞き手が前提となる。一方，書記言語は音声言語の限定を越える存在であり特定の空間や時間を超越して情報を伝達する。

▷3 金水敏（2008）「日本語史のインターフェースとは何か」金水敏・乾善彦・渋谷勝己編『日本語史のインターフェース』（シリーズ日本語史４）岩波書店。

さらに，特定の言語を使用する共同体という側面からすると，音声言語を所持しない共同体はありえないのに対して，書記言語を所持しない共同体は，古来数多く存在する。言語の共同体において人は生育とともに自然に音声言語を習得する。しかし，書記言語を習得するためには読み書きの能力が教育されなければならない。人は自然に書記言語を使用する能力を習得することはできないのである。

このように，音声言語と書記言語は，そもそも異質な存在であるのだが，歴史上では，両者は接近・交錯することが多々ある。それは，音声言語が書記されて書記言語となることであり，書記言語が音読されて音声言語として発声されることである。

それゆえ，日本語の歴史上の文献資料では，その成立の経緯により，書記言語ではあるものの音声言語の特徴を有しているもの，あるいは，その文献成立以前の伝統的な書記言語の様式を踏襲するもの，この両者が存在する。そして，前者が音声言語の要素を保持する口語体の要素をもつ資料，後者が伝統的な様式を保持する文語体の要素をもつ資料のように，位置づけられる。

山本（2014）[4]は，鎌倉時代の文献資料という書記言語の資料の中から，当代の音声言語に使用されたと推定される語彙・語法をいかにして抽出するかという点について考察している。そして，音声言語に通じる要素を数多く保持する文献が口語体に通じる文献とされる。逆に言えば，多くの文献資料は規範的な書記言語を反映した文語体と目されるものであり，音声言語を反映する文献資料をいかに見出すのかが，日本語の歴史をみていく上で重要ということになる。

▶4　山本真吾（2014）「鎌倉時代口語の認定に関する一考察――延慶本平家物語による証明可能性をめぐる」石黒圭・橋本行洋編『話し言葉と書き言葉の接点』ひつじ書房。

4 話し言葉と書き言葉へ

ただ，現在の日本語研究においては，口語体・文語体という用語自体，使用されることが少なくなりつつある。とりわけ，現代語研究においては，6-2で解説する，話し言葉・書き言葉という区分で研究が進められている。

しかし，この話し言葉・書き言葉という用語を使用しても，言語資料における口語体・文語体の差異をいかに捉えるのかという問題は解消するわけではない。その点を考えるためにも，口語体・文語体についての日本語研究の蓄積を学ぶ必要性は決してなくなることはない。

とりわけ，近代日本での言文一致体成立の経緯を学ぶことは重要である。野村（2013）[5]は，日本語のスタンダードとなる言葉の成立という観点からこの経緯を説明した上で，口語体がどのように当時の標準となっていったのかを記述する。口語体と文語体の理解を深めるためには，日本語の文章史の研究を参照する必要のあることを付言しておきたい。　（西田隆政）

▶5　野村剛史（2013）『日本語スタンダードの歴史――ミヤコ言葉から言文一致まで』岩波書店。

参考文献

佐藤喜代治（1966）『日本文章史の研究』明治書院。
森岡健二（1991）『近代語の成立』文体編，明治書院。
山本正秀（1965）『近代文体成立の史的研究』岩波書店。

話し言葉と書き言葉

1　話し言葉と書き言葉の違い

現在の日本語研究において，話し言葉と書き言葉の違いについては，さまざまな側面から研究が行われている。ただ，この話し言葉と書き言葉というと，それぞれ，話された言葉である音声言語と書かれた言葉である書記言語を指すように思われるが，実際のところは，そう単純に考えることはできない。これは，6-1で述べたように，話し言葉の中に書き言葉の要素，書き言葉の中に話し言葉の要素があることは多々あるからである。

話し言葉，書き言葉，それぞれにさまざまなタイプがあり，さらに，両者は明確に分けられるものではない。石黒・橋本編（2014）[1]は，現在の話し言葉・書き言葉研究の状況を示す論文集で，ここには13編の論文が収載されている。この中でも，いくつかの論文が話し言葉と書き言葉の連続性について述べている。重要なのは，両者に接点があることを認めつつ，日本語においてはそれぞれが実際の言語使用において，どのように機能しているのかを研究することなのである。

▶1　石黒圭・橋本行洋編（2014）『話し言葉と書き言葉の接点』ひつじ書房。本節では，以下この論文集に収載された，いくつかの論文を参照していく。

2　話し言葉をどう捉えるのか

話し言葉について考えることは，現代語の研究以上に，歴史的研究においては問題となる。なぜなら，歴史的な研究での言語資料は，基本的に文献に記された書記言語であり，どうしても書き言葉の要素が多いものとなってしまうからである。

野村（2011）[2]は，日本語の歴史を概観しながら，各時代を代表する言語資料について検討を進めていく。基本的に文献資料が対象となるので，限界があることもふまえつつ，野村は奈良時代の『万葉集』[3]をはじめとして，各時代のいくつかの資料を，話し言葉の資料として提示する。

▶2　野村剛史（2011）『話しことばの日本語史』吉川弘文館。

▶3　8-3参照。

野村の仮説は，書き言葉がその資料性から口語体と文語体とに分かれるとするものである。とすると，書き言葉が記された文献資料の中から，日本語の話し言葉の研究をするためにも口語体と目されるものを取り上げていくことになる。これは，残された言語資料に限界のある歴史的研究においては作業仮説として成り立つものと考えられる。

ただ，現代日本語の研究においては，音声資料も含めて多様な資料があるだ

けに，石黒・橋本編（2014）にあるように，さまざまな方法が模索されるべきであろう。

一例を挙げると，滝浦（2014）[4]は，話し言葉と書きことばの運用の側面に着目して，鉄道の駅などの公共の場に数多くある禁止の掲示において，書き言葉のような「駆け込み禁止」と話し言葉のような「ホームドアから身を乗り出さないでください」とが混在することを指摘する。従来にない研究対象が取り上げられ，新たな方法で研究が行われているのである。

▶4 滝浦真人（2014）「話し言葉と書き言葉の語用論 日本語の場合」石黒圭・橋本行洋編『話し言葉と書き言葉の接点』ひつじ書房。

3 インターネット上の「打ちことば」

SNSをはじめとした，インターネット上での日本語については，近年「打ちことば」と呼ばれることがある。インターネットを用いた言語コミュニケーションが日常的になりつつある中で，従来の話し言葉・書き言葉の枠組みを超えるものとして注目される[5]。

▶5 田中ゆかり（2014）「ヴァーチャル方言の3用法「打ちことば」を例として」石黒圭・橋本行洋編『話し言葉と書き言葉の接点』ひつじ書房。6-4 側注1，6-6 側注6，8-7 側注12も参照。

「打ちことば」は，キーボード等で日本語を入力，打ち込むというイメージから出た用語であり，インターネットというメディアでの日本語という側面からのものである。しかし，その言葉としての特徴は，従来の話し言葉・書き言葉の枠組みから外れたところにある可能性がある。

変化のスピードが非常に速く，若者世代の影響力が強いという特徴もある。近年，流行した「つらみ」「わかりみ」などは，従来の「苦しみ」「悩み」のような動詞の連用形からのミ語尾の名詞と違った言葉であり，若者世代がSNSで多用しているという点で注目されるものである。

4 「生活の言葉」と「日常的な話し言葉」

言語研究においては，音声言語の研究がその主要な対象であり，必然的に話し言葉が研究対象の中心となる。しかし，話し言葉そのものが，非常に多様な資料として存在することからすると，その中から，人々の典型的な日常の話し，聞く生活の言語を定義する必要があると考えられる。

その答えの一つが，「生活の言葉[6]」や「日常的な話し言葉[7]」のような，新たな概念の設定である。話し言葉とされる中にも，そこに書き言葉の要素や規範的な要素が入り込んでいるものがある。とすると，従来の話し言葉という概念では人々の日々の生活を支える言葉の研究対象を絞り込めないことにもなる。

▶6 乾善彦（2014）「古代における書きことばと話しことば」石黒圭・橋本行洋編『話し言葉と書き言葉の接点』ひつじ書房，171-203頁。

▶7 金水敏（2014）「フィクションの話し言葉について」石黒圭・橋本行洋編『話し言葉と書き言葉の接点』ひつじ書房，3-11頁。

話し言葉と書き言葉の問題を取り上げるということは，我々が日本語研究，ひいては言語研究を，具体的にどのような資料を対象として，どのような方法で進めていくかを考えていく出発点にもなることなのである。

（西田隆政）

参考文献

大石初太郎（1971）『話しことば論』秀英出版。
阪倉篤義（1975）『文章と表現』角川書店。

3 位相と位相差

1 位相とは

位相とは，田中（1999）[1]によれば，社会的集団や階層，あるいは表現上の様式や場面それぞれにみられる，言語の特有の様相のことである。従来の日本語研究では，性差と世代差（男女の言葉・子どもの言葉等），社会階層による言葉の違い（貴族や武士の言葉等），社会分野における言葉の特殊性（専門分野の言葉等），心理的要因による言葉の違い（タブーの言葉等），表現伝達様式における言葉の違い（詩歌の言葉等），特定個人とは異なる多人数向けの言葉（新聞や放送の言葉等）のように，多様な対象が取り上げられてきた。

▷1　田中章夫（1999）『日本語の位相と位相差』明治書院。

日本語における中立的な叙述の言葉という存在を考えるためにも，それぞれの言葉がどのような背景のもとに特有の様相を所持するかということを検討するのは，非常に重要な課題である。位相研究は，日本語の語彙・語法を考える上で大きな位置を占めてきたのである。

2 位相差とは

このような位相に基づく，言語上の差異は位相差とされる。たとえば，男女の言葉の違いでは，女性の使用する特定の語彙・語法として，一人称の「あたし」や文末表現の「てよ」「だわ」「こと」等が挙げられる。これらを男性が使用することはまれで，無理に使用すれば，女性らしい言葉遣いをする男性のようなイメージが使用人物に付与される。

位相差の研究は，先にも触れたように，幅広い分野で行われている。日本語の特徴の一つとして，言葉の話し手の個性が言葉遣いに反映されやすいという面があるが，そのような点からも位相と位相差の研究の意義を見出すことができる。

3 社会言語学からみた位相

社会言語学と位相研究とは，ともに言語の使用される社会をふまえて研究を進めているという点では，共通の基盤をもつものと考えられる。ただ，社会言語学の立場からは，従来の位相研究を評価しつつも問題点のあることが指摘されている。真田（2006）[2]は，その代表的なものである。

▷2　真田信治編（2006）『社会言語学の展望』くろしお出版。

確かに，位相研究においては，言葉は一人ひとり違う，状況ごとに違うという観点とその要因を導き出すことをめざすという点で，社会言語学の考え方に通じるものである。しかし，位相論の研究は，日本語におけるそれぞれの違いを総合的に捉える方向には向かわず，個別の分野での特殊な語彙・語法の記述に中心が置かれている。結果として，隠語的な性格を保持する特殊な語彙が取り上げられることになる。武士の言葉やタブーの言葉等がその代表的なものである。要するに，日本語社会における言語の変異の問題として，位相研究は捉え直されるべき段階にきているということにもなろう。

4 位相の考え方を活かす

位相という考え方は，言語の社会的な違いを大まかに捉えられるという点で，非常に有益なものである。また，実際に現代の日本語話者の言語使用は，自らの立場や自らの置かれた状況に即して行われている。たとえば，１人の学生を例に考えても，大学内での学生らしい言葉，アルバイト先での接客用語，サークル内での仲間内の言葉，家族との方言を交えた会話など，さまざまな要因によって，自然と言葉を使い分けている。

これを日本語における位相の問題として捉えることは可能である。しかし，従来の位相研究の方法では，アルバイトでの接客用語の研究のように，それぞれの特定の分野で言葉の研究を進めることに力点が置かれ，日本語の社会全体からみた，それらの言語の使用の様相という方向に研究は発展しにくいと考えられる。

とすると，従来の位相研究の成果を活かしつつ，日本語社会での言語の変異の問題として，それぞれの位相語ともされる言葉を見直すことになる。たとえば，武士の言葉やタブーの言葉をより精緻に検討するためには，当該の時代の社会における言語の使用状況全般をふまえた上で，それぞれの言葉遣いの位置づけについて，その言語社会での言語変異の例として，検討していくことになろう。

その一例として，「集団語[3]」の研究が注目される。従来の位相研究では，それぞれの集団でどのような隠語的な言葉が使用されるかという点に注意が払われていた。しかし，この研究では，特定の言語を使用する集団がどのような性格を持つのかという点に着目する。そうすることによって，日本語社会での言語の変異の問題をそれを使用する集団という観点から改めて整理することが可能となろう。

なお，位相研究は，近年盛んになりつつある，役割語[4]の研究を進める上でも基礎となる研究である。たとえば，お嬢様言葉とされるものは，従来の女性の言葉の研究の積み重ねがその研究を進める基盤となっていることを付言しておきたい。

（西田隆政）

▷3　米川明彦（2009, 2022）『集団語の研究』上・下，東京堂出版。

▷4　6-5 参照。

参考文献

菊澤季生（1936）『新興国語学序説』文学社。
工藤力男（2005）『日本語学の方法 工藤力男著述集』汲古書院。
真田信治・渋谷勝己・陣内正敬・杉戸清樹（1992）『社会言語学』おうふう。

4 話し言葉・書き言葉のスタイル

1 スタイルとは何か

スタイルは，語彙，文法，待遇表現，（話し言葉における）音声などの特徴の組み合わせによって作られる。送り手（書き手／話し手）は，送り手の立場，コミュニケーションの媒体，相手，目的等の状況によって，適切なスタイルを選択しなければならない。ここでは，方言，役割語等を除いて，共通語の範囲内で，一般的な話し手・書き手が選択可能なスタイルのヴァリエーションについて述べる。

2 媒体と相手

伝統的には，文字媒体に用いられる「書き言葉」と，音声媒体「話し言葉」の対立が重視されてきた。書き言葉でも，不特定多数の相手に伝える論文，新聞・雑誌記事，行政・事務文書等と，特定の相手に伝える手紙，通知・告知文書等とではかなりスタイルが異なる。相手が特定的な場合，スタイルは話し言葉に近づくと一般的にはいえる。また話し言葉では，日常の生活場面での会話をその典型とし，人数の多い会議での発言，教室での講義，講演，演説等，相手の多数性，不特定性が上がるにつれて書き言葉の特徴に近づく傾向がある。

近年では，メール，LINE 等の電子メッセージ，X（旧ツイッター），フェイスブック等の SNS（Social Networking Service）が発達しているが，そこで用いられるスタイルは書き言葉でも話し言葉でもない「打ちことば」[1]としてその特徴を捉える必要がある。

▷1　携帯メールやチャットの文体に代表される，機器への入力を通じてやりとりされる日常的な文字メッセージのスタイルを「打ちことば」と呼ぶ。田中ゆかり（2014）「打ちことば」佐藤武義・前田富祺編集代表『日本語大事典』上，朝倉書店。6-2 側注5，6-6 側注6，8-7 側注12も参照。

3 敬語と指定の形式

書き言葉には，文語体，口語体のスタイルがあるが，今日，文語体は極めて限定された状況でしか用いられないので，ここでは口語体についてのみ触れる。

「だ・である体」「です・ます体」などといわれるように，日本語では名詞述語文やいわゆる「ノダ文」に用いられる指定（断定）の助動詞「だ」「である」「です」等の使い分けと，普通体・丁寧体の区別がスタイルの違いとして重要視される。論文，報道文，行政・事務文書等の公的な書き言葉や小説・エッセイ等の文芸作品では「だ・である体」すなわち普通体が多く用いられるが，とくに「である」は近代以降に発達した，書き言葉にもっぱら用いられる形式である。書き言葉の中でも，広告や童話など，聞き手への配慮が必要な文章では「です・ます体」すなわち丁寧体が用いられる[◁2]。

表1 話し言葉の丁寧度

	普通体	丁寧体	超丁寧体
指定	だ	です	でございます
存在「ある」	ある	あります	ございます
存在「いる」	いる	います	おります（謙譲語）
「する」	する	します	いたします（謙譲語）

▷2 「であります」も丁寧体の一種であるが，軍隊ことばなど特殊な硬い話体でしか用いられない。

話し言葉では，話し手と聞き手との関係，状況等によって普通体と丁寧体が盛んに使い分けられる。丁寧体にも，「です・ます体」だけでなくさらに改まった「でございます体」があり，ホテルや商業施設など顧客対象に用いられる。普通体・丁寧体・超丁寧体の3段階について，主要な述語の違いを一覧表にして示す（表1）。

4 代名詞，終助詞等の語彙

一人称代名詞，二人称代名詞の語彙項目は，文体によって大きく異なる。公的な書き言葉であれば「わたし」「我々」を用いるが，そもそも論文，新聞記事，レポート等では一人称代名詞・二人称代名詞を用いることが少ない。「論者」「評者」「記者」等の語が一人称代名詞の代わりに用いられることも多い。

話し言葉では，「わたし」「我々」のほか，「ぼく」「おれ」（以上，主して男性）が用いられる。また女性を中心に「あたし」が用いられることもある。超丁寧体の文章では，一人称として「わたくし（ども）」，二人称として「あなたさま」「おたくさま」が用いられることがある。

終助詞「よ」「ね」「なあ」「わ」「ぞ」「ぜ」等は話し言葉では必須であるが，公的な書き言葉ではほとんど用いられない。しかし手紙文や打ちことばには頻繁に用いられる。終助詞は話し手の性差や品位に大きく関係するが，この点については6-5を参照されたい。

5 語の硬さ，品位

指示対象としては同じ意味を表す語にも，硬い表現，軟らかい表現，また俗語的な表現などが分かれている場合がある。たとえば「食事」「ご飯」「めし」，「父（親）」「お父さん」「親父」，「子ども」「がき」，「小便」「おしっこ」「しょんべん」等である。また「洋服」と「お洋服」など，いわゆる敬称の「お」の有無が文脈によって選択される。論文，報道文等の硬い文体では「食事」「父親」「子ども」等の硬い語彙が選択される。一方で話し言葉では，話し手の性差や話し手・聞き手の人間関係，状況等によって，硬い語彙が避けられたり，あえて品位の低い語彙が選ばれたりすることもある。動詞や形容詞にも，「食う」「ぶっとばす」「ぶんなぐる」「やばい」「うまい（＝おいしい）」等，硬い文章では避けられ，話し手や状況を選ぶ語彙がある。（金水　敏）

参考文献

田中章夫（1999）『日本語の位相と位相差』明治書院。

5 役割語とキャラクター

1 役割語とは何か

次のイラストを見られたい。

これらの人物が,「そうです。その秘密は私が知っています」というセリフを話すとすると,どのようになるであろうか。次の発話例と上の人物像を結びつけてみよう。

1. そうですわ,その秘密はわたくしが存じておりますわよ
2. そうじゃ,その秘密はわしが知っておるのじゃよ
3. そうだ,その秘密はおれが知っているってわけだぜ
4. そうさ,その秘密はぼくが知ってるってわけさ
5. そうよ,その秘密はあたしが知ってるのよ

一対一対応であるとすると,A-2,B-5,C-3,D-4,E-1となるであろうか[◁1]。このように特定の人物像と結びついた言葉遣いを「役割語」という。具体的に役割語の構成要素で目に付くのは,「わたくし」「わし」「おれ」「ぼく」「あたし」という一人称代名詞,「でおりますわよ」「じゃよ」「だぜ」「さ」「のよ」等,コピュラ（指定の助動詞）や終助詞の組み合わせである。これらの成分を中心として構成された役割語が,性差,年齢・世代,職業・階層といった人物の所属グループを指し示している。なお,役割語はステレオタイプの一種であるともいえる。すなわち,話し方と人物像との結びつき方は,現実を反映しているというよりは,多くの話者が共有している知識に基づいたものである。またその知識は現実から直接学んだものであることはまれで,むしろマンガ,絵本,アニメといったポピュラーカルチャー作品から得ている場合が多い。

▷1　Dの話者が3を用いたり,Eの話者が5を用いたりする可能性も考えられるが,Bが1を用いたりCが4を用いたりするのは普通は考えにくい。このように,スタイルにはキャラクターの許容性が広いものと狭いものがある。

2 キャラクターと言葉

ここでキャラクターとは，物語の登場人物の属性（カテゴリー）全般を指す概念としておく。キャラクターは，出身（地域・時代等），身体的属性，社会的属性，行動的属性，心的属性といった観点から整理できる。話し方（発話スタイル）は行動的属性の一つに含めておく。発話スタイルによって発話者の年齢，性別，社会的役割等が連想される場合，その発話スタイルを役割語と呼ぶことができる。属性どうしの相互連想が社会的に共有されている場合，それをステレオタイプと呼ぶので，役割語もステレオタイプの一種なのである。このステレオタイプをふまえて，あえて連想関係から逸脱させることにより，キャラクターを際立たせることもフィクションではよくみられる。たとえば見た目が子どもなのに年寄りっぽい話し方をしたり，見た目が良家のお嬢様なのに発話が下品等である[2]。

定延利之は，「発話キャラ」（話し方によるキャラの表現）の類型を「品」「格」「性」「年」の4つの（社会的）尺度によって分類することを提案している[3]。品は上品～無指定～下品の品であり，規範に適合した美しさによって測られる。格は格高～無指定～格低のように分類され，権力の強弱を反映するような話し方に対応する。丁寧表現の使用・不使用が一つの尺度となる。格高の人物は常にぞんざいな話し方をし，格低の人物は常に丁寧な話し方をする。なお定延は「別格」＝神キャラというカテゴリーも設けており，ぞんざいな話し方に加えて，方言・俗語を使わない，つっかえない等の厳かな話し方をここに含めている。性は男性～無指定～女性であり，年は幼児・子どもから老人までの年齢的階梯に対応する。

定延はさらに，社会通念として，女性は男性より品が上，男性は女性より格が上という連動関係について触れている[4]。つまり女性は上品に話すことが強く期待されるが男性はそうではなく，むしろ下品な話し方が男性性を感じさせる。また女性は丁寧な話し方が期待されるが，男性はそうではなく，ぞんざいな話し方が男性性を感じさせる。著者は，尊敬語・謙譲語のような素材敬語[5]を使いこなす話し方は上品さと対応する面があると考えている。したがって「あなた，これ召し上がらないかしら」のように，話し相手の動作について素材敬語は用いるが，スタイルとして丁寧表現は使わないという話し方は，上品ではあるが格も高いという，高貴で年輩の女性話者（例：デヴィ・スカルノ夫人）を思わせる。

（金水　敏）

▶2　定延（2020）では，「スタイル」「キャラクタ」「人格」をこことは異なる定義で用いているので注意されたい。「スタイル」は話し手が意志によって変えられる（変わるべき）もの，「キャラクタ」は意志によっては変えにくいもの，「人格」は変えることができないものとしている。

▶3　定延（2020）参照。

▶4　定延利之（2011）『日本語社会 のぞきキャラくり』三省堂。

▶5　7-1 8-17 参照。

参考文献

金水敏（2013）『ヴァーチャル日本語 役割語の謎』岩波書店。

定延利之（2020）『コミュニケーションと言語におけるキャラ』三省堂。

メイナード，泉子・K（2017）『話者の言語哲学――日本語文化を彩るバリエーションとキャラクター』くろしお出版。

 ヴァーチャル方言

1 方言コンテンツと「ヴァーチャル方言」

近代以降の日本語社会における地域方言の社会的地位が,「撲滅・記述・娯楽」という3類型をもって変遷してきたことは,井上史雄(『日本語の値段』大修館書店,2000年)が整理する通りである[1]。これは,教育・マスメディアなどの影響によって,1980年代頃までには日本語社会全体に共通語[2]が行き渡り,ほとんどの人が使おうと思えば使える共通語運用能力を身につけたことによる。その結果,共通語は高度経済成長期あたりまでの東京一極集中的社会で醸成された「目指すべき言語変種」から,「つまらない」「味のない」「個性のない」言語変種として受け止められるようになった。一方,地域方言は,「おもしろい」「味のある」「個性のある」言語変種として捉えられるようになった。その意味において1980年代は,近代から高度経済成長期まで続いた「方言コンプレックス[3]」の時代から「方言プレスティージ」の時代への転換点と言える。

地域方言は,「ご当地性」を示すツールとして,方言みやげや,文芸・芸能・映画・テレビドラマなどに取り入れられている[4]。高度経済成長期の終焉と共通語化完了期を目前に控えた1970年代中頃にはすでに,地域方言は単なる「ご当地性」を超える肯定的評価や,耳目をひく新鮮な表現として新しい価値を帯びるようになった[5]。

1980年代を象徴するスローガンである「地方の時代」「個性の時代」にも地域方言はマッチし,各地で方言イベントが企画されるようになり,地域おこしの一環として各地に建設された各種施設にご当地方言を取り入れた命名もなされるようになった。

インターネットが一般化する1990年代中頃以降には,メール(とくに親密な間柄における手軽で頻繁なやりとりを可能にした携帯メール),ブログ,SNSなどに現れる「打ちことば[6]」に地域方言が用いられることによって,これまで「話しことば」として捉えられてきた地域方言の見える化が進み,新鮮でポップな表現ツールとして人々に意識されるようになった。

「方言がある」という意識の強い地域における地元意識を示すツールとして地元方言を用いた言語行動が「アクセサリーとしての現代方言[7]」である。2000年代中頃には,ヨソの方言を若者女性が「打ちことば」にアクセサリー感覚で用いることに注目が集まるようになった。マスメディアは,その様相を「女子

▷1　小林隆・篠崎晃一・大西拓一郎(1996)『方言の現在』明治書院の「第1章 現代方言の位置」,小林隆編(2007)『方言の機能』(シリーズ方言学3)岩波書店所収の各論においても,「方言」の社会的評価の変遷と近年における社会的評価の高まりについての言及がある。

▷2　1-1参照。

▷3　柴田武(1958)『日本の方言』岩波新書。

▷4　小林隆・篠崎晃一・大西拓一郎(1996)『方言の現在』明治書院。井上史雄・大橋敦夫・田中宣廣・山下暁美(2013)『魅せる方言 地域語の底力』三省堂。

▷5　寿岳章子(1977)「標準語の問題」『国語国字問題』(岩波講座・日本語3)岩波書店。

▷6　田中ゆかり(2014)「打ちことば」佐藤武義・前田富祺編集代表『日本語大事典』上,朝倉書店。CMC(Computer-mediated Communication)とも。

▷7　小林隆(2004)「アクセサリーとしての現代方言」(『社会言語科学』7-1)。

高生方言ブーム[8]」と名付けた。ちょうどこの頃から「ユーキャン 新語・流行語大賞[9]」にも方言由来の言葉が年間大賞に選ばれ始める。この感覚は，2010年代になると，マンガ・アニメ・ゲーム・商業演劇などにおける「方言萌え[10]」コンテンツの展開と隆盛に寄与する。同時に，地域方言に備わる「ご当地性」は，リアルな「ご当地」を超えた「内々の言葉」という機能の範囲を拡張した。災害時に各地から寄せられる被災地の方言を用いたメッセージ[11]などは，その表れの一つであろう。

ここで注意したいのは，古くは文芸・芸能から近年の「方言萌え」コンテンツまでさまざまなかたちで再提示される地域方言は，そのすべてが「ヴァーチャル方言」だということである[12]。

2 「リアル方言」と「ヴァーチャル方言」

一般に「方言」といった場合，最初に想起されるのは地域と結びついた「リアルな素の言葉」としての方言（リアル方言）だが，コンテンツ類などに再現される編集・加工を経た方言はすべて仮想の方言「ヴァーチャル方言」である（図1）。

ヴァーチャル方言の典型は，ドラマや演劇などの創作物において意図的な編集・加工を経た「方言」である。この意味においてヴァーチャル方言は，日本語社会で暮らす人々の頭の中に共有される「○○方言」と言い換えることも可能である。一方で，ヴァーチャル方言は意図的な編集・加工を経たものである必要はなく，同時に創作物において使用されるものばかりを指すわけでもない。リアル方言の無意識的な編集・加工によるものや，現実の言語行動に意図的か無意識かを問わずにヴァーチャル方言が採用されるケースもある。

3 「方言コスプレ」と「ジモ方言」「ニセ方言／なんちゃって方言」

ヴァーチャル方言の中には，「在来の土地の言葉」という方言の根幹であるはずの「特定の土地との結びつき」から解き放たれた用法をもつものも存在する[13]。もともと，ある「方言」を使うということはその人がその「方言」の分布する地域で生まれ

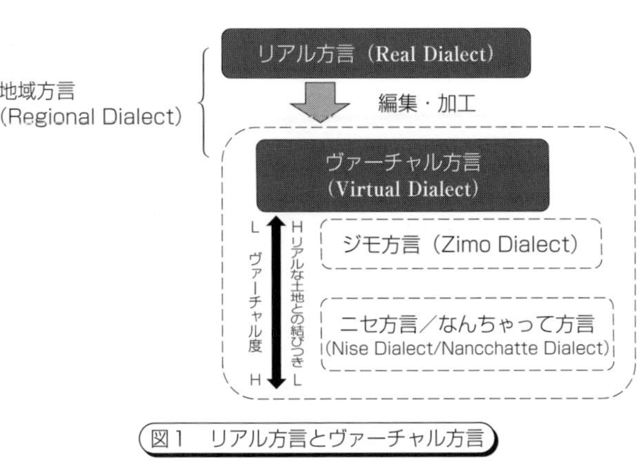

図1 リアル方言とヴァーチャル方言

出典：筆者作成。

▷8 国立国語研究所「日本語ブックレット2006」「図書の動向」(https://mmsrv.ninjal.ac.jp/nihongo_bt/2006/doukou/tosyo/)。

▷9 「『現代用語の基礎知識』選ユーキャン新語・流行語大賞とは」(https://www.jiyu.co.jp/singo/)。

▷10 方言そのものに対して，あるいは方言を用いるキャラクターなどに親密で積極的な肯定的感情を抱く，すなわち「萌える」こと。ネットに上げられた方言を使っているキャラのイラストのタグとしても用いられる。

▷11 「「がんばっぺ」「まげねど」ヘルメットの応援」（『読売新聞』2011年3月29日夕刊記事）。

▷12 参考文献参照。

▷13 各地の方言的要素を取り入れた「普遍的方言」（木下順二，1982，『戯曲の日本語』〔日本語の世界12〕中央公論社）や，創作物に登場する「方言」を話すロボットや宇宙人，動物など。架空の「どこか」や，方言ステレオタイプに基づくキャラクター性を前景化させるケース。

図2　東京都交通局のポスター

育ったか，少なくとも保育者が関わっているなど当該の地域との密接な結びつきを示すものだが，そうではない用法もヴァーチャル方言には認められる。

土地との結びつきから解き放たれた「方言」を用いる典型的な言語行動しては，自分の生まれ育った地域の方言ではないヨソの方言，いうならば「ニセ方言」あるいは「なんちゃって方言」を使うという行為を指摘することができる。

たとえば，関西人でもないのに「なんでやねん」とつっこんだり，土佐人でもないのに「行くぜよ！」と「龍馬語」でスカッと言い切ったりする，そのふるまい——「方言」に付随するステレオタイプを用いたある種のキャラを臨時的に発動させる言葉を用いた演出的行為としてのコスチューム・プレイ，すなわち「方言コスプレ」——のことである[14]。

▷14　参考文献参照。

ヴァーチャル方言の中には，特定のキャラクターと結びついたり，ある種のステレオタイプと結びついたりすることによって，高いイメージ喚起力を発揮するものがある。このようなものは，「役割語[15]」化したヴァーチャル方言と捉えることも可能である。

▷15　6-5 参照。

図2は，2018年度に実施された東京都交通局による時差出勤を訴えるキャンペーンポスター（http://www.koho.metro.tokyo.jp/2018/07/01.html）である。都交通局の時差出勤キャンペーンは，高知県とも坂本龍馬とも関わりはない。坂本龍馬のイメージと結びついた土佐弁由来の「ぜよ」というヴァーチャル方言形式を用いることによって，龍馬に付随する「変革するぞ！」という言外の意味を込めつつ，「スカッと言い切る」という演出効果を狙ったものと想像される。

一方，土地との結びつきの強い地元の方言を編集・加工してより「わかりやすく処理された地元の方言（ジモ方言）」を用いて，「地元らしさ」を演出したり，「地元人らしく」ふるまう，これもヴァーチャル方言を用いた「方言コスプレ」の一種である。しかし，この「ジモ方言」を用いた「地元人コスプレ」の場合，「編集・加工」の過程を経ていることや，「編集・加工」を経た「ジモ方言」を用いているということを，行為者が意識しているとは限らない。

さらには，もはや方言ステレオタイプを用いたキャラや「らしさ」の発動というレベルからも逸脱し，単なる「気分」の切り替えツールとして「方言」を用いる行動も目につく。たとえば「関西弁」由来の一人称の「ウチ」や「メッチャ」「シンドイ」などは，「関西方言」として意識されず，ちょっと気分を切り替えるための表現として全国に浸透していると見ることもできる。[16]

一方でこのようなヴァーチャル方言を用いたコミュニケーションに対して，生活の言葉としての方言を，言葉遊びのように使うなんて，と顔をしかめる向きもあるかもしれない。同時に，このようなふるまいを共通語から言語的距離の近い地域方言変種を用いる人々が，共通語から言語的距離の遠い地域方言変種の分布する地域を下に見た行動と受け取る人もいるかもしれない。「方言コスプレ」に代表されるような「方言」を一種のコミュニケーションツールとして用いる言語行動は，たしかに公式なあるいは格式の高い場面に現れるものではない上に，当初は方言意識の希薄な首都圏の若者に顕著な行動として注目されたという経緯もある。

しかし，こういった「方言」を一種の自己や場の演出ツールとして用いる言語行動は，SNS 上におけるふるまいを指摘するまでもなく，限られた属性をもつ人々による限定的な場面だけに観察されるものではすでにない，ということはまぎれもない事実であるし，首都圏の中年以下の多くは「方言をもたない自分たちは残念な人である」と捉えることも多い。それゆえ，「方言」を表現のツールとして用いるこれらの言語行動を，「方言」を下に見た行動とひとくくりにした上で指弾することは公平な態度とは言えないだろう。

ヴァーチャル方言を用いた言語行動を，「気分」を表す最適な表現を探る一つの方略と考えれば，コミュニケーションの両輪である「何を伝えるか」と「どうやって伝えるか」の後者についての方略の一種として捉え直すことが可能である。

▶16 陣内正敬・友定賢治編（2005）『関西方言の広がりとコミュニケーションの行方』和泉書院。東川怜奈（2015）「Twitter に現れるヴァーチャル方言——強調表現に注目して」『語文』153。

4 ヴァーチャル方言研究の意義

「方言」の研究といえば，特定の地域に赴き，そこで生まれ育った人々へのインタビューを行うフィールドワークに基づくものを思い浮かべる人が多いだろう。これらリアル方言に基づくリアル方言の研究は，これまでもこれからも，リアル方言の保存・継承に貢献する貴重な研究手法である。

一方，ヴァーチャル方言は，身の回りにある大衆的なコンテンツやふるまいとして存在することが多いため，日本語や日本語社会のさまざまな断面を探るヒントにあふれているにもかかわらず，価値あるものとして顧みられることはそれほど多くはなかった。

しかし，身近な素材に遍在するヴァーチャル方言は，日本語と日本語社会を映す格好の素材である。それに着目することによって，日本語と日本語社会の姿を捉える，あるいは捉え直す新たな試みとなり得る。

（田中ゆかり）

参考文献

田中ゆかり（2011）『「方言コスプレ」の時代——ニセ関西弁から龍馬語まで』岩波書店。

田中ゆかり（2016）『方言萌え!?——ヴァーチャル方言を読み解く』岩波書店。

田中ゆかり（2021）『読み解き！ 方言キャラ』研究社。

7 やさしい日本語

▷1　日本の人口は総務省統計局「人口推計（令和5年（2023年））5月確定値」(https://www.stat.go.jp/data/jinsui/new.html)，外国人数は法務省入国管理局「令和5年6月末現在における在留外国人数について【第1表】国籍・地域別 在留外国人数の推移」(https://www.moj.go.jp/isa/content/001403955.pdf)による。

▷2　国立社会保障・人口問題研究所「日本の将来推計人口（令和5年推計）」の「出生中位（死亡中位）推計」(https://www.ipss.go.jp/pp-zenkoku/j/zenkoku2023/pp2023_gaiyou.pdf）による

▷3　これには次の3つの機能がある。

a．初期日本語教育の公的保障の対象としての「やさしい日本語」

b．地域社会の共通言語としての「やさしい日本語」

c．地域型初級としての「やさしい日本語」

詳しくは庵（2016）を参照されたい。

▷4「バイパスとしての「やさしい日本語」」はろう児（先天的に失聴または重度の難聴の子ども）に対する日本語教育においても重要である。これについては，庵（2016），安東・岡（2019）を参照されたい。

1 外国人に対する情報提供：「やさしい日本語」の誕生

2023年現在日本に居住・滞在している外国人は約307万人で，日本の総人口の約2.6％を占めており，その数は増え続けている[◁1]。2019年4月に入国管理法が改正され，単純労働を目的とするビザ取得の可能性が高まった。また，長期的には日本人の人口減少，少子高齢化は避けがたく，2055年頃には総人口は1億人を切り，2020年に比べ2300万人近く減少すること，その大部分は生産年齢人口（15～64歳）であることが予測されている[◁2]。

このように，日本人の人口が減少する中，外国人の受け入れはこれからの日本社会を考える上で不可欠の選択肢である。ただし，その場合，外国人を，日本人とともに日本社会を作っていく構成員として受け入れることが必要である。外国人受け入れにおけるさまざまな問題のうち，言語に関する問題について考えるのが「やさしい日本語」である（庵 2016）。

1995年の阪神・淡路大震災では多くの外国人も被災した。中でも，復興に関する情報が主に日本語と英語でのみ出されたため，これらの言語が十分に理解できない外国人は情報から疎外され，二重に被災することになった。たとえば，(1)は実際の掲示だとされるが，この内容は，初級レベルの非漢字圏の日本語学習者には，ふりがなをつけても，「中央公園」以外は理解不可能である。

(1)容器をご持参の上，中央公園にご参集ください。

こうした状況を見た社会言語学者らが協働し，災害時に簡略化された日本語で情報を提供する方策を検討し，そうした日本語を「やさしい日本語」と名づけた。その後，平時の情報提供でも「やさしい日本語」は活用されている。

2 2つの「やさしい日本語」

「やさしい日本語」には大きく分けて次の2つの側面がある。

(2)a．居場所作りのための「やさしい日本語」[◁3]

b．バイパスとしての「やさしい日本語」[◁4]

(2a) は主に成人の外国人に関するもので，彼／彼女らが日本を「居場所」と感じられることを目指す。そのためには，「母語でなら言えることを日本語でも言える」ようになることが重要である。

(2b) は (2a) の成人外国人の子どもに関するもので，彼／彼女らが日本人の子どもと対等に競争して，遅くとも高校卒業時には，自らの進路を自力で選べるだけの日本語能力を身につけられるように，文法や漢字などのシラバスを根本的に見直し，そうした目的に適った日本語教育を行うことを目指すものである。

3 日本語学と「やさしい日本語」

「居場所作りのための「やさしい日本語」」にとって重要なのは，外国人が「母語でなら言えることを日本語でも言える」ようになることである。これは，日本語母語話者が海外に長期間滞在しなければならなくなったときに，「日本語でなら言えることをその国の言葉でも言える」ようになるかどうかで，心理的な安心感がまったく異なることを考えれば納得できるだろう。

「母語でなら言えることを日本語でも言える」ようにするためには，日本語で文を作る際に最低限必要な文法カテゴリーを習得すればよい。それには，南（1974，1993）で提案された図1の階層構造[◁5]を利用するのがよい。

図1 日本語の階層構造

これらの文法カテゴリーからそれぞれ1つ要素を選んで配列すれば，単文でなら日本語で述べたいことを述べられるので，母語で言いたい内容をこうして得られた日本語の「型」に当てはめることで，文法的には「母語でなら言えることを日本語でも言える」ようになる。次に，その「型」に単語を当てはめることで，とりあえず母語で言いたい内容を日本語で表現することが可能になる。この点についてより詳しくは庵（2015，2016）を参照されたい。

4 マジョリティにとっての「やさしい日本語」：プレイン・ジャパニーズ

1～3で見てきたマイノリティのための「やさしい日本語」に対して，マジョリティにとっての「やさしい日本語」はプレイン・ジャパニーズ（Plain Japanese）と呼ばれる（庵 2022参照）。

5 「やさしい日本語」にとって重要なこと

「やさしい日本語」は，日本が今後，真の多文化共生社会を目指す上で不可欠の理念であるが，そこで重要なのは，言い換え／書き換えの技術よりも，他者の立場に立って考えられる考え方（マインド）である（庵 2019参照）。

（庵　功雄）

▷5 日本語の文は，文法カテゴリーが層状に内側の要素が外側の要素に包み込まれる形で形成されるという文構造観のことで，南（1974，1993）によって提案された。詳しくは庵（2012），Iori（2017）を参照されたい。

参考文献

安東明珠花・岡典栄（2019）「ろう児と〈やさしい日本語〉」庵功雄・岩田一成・佐藤琢三・柳田直美編『〈やさしい日本語〉と多文化共生』ココ出版，257-273頁。

庵功雄（2012）『新しい日本語学入門 第2版』スリーエーネットワーク。

庵功雄（2015）「日本語学的知見から見た初級シラバス」庵功雄・山内博之編『データに基づく文法シラバス』くろしお出版，1-14頁。

庵功雄（2016）『やさしい日本語』岩波書店。

庵功雄（2019）「マインドとしての〈やさしい日本語〉」庵功雄ほか『〈やさしい日本語〉と多文化共生』ココ出版，1-21頁。

庵功雄（2022）「日本語母語話者にとっての「やさしい日本語」」庵功雄編『「日本人の日本語」を考える』丸善出版，2-16頁。

南不二男（1974）『現代日本語の構造』大修館書店。

南不二男（1993）『現代日本語文法の輪郭』大修館書店。

Iori, Isao (2017), The layered structure of the sentence, Masayoshi Shibatani, Shigeru Miyagawa, Hisashi Noda (eds.) *Handbook of Japanese Syntax*. De Gruyter, Mouton, pp. 157-186.

敬語とポライトネス

日本語では古代から，人間関係を言語上に反映する表現として，敬語が用いられてきた。また，近年ではポライトネスという新しい概念も重要になっている。この節では，敬語とポライトネスの共通点・相違点について考える。

1 敬　語

日本語では，同じ意味内容を表すにも，どのような人物に対して使うかによって表現を選び分ける必要がある。

(1)先生は明日も大学にいらっしゃいますか。

(2)山田先輩は明日も大学に来ますか。

(3)佐藤くんは明日も大学に来る？

同じ「来る」という動作でも「いらっしゃいます」「来ます」「来る」という表現がある。このように，話題の人物を目上・上位として位置づける，あるいは，話し手が聞き手に対する丁寧さを示したり，改まった態度で話していたりすることを示す表現を敬語という。

敬語にはいくつかの分類方法があるが，大きくは素材敬語[▷1]と対者敬語[▷2]に分けられる。また，2007年に文化審議会から『敬語の指針』が示され，敬語の5分類が発表されており，この5分類は現在一般社会の中にも浸透してきている。5分類は敬語を尊敬語・謙譲語Ⅰ・謙譲語Ⅱ・丁寧語・美化語の5つに分類する。尊敬語は主語を上位と位置づけるもので，現代語には「いらっしゃる」「おっしゃる」「お～になる」などがある。謙譲語には2種類あるが，(4)のように補語の人物（「～を」「～に」）を上位と位置づける謙譲語Ⅰと，(5)のように補語に必ずしも目上の人物をとらず，話し手のへりくだり・聞き手に対する敬意を示す形式である謙譲語Ⅱがある。

(4)そのことはさきほど山田先生に申し上げたのですが……

(5)そのことはさきほど（同僚の）鈴木君に申したのですが……

謙譲語Ⅰには「差し上げる」「お～する」といった形式，謙譲語Ⅱには「参る」「いたす」などがある。また，丁寧語は話し手が改まっている態度で話すことを通して聞き手に対する丁寧さを示すものであり，現代語では「ます」「です」がそれにあたる。また，美化語は，「お菓子」「ごほうび」などにみられる「お」「ご」で，これも話し手が品格を保って話そうとしていることを示す形式である。

▷1　話題の人物に対する敬語のこと。5分類では，尊敬語と謙譲語Ⅰが該当する。

▷2　聞き手に対する敬語のこと。5分類では，謙譲語Ⅱ，丁寧語，美化語が該当する。謙譲語Ⅱは素材敬語と対者敬語の両方の機能をもつとされることもある。

2 ポライトネス

しかし，敬語を正しく用いていれば，必ずしも円滑な人間関係が導かれるわけではない。人間関係を調整するための言語的な配慮がポライトネスである。

ポライトネスは，ブラウンとレビンソンが提唱した概念である[3]。それによれば，人間は基本的な欲求として，他者から評価されたい，受容されたい欲求であるポジティブ・フェイスと，自分の領域に踏み込まれたくない，自分の行動を邪魔されたくない欲求であるネガティブ・フェイスを持っている。その上でポジティブ・フェイスへの配慮・補償を行うのがポジティブ・ポライトネスで，ネガティブ・フェイスへの配慮・補償を行うのがネガティブ・ポライトネスである。

ポライトネス理論においては，話し手と聞き手の社会的距離，話し手と聞き手の力関係，特定の文化における行為の負荷度からフェイス侵害行為の大きさが測られ，それによって，①あからさまに言う，②ポジティブ・ポライトネス，③ネガティブ・ポライトネス，④ほのめかし，⑤フェイス侵害行為の回避という5つのストラテジーのうち適切なものが選択されると考える。たとえば，子どもの部屋が散らかっているので片づけさせたいときにも，どのように命令をするかはいくつかのストラテジーが考えられる。「部屋を片づけなさい」と明示的な命令表現を用いるのは①「あからさまに言う」であるが，「あなたはできる子だから一緒に片づけしよう」と聞き手と視点を同一化する姿勢をとるのは②ポジティブ・ポライトネスストラテジーの一つである。また，「悪いけど，片づけてくれない？」と質問の形をとった命令表現は③ネガティブ・ポライトネスストラテジーにあたる。また，「部屋が散らかっているね」と暗に掃除の必要性を伝えるのが④ほのめかしである。また，聞き手との関係性によってはそもそも命令を行わず，⑤フェイス侵害行為を回避して，自分で片づけをしてしまうという選択もありうるだろう。

日本語で適切に敬語を用いることも聞き手との良好な人間関係を導く手段であり，敬語の使用はポライトネスストラテジーの一つである。しかし，敬語の使用のみが人間関係を保つのではなく，さまざまな言語要素を組み合わせて言語上の配慮は実現している。たとえば，「ペンを貸して」という依頼と「1000円貸して」という依頼では，「1000円貸して」という依頼の方が一般的には話し手が聞き手に強いる負担が重いと感じられる。そのため，「ちょっとお願いがあるんだけど」と前置きをしたり，「お金を家に忘れてきてしまって……」と依頼の理由を説明したり，「申し訳ない」と謝罪をしたりする。このようなときには「ちょっといいですか」のように慣習化した対人配慮表現も用いられている。近年進められている「配慮表現」の研究も，ポライトネス研究の一部である。

（森　勇太）

▶3 Brown, Penelope and Levinson, Stephen C. (1987) *Politeness : Some Universals in Language Usage*. Cambridge University Press.

参考文献

菊地康人（1997）『敬語』講談社。
滝浦真人（2008）『ポライトネス入門』研究社。
山岡政紀・牧原功・小野正樹（2010）『コミュニケーションと配慮表現』明治書院。

2 命令と依頼

人間が社会の中で暮らしていくためには，人と関わって，人に何かをお願いしたり，指示をしたりして，何かをやってもらうということは欠かせない。この節では，命令と依頼とはどのような行為で，日本語にはどのような特徴があるのかについて考える。

1 命令と依頼の成立条件

命令・依頼は，研究者によって定義に差があるが，広く捉えると，聞き手に対して何らかの行為の実行を求める指示行為と位置づけられる。命令・依頼を広義で捉える際には，「行為要求」「行為指示」という名称でも呼ばれる。一方，狭義の命令・依頼は「行為要求」「行為指示」を細分化して捉えるものであり，その下位分類には，依頼・勧め・命令・要請・禁止といった言語行為がある。日本語学研究ではモダリティ[1]研究の中で扱われることが多く，話し手の発話・伝達的な態度（発話・伝達のモダリティ）の一つとして位置づけられる。

▶1 話し手の心的態度を表す文法カテゴリー。モダリティは大きく命題めあてのモダリティと発話・伝達のモダリティに分類される。5-17 も参照。

これまでの研究で述べられている命令・依頼（行為要求）の成立条件を挙げる。Searle（1969）は依頼の成立条件について，その内容が「聞き手による将来の行為であること（命題内容条件）」「聞き手がその行為をする能力をもち，話し手は聞き手がその行為をする能力があると信じること，また，話し手・聞き手の両者にとって，聞き手がその行為をすることは自明ではないこと（準備条件）」「話し手が，聞き手がその行為をすることを望んでいること（誠実条件）」「聞き手にその行為をさせる試みであると見なすこと（本質条件）」を挙げる。命令はこれらの依頼の条件に加えて，話し手が聞き手に対して優越的な権威があることを挙げている。

このような条件は，間接発話行為を依頼・命令と解釈するために重要なものである。たとえば，話し手が部屋に入って「この部屋，暑いね」と言ったとき，これが「エアコンをつけて」という依頼と解釈されるためには，聞き手が存在することが重要である。また，たとえば，聞き手が話し手の部屋にいる状況など，話し手にとって聞き手がリモコンの位置を知らないことが自明のときには，この発話は依頼とは解釈されない。また，聞き手が存在している場面でも「早く涼しくなれ！」などと言ったときには，「涼しくなる」という変化は聞き手の能力によって導くことができるものではなく，やはり依頼とは解釈されない。

2 命令・依頼表現の形式

現代語では，目上に対して依頼・命令をするときには話し手に利益を表す表現である，受益表現[◁2]が用いられる。また，疑問の形をとるなどして，「命令形」の形式をとらないことが多い。

(1)「電話貸してくれませんか」（織田作之助『それでも私は行く』）

(2)「このノートは，しばらく貸していただけませんか」（太宰治『人間失格』）

ところが，平安時代には，このような受益表現は存在していなかった。古代語では，聞き手の身分に応じた敬語は使用するが，尊敬語であっても命令形で依頼や命令をすることができる。

(3)［夕霧がふすまの向こうにいる雲居雁に］「これ開けさせたまへ」（『源氏物語』少女）

次に，目下に対する依頼・命令について考える。現代では目下に対する依頼・命令でも，学校文法の命令形（「しろ」）はぞんざいな表現と認識され，自らは用いないと認識している人もいる。現代標準語では，命令形と同様に主に同等・目下の人物に用いられる形式として，「〜て（して）」や「〜な（しな）」がある。「〜な」は敬語「なさい」を由来としていると考えられる。このような「〜て」「〜な」は江戸時代以降に成立した，比較的新しい形式である。

▷2 「〜てくださる」「〜ていただく」「〜てくれる」「〜てもらう」など，話し手に利益があることを示す表現のこと。

3 命令・依頼表現の変化

このような命令・依頼表現の歴史を考えると，新しい命令・依頼表現が次々と形成されてきたといえる。まず，もともとは命令・依頼を本務としない形式が命令・依頼で用いられるようになる変化がある。希望・願望を表す「〜たい」「〜てほしい」，条件を表す「〜たら」「〜ば」などは命令・依頼表現として用いられる。

(4)「断めろ」と云って戴きたい（二葉亭四迷『浮雲』）

(5)あたしそれより聖書を読んでほしい（横光利一『春は馬車に乗って』）

(6)「熱をお計りになったら」（武者小路実篤『友情』）

また，もともと許可求めを表す「〜してもいいですか」を転用した「〜してもらってもいいですか」という表現も近年みられるようになった依頼表現である。

もう一つの変化として，敬語から命令表現が形成されるという変化がある。とくに方言の命令表現をみると，現在用いられている形式は多様である。敬語「なさい」から成立した「〜んさい（行きんさい／食べんさい）」「〜ない（行きない／食べない）」（中国地方），「〜ん（行きん，食べん）」（愛知県・静岡県），また，敬語「られる」からは「〜（ら）れ（行かれ／食べられ）」（富山県・岡山県）など，敬語由来の命令表現が各地で形成されている。（森　勇太）

参考文献

Searle, John R. (1969) *Speech acts : Anessay in the philosophy of language.* Cambridge University Press（坂本百大・土屋俊訳，1986，『言語行為』勁草書房）.

野田尚史・高山善行・小林隆編（2014）『日本語の配慮表現の多様性』くろしお出版。

さまざまなヴァリエーション

1 ヴァリエーションとは

ヴァリエーション（言語変異，linguistic variation）とは，「同じことを言うための異なる表現のセット」である。「ご飯」「めし」「ライス」はいずれも「米を炊いたもの」を指し，「食べる」「食う」は（一方に「ぞんざいな表現」というニュアンスがあるものの）動作としては同じものを指す[1]。「行く」「行きます」にも普通体と丁寧体という違いがあるが，「他の場所への移動」を表す点では「同じことを言うための表現」といえる。このように「意味的に同一で，（何らかの観点から）使い分けのある語や表現のセット」がヴァリエーションである。

2 ヴァリエーションのいろいろ

ヴァリエーションは，音声・アクセントから語彙・文法，表現法に至るまで言葉の単位のさまざまなレベルに観察される。日本語の母音 /u/ にみられる２種類の発音［u］［ɯ］や，語中のガ行子音として現れる鼻音[2]と非鼻音，「熊」の２つのアクセント（クマとクマ）などは音声的変異である。「した（舌）」「べろ」は語彙的変異，断定辞「だ」「じゃ」などは文法的変異である。動詞否定辞「行かない」「行かねえ」のように音声的変異とも文法的変異とも扱えるものもある。さらには，「窓を開けて」「窓を開けてほしいんだけど」「この部屋，ちょっと暑くない？」などを「窓を開けるよう要求するための異なる言い方」とみれば，表現レベルの変異，すなわち語用論的変異と捉えることができる。このほか，「ヴァイオリン」と「バイオリン」のような表記上の変異もある。

3 場面や使用者からみたヴァリエーションの分類

ヴァリエーションは，使用場面や使用者属性の観点からは⑴場面的変異と⑵属性的変異に二分される。⑵は社会的変異と地理的変異に分けられ，社会的変異にはさらに年齢的変異・性別的変異・集団的変異という下位分類がある。

⑴**場面的変異**：場面的変異には，「カジュアルな言葉・フォーマルな言葉」のように使用場面の違いによるもののほか，「話し言葉・書き言葉」のような発信手段の違いによるものも含まれる。先に挙げた「ご飯」「めし」や「食べる」「食う」，「行く」「行きます」などは文体差をもったヴァリエーションであり，使用場面に違いがある。副詞の「やっぱり」「やはり」，接続助詞の「〜け

▷1　「ご飯」と「めし」，「食べる」と「食う」の対立については 6-4 も参照。

▷2　呼気が（口ではなく）鼻を通って発せられる音で鼻をつまんだままでは発音しにくいという特徴がある。日本語では，マ行子音 /m/ やナ行子音 /n/ のほか，語中のガ行子音 /g/ に鼻音が使われることがあり，「ガ行鼻濁音」とも呼ばれる。ガ行鼻濁音［ŋ］の使用には地域差や世代差があるが，合唱や演劇，放送などでは「正しい発音」としてこれを用いるよう指導されることもある。

▷3　話し手（書き手）の特性のうち，年齢・世代や性自認，社会的な身分や出身地など，言葉の運用と関わりのあるものをいう。

▷4　ボディン（Bodine 1975）の用語で，一方の性の話し手は必ずＡという形式を，もう一方は必ずＢという形式を使い，その逆は決して起こらないという関係にある言葉の性差（図1）。性別をＸとＹのどちらかに分かれるものと捉えていることには注意が必要である。

性別X	性別Y
言語形式A	言語形式B

図1　言葉の相互排除的性差

ど」「～が」などは話し言葉と書き言葉で使い分けのあるヴァリエーションで，新聞記事や論文などでは「やはり」や「～が」が使われる。ただし話し言葉と書き言葉の境界は曖昧で，文字を使ってもカジュアルなコミュニケーションであれば「やっぱり」や「～けど」の方が自然である。また音声によるコミュニケーションでもフォーマル度が高ければ「やはり」「～が」が使われることもある。

(2)**属性的変異**：属性的変異とは，言葉の使用者の社会的属性[3]によって違いの現れる変異である。年齢，性自認，集団に基づく変異を「社会的変異」，地域の違いに基づく変異を「地理的変異」と呼ぶ。

社会的な集団ごとに異なる言葉のヴァリエーション（社会的変異）には，「年齢的変異」「性別的変異」「集団的変異」がある。年齢的変異では，たとえば高年層が昔ながらの古い言葉を使うのに対して，若年層には言語変化を経て新しく生まれた言葉を使う傾向がみられることがある。性別的変異は話し手の性自認と結びつくヴァリエーションで，日本語の場合は相互排除的性差[4]よりも傾向的性差[5]のみられるものが多い。たとえば，日本語の人称詞にはさまざまなヴァリエーションがあり，その選択は話し手の性自認と関連すると言われるが，そこから一律に使用語が決まるわけではない。女性専用語と見なされがちな一人称代名詞「あたし」なども，実際は東京の高年層男性も使用する。性別的変異を扱う際には「Xは男性の，Yは女性の言い方」のような言説（ジェンダーステレオタイプ，ジェンダー規範）と使用実態のずれに注意する必要がある。

集団的変異は，ある社会集団のメンバーに（だけ）共有される表現形式で，使用によって仲間としての連帯感が表れる「集団語[6]」や，他の集団にわからないように何かを伝えるために使われる「隠語」などがある。「チャイ語（中国語）」や「サイリ（再履修）」「バ先（アルバイト先）」のような学生生活に関わる俗称・略語も集団語である。また医療従事者の間で使われる「コードブルー（患者が危篤状態にあること）」や店員用語の「十番（従業員特別価格での販売）」などは，患者や客に内容を知られないことを目的に使われる隠語である。

次に地理的変異について，同じものでも地域によって名称が違う・同じ動作でも違う表現がなされるという例はいくつもあり，『日本言語地図』や『方言文法全国地図』などで確認できる。中には，「しまう」の意味の「なおす」のように，全国共通で使用されると話し手が認識している「気づかない方言[7]」もある。語形が標準語と同形で意味が異なるものや古語に由来するもの，学校用語などは地域性が意識されにくく，他地域出身者との交流の中でその表現が通じないという経験をして初めて，方言であると知るに至るのである。

なお，方言形の使用に世代差や場面差がみられることがあるが，これは現代の日本語において地理的変異が社会的変異や場面的変異としても機能することを示している。

（高木千恵）

▶5　同じくボディン（Bodine 1975）の用語で，使用頻度の差として現れるような言葉の性差（図2）。一方の性が言語形式Cを好み，もう一方が言語形式Dを好むという傾向は指摘できるが，使用形式から話し手の性（厳密には性自認）を断定することはできない。

性別X	性別Y
言語形式 C	言語形式 D

図2　言葉の傾向的性差

▶6　米川明彦（2009, 2022）『集団語の研究』上・下，東京堂出版を参照。

▶7　その地域特有の表現形式でありながら，方言であると意識されにくいもの。「気づかれにくい方言」ともいう。

参考文献

Bodine, Ann (1975) Sex Differentiation in Language. In B. Thorne and N. Henley (eds.) *Language and Sex : Difference and Dominance.* Rawley, Massachusetts : Newbury House.

国立国語研究所（1966-1974）『日本言語地図』第1～6集，大蔵省印刷局。地図画像ダウンロードサイト（https://mmsrv.ninjal.ac.jp/laj_map/ 2022年9月29日アクセス）。

国立国語研究所（1989-2006）『方言文法全国地図』第1～6集，財務省印刷局。PDF版ダウンロードサイト（https://www2.ninjal.ac.jp/hogen/dp/gaj-pdf/gaj-pdf_index.html 2022年9月29日アクセス）。

4 言語変化

1 言語は変化する

変わるというのは，言語の持つ重要な特性である。言語変化がなければ，我々は今も古代と同じ日本語を使っているだろう。しかし現実には，現代語と古典語は別言語といってもよいほど相互類似度が低い。過去から現代に至るまで日本語は絶えず変化してきたのであり，辞書や文法書の助けなしに古典語が理解できないのも当然といえる。長い時間をかけて変化する言葉の歴史は「言語史」あるいは「歴史言語学」の分野で扱われる（第8章）。歴史言語学では，主として文献史料を手がかりに過去に生じた言語変化のプロセスを追究する。これに対して，現在進行中の変化を追究するのが社会言語学である。社会言語学では，同時代の言語の多様性を言語変化の「兆し」や「名残」と捉え直し，言葉の定点観測や言葉の世代差から変化の方向性を見極めようとする。

2 言語変化の動機づけ

言語変化は，自律的な変化と接触による変化に大別される。自律的な変化は言語の経済性[1]や創造性[2]など言語内部に変化の動機を見つけることのできるものである。経済性を指向する変化では，発音の負担軽減や類推[3]による形態変化の単純化など，整合性の高い体系へ移行しようとする。創造性を指向する変化では，同じものごとを指す別の表現が生み出されたり，新しい用法が分化したりすることでこれまでより複雑な体系になることもある。一方，接触による変化は他言語や他方言の影響を受けて生じる（7-5）。自律的な変化と接触による変化は互いに独立して生じうるが，言語接触を契機として自律的な変化に拍車がかかる場合もある。

(%)
100, 80, 60, 40, 20, 0
10 20 30 40 50 60 70(代)
語形X
語形Y

図1 「みかけの時間」にみる言語変化の例（使用率×世代差）

注：同じものを指して使われる2つの語形（XとY）の使用率（%）を世代別にみて，語形Xが高年層に多く語形Yが若年層に多いとき，旧形式Xから新形式Yへの移行が進行中であると考える。

3 言語変化研究のアプローチ

言語変化のプロセスを辿るアプローチには，「実時間（real time）」における変化を追うものと「みかけの時間（apparent time）」から変化

▷1　楽をしたい（負担軽減への指向），わかりやすくしたい（明瞭性への指向）という言語変化の動機。

▷2　既存の言語表現に満足せず，新しい表現を作り出そうとする言語変化の動機。

▷3　言語体系に内在する不均衡・不整合について，整合性のある規則を参照し，新形式や新用法を導くこと。

▷4　定期的に同じ場所で繰り返し行うタイプの調査。

▷5　同じ人を対象に継続的に行うタイプの調査。

▷6　主として10～20代の大学生が使用する集団語。

▷7　新しい言葉に対する容認性が人によって異なる状況。

▷8　新しい言葉について，人々が「本来的には正しく

を予測するものがある。前者の場合，文献史料や継続調査[4]・パネル調査[5]によって得られたデータからその様相を捉えようとする。ただし言語変化はゆっくりと進むことが多いため，現在進行中の変化を実時間で捉えるには息の長い調査をしなければならない。また経年的な調査には，必ずしも変化がみられるとは限らないというリスクもある。

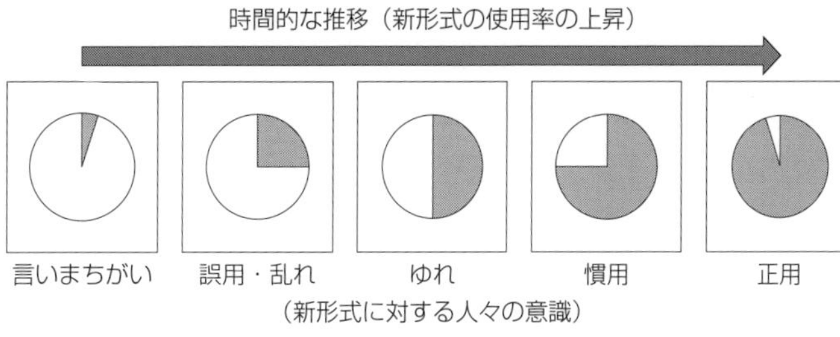

図2 言語変化の進行と規範意識の変容

出典：井上（1986）を参考に筆者作図。

そこで使われるのが「みかけの時間」から言語変化を捉えようとする手法である。このアプローチでは年齢差による言葉のヴァリエーション分布を言葉の通時的変化の表れと仮定し，話者の年齢差を時間軸に読み替える（図1）。すなわち，高年層に使用の偏るものを「古い」「消えゆく」言葉，若年層に使用の偏るものを「新しい」言葉と解釈することでこれからの変化を見通そうとするのである。ただし，若年層の言葉には，キャンパス言葉[6]や一時的流行語などが含まれることが少なくないため，解釈の妥当性は経年的な調査によって検証する必要がある。

4 言語変化と言語意識，言語習得

言語変化の進行は人々の規範意識に変容をもたらす（図2）。使用率が低く使用者に偏りのある初期段階には新しい変化を「誤用」「乱れ」と見なす意識が強いが，変化が浸透するにつれ，次第に「ゆれ[7]」「慣用[8]」へと変容する。そして変化が完了に近づくと，新しい言葉が「正用」と認識されるようになる。

ただし，規範意識が言語変化を抑制することもある。たとえば現代語の可能表現における「ら抜き言葉[9]」は，可能表現形式を統合し，かつ可能と受身が別形式で表される合理的な変化であり，少なくともカジュアルな表現としては「慣用」の段階にあるといってよい。しかし文化庁の調査によれば「ら抜き言葉」の受容はほとんど進んでいない（図3）。「ら抜き言葉」を誤用とする人々の規範意識によって自律的な変化の進行が阻害されているのである（日高 2009）。

言語変化は，各時代の話し手たちの言語習得の結果でもある。「ことばはひとりでに変わる」と言われるが，新しい言葉が生まれても，それを受容し使用する人がいなければ定着しない。誤用からゆれ，慣用を経て正用に至るまでの長年にわたる言語変化の過程にはいつも，それぞれの時代を生きた話し手の存在があるのである。　（高木千恵）

ないが，現在は許容されている」と見なす状況。

▶9 「見れる」「来れる」など，一段動詞・カ行変格活用動詞の可能表現において進行中の言語変化。

参考文献

井上史雄（1986）「言葉の乱れの社会言語学」『日本語学』5-12，40-54頁。
日高水穂（2009）「変化を抑制する規範意識」『日本語学』28-9，14-26頁。
国立国語研究所「日本語の大規模経年調査に関する総合的研究」（https://www.ninjal.ac.jp/research/cr-project/project/a/longitudinal/ 2022年9月29日アクセス）。

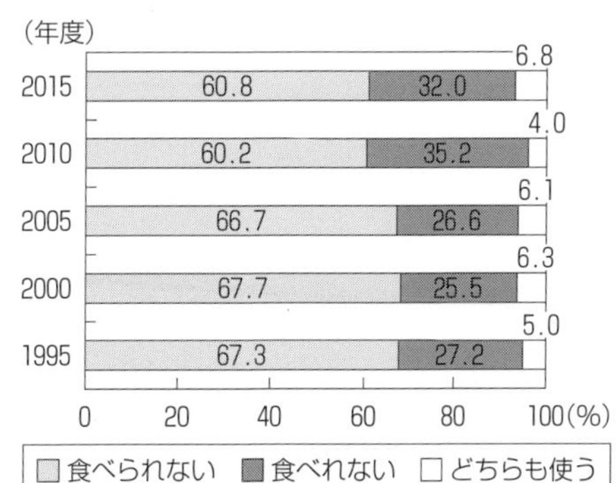

図3 「こんなにたくさんは｛食べられない／食べれない｝」の使用率の推移（1995～2015年）

注：1995年から2015年までの20年間において，「食べれない」の使用率にはあまり変化がみられない。
出典：文化庁（2016）「平成27年度「国語に関する世論調査」の結果の概要」（17頁）に基づいて筆者作図。

 方言と共通語化

1 方言の変容

方言にも自律的な変化（7-4）は生じるが，現代では標準語や他方言との接触による変化が顕著である。顕在的な威信[1]をもつ標準語との接触ではとくに，方言の衰退や変容が生じやすい（図1）。方言間の接触では，変化する場合もあれば，両者の社会的な力関係のために変化が生じない場合もある。

▷1　社会的に価値をもつと認識されている言葉が，好ましいものとして人々を引きつける力。逆に社会的に低くみられている言葉がもつ魅力を「潜在的な威信」という。

2 標準語との接触に伴う方言の変化：共通語化，二方言併用，ネオ方言

接触による方言の変容を扱った研究でもっとも注目されてきたのは共通語化である。学校教育やマスメディアの普及で標準語が地域社会に浸透し，交通網の発達と行動圏の拡大によって「未知の人」とのコミュニケーションが日常化した結果，地域社会に生きる人々の標準語理解・運用能力は大いに向上した。標準語の受容によって方言の社会的・経済的価値が低下すると方言を維持する動機が失われ，方言の衰退・消失が進むことになる。構造面では，語彙→文法→音声・アクセントの順に共通語化が生じ，使用域を上位場面から下位場面へと広げていく。使用者に注目した共通語化モデル（図2）では，変化の完成までに4つの段階があるとされ，言語項目にもよるが，およそ100年程度かかるとみられる。横山・真田（2010）によれば，共通語

▷2　ある言語を母語として身につけるまでに必要とされる期間。15歳くらいまでとされることが多い。

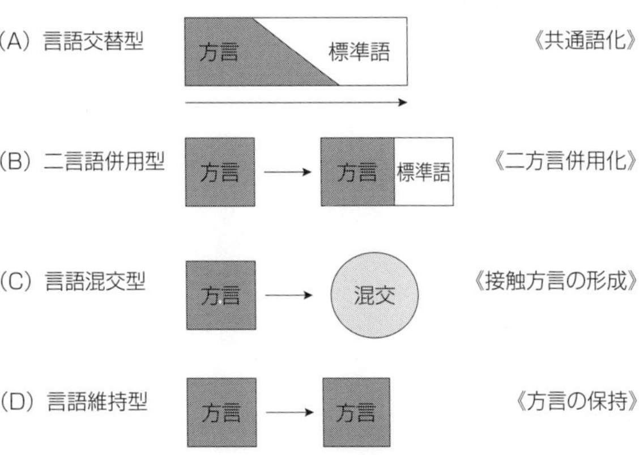

図1　標準語と方言の接触による言語変化のパターン

注：図中の矢印→は時間の推移を示す。
出典：高木（2010）を参考に筆者作成，一部文言を改変。

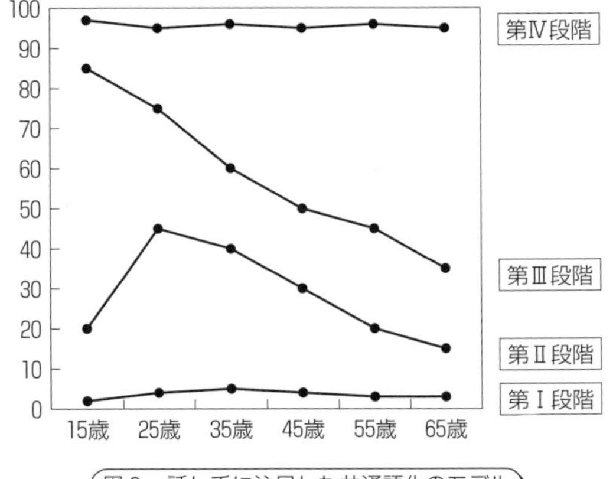

図2　話し手に注目した共通語化のモデル

注：第Ⅰ段階：どの年齢層にもほぼ方言だけが使用される
第Ⅱ段階：社会的活躍層における標準語運用能力が向上する
第Ⅲ段階：若年層ほど共通語化が進んでいる
第Ⅳ段階：地域社会の共通語化の完成
出典：野元（1987）を参考に筆者作成。

化の要因に話し手の生年（世代差）が関わるタイプと，話し手自身の加齢や社会の変容が関わるタイプがある。これは，言語形成期[2]までに獲得された言葉が生涯にわたって保持されるだけでなく，成人後の言語環境も共通語化の促進・抑制に影響を与えうるということである。

地域における方言の変容は，共通語化の過程に位置づけられることが多かった。しかし研究の進展に伴い，標準語と方言の位置づけに地域差があり，これによって変化のタイプも異なることが明らかにされた。その一つが方言主流社会[3]である。標準語は，言語的類似度の低い方言を使用する社会ではとくに，他地域出身者とのコミュニケーションに必須の道具である。一方で，共同体のメンバーであることを示す方言の重要性も増していき，状況に応じた2つの変種の適切な使い分けが求められるようになる。方言主流社会では，連帯感の標示という方言の存在意義が失われない限り標準語と方言が併存する二方言併用[4]状態が続き，言語交替は生じないといえる。

一方，方言中心社会[5]では，顕在的威信のある標準語との日常的な接触と，自方言を維持しようとする方言志向との相互作用によってネオ方言[6]が形成される。ネオ方言の特徴は，方言の枠組みに合う標準語形だけが取り込まれる点，標準語形からの対応置換[7]によって新しい方言形（ネオ方言形）が作られる点，標準語との対応が明快な方言形には変化がみられない点にある。全体としては標準語との接触下でも維持しやすい体系に作り替える方向への変化であり，ネオ方言形のように自方言に合わせて改変した新形式を使用するところに話し手の方言志向が窺える。ただし方言の変容に自覚的ではなく，自身の言葉についても単に「方言」とだけ認識しているケースが多い。

3 方言どうしの接触による変化：コイネー，広域方言の形成

異なる方言を母語とする人々が一つの共同体を作るとき，互いの方言が影響を与えあってコイネー[8]が生まれることがある。もとは無人島だった沖縄県南大東島では，1900年に八丈島から開拓者が入植し，その後琉球列島からも移住者を迎えて方言接触が生じた。現在の南大東島の言葉には，八丈方言と琉球方言の特徴だけでなく，独自に変化を遂げた形式なども確認され，島固有の接触方言が形成されている（ロング 2004）。ほかに，他地域にルーツを持つ人が数多く居住する東京で話される言葉を接触方言とみる立場もある（田中 1983）。

各地の中核都市が言葉の発信地となって，人々の言葉が均質化する現象を広域方言化（あるいは地方共通語化）と呼ぶ。広域方言は，交通網の整備に伴う生活圏・行動圏の拡大によって，異なる方言をもつ人々の直接的な交流が日常化することで形成される接触方言である。たとえば関西では，鉄道網の発達とともに言葉の地域差が小さくなり，「関西（広域）方言」と呼べそうな一つの言語変種へと収斂する方向に変化が進みつつある。（高木千恵）

▶3　標準語の使用が日常化しつつも，地域方言が共同体の構成員の連帯を示すものとして機能し，その存在意義が失われていない社会。逆に「日常生活において方言の価値が見出せない社会」を「共通語中心社会」と呼ぶ。

▶4　2つの言語変種が併用される状態。2つの言語変種がスタイル差を伴って併用される場合にはダイグロシア（diglossia）という。

▶5　方言の使用をデフォルトとし，日常生活において標準語使用を求められることのない／少ない社会。

▶6　標準語の影響を受けて形成された接触方言。

▶7　標準語形の一部を方言形に置き換えて方言らしい形式を作り出すこと。

▶8　1-4 側注6参照。

参考文献

井上史雄（2018）「共通語化のスピード」横山詔一ほか編『社会言語科学の源流を追う』ひつじ書房。

佐藤和之（1997）「共生する方言と共通語」『国文学解釈と教材の研究』42-7，44-51頁。

高木千恵（2010）「標準語との接触による地域語の変容」『日本語学』29-14，74-83頁。

田中章夫（1983）『東京語』明治書院。

野元菊雄（1987）「共通語化のモデル」『国語学大辞典 第5版』東京堂。

横山詔一・真田治子（2010）「言語の生涯習得モデルによる共通語化予測」『日本語の研究』6-2，31-45頁。

ロング，ダニエル（2004）「島の言語の二つの顔」『言語』33-1，42-50頁。

日本語教育

1 文法教育

日本語学と日本語教育の重要な接点に文法教育がある。文法教育において留意すべきことは(1)のようにいくつかあるが，ここでは，誤用と非用および母語の転移について取り上げる。

(1)誤用と非用，母語の転移[1]，教授言語[2]，明示的教示と暗示的教示[3]

目標言語のある形式を使ったことで誤りになるものを誤用（error）[4]，形式を使わなかったことで不自然になるものを非用（avoidance）と言う[5]。誤用は非文法的な表現であり，非用は文法的には誤りではないが母語話者の使用基準とずれていて不自然なものである。(2)(3)がそれぞれ語用と非用の例である。

(2)*昨日，デパートで田中さんを会いました。（→に，または，と）

(3)？恋人が私をふりました。（→私は恋人にふられました。）

(3)は文法的誤りではないが，受身文[6]を使わないことで不自然になっている。

文法教育では，誤用だけでなく非用もなくす必要がある。そのためには，以下に挙げる日本語教育文法，とくに，産出のための文法の考え方が重要になる。

(2)は英語母語話者などにみられる誤用だが，これには母語の（負の）転移が関与しているとみられる。(2)に対応する英語の文は(4)だが，ここでは “Tanaka” は直接目的語になっており，それが(2)の誤用の原因と考えられる。

(4) I saw Tanaka at a department store yesterday.

(5)〇昨日，デパートで田中さんを見ました。

ここで，(4)が(2)(5)の双方に対応することに注意されたい。つまり，英語では「会う」と「見る」を区別しないのに対し，日本語では両者を区別するため，区別のない言語の話者にとって誤用が起こりやすいということである。

2 日本語教育文法

日本語教育に直接役立つ文法記述を目指す分野を日本語教育文法と言う[7]。文法教育について考える場合，日本語母語話者（母語話者）にとっての文法と，非日本語母語話者（非母語話者）のための文法の違いを考える必要がある（以下の議論は，日本語に限らず，母語話者／非母語話者一般に成り立つ）。

母語話者にとっての文法を考える場合，母語話者は文法能力[8]を持っていることに留意する必要がある。つまり，母語話者は教えられなくても文法的な文を

▷1　母語転移（language transfer）は，習得しようとする言語（目標言語 target language）を使うときに，母語（mother tongue）の表現や発想を移行させる心的作用のことである。転移を行った結果が正用につながる場合を正の転移（positive transfer），誤用や非用につながる場合を負の転移（negative transfer）という。

▷2　目標言語で授業を行う教授法を直接法，学習者の母語や英語（などの媒介語）で授業を行うものを間接法という。

▷3　文法項目に関する知識を言語的に明示的に与える手法を明示的教示（explicit instruction），知識を言語活動などに埋め込んで非明示的に与えるものを暗示的教示（implicit instruction）という。

▷4　学習者の誤りには，言い間違いなどに相当する mistake と，内在化された誤りである error がある。本節では error のみを対象とする。

▷5　「非用」は第二言語習得研究でいう「回避」に相当する。

▷6　5-12 参照。

▷7　日本語教育文法について詳しくは，庵（2017，2018）を参照されたい。

▷8　文法能力（grammat-

産出することができる。したがって，(6)のタイプの説明において母語話者にとって意味があるのは，(6c) だけである。

(6) a．○○とは言いますね。

b．××とは言いませんね。

c．それはなぜかと言うと，△△だからです。

一方，非母語話者のための文法では（6a）と（6b）を前提とすることは（論理的に考えて）できない。なぜなら，（6a）と（6b）に関する知識が欠けているから文法教育が必要なのであり，これらが前提とできるなら，（少なくともその項目に関しては）文法教育は不要だからである。このことから次のようにいえる。

(7)非母語話者のための文法（文法教育）における記述では，母語話者がもっている文法能力（内省）を前提としてはならない。

これは，言い換えると，母語話者にとっての文法と，非母語話者のための文法では，目的や記述の仕方がまったく異なるということである。

ical competence）は，母語話者が母語に関してもっている言語能力で，次の2つの部分からなる。

①母語話者は，母語の任意の文の文法性を判断できる。

②母語話者は，モニターができる環境では，文法的な文のみを産出する。

ここで，モニターができるとは，話し言葉では言い直し，書き言葉では推敲ができることをいう。

3 産出のための文法

非母語話者のための文法は母語話者にとっての文法とは異なる方法論で記述する必要がある。ここでは，産出のための文法という観点からこの点を考える。

文法と語彙には，意味がわかればよい「理解レベル」の項目と，意味がわかった上で使える必要がある「産出レベル」の項目がある。

たとえば，語彙に関して言えば，「事由」と「理由」という語がある。両者の意味は「理由」で共通しているが，「事由」は行政や法律関係の分野でのみ使われ，そうした分野の専門家以外にとっては理解レベルの語である。一方，「理由」は明らかにすべての母語話者にとって産出レベルの語である。

文法に関しても，(8)の「べく」は現在ではあまり使われず，「ために」が主に使われている。つまり，「べく」は理解レベルの項目であると考えられる。

(8)（料理研究家の高城順子さんは）餃子の皮の逸品を見つけるべく，自ら選定会を開いたこともあるとか。(BCCWJ. PM11_00100)

ここで，学習者が「難しい」と感じる文法項目（「は」と「が」，受身，テンス・アスペクト，自動詞と他動詞など）はいずれも，意味が難しいのではなく，使うことが難しい項目，すなわち，産出レベルのものであることに注意したい。

4 文法的類義表現の使い分けと無標・有標

文法教育で問題となるものの一つに，類義表現の使い分けがある。これに関しては，無標・有標の区別が有効である。

「さしすせそ」（サ行）を普通の速さで発音すると，子音が「し」のときだけ舌の位置が他と異なることに気づく。つまり，サ行は［sa, ʃi, su, se, so］となっており（母音の表記は簡易），サ行子音は次のように分布している。

(9) a．[ʃ]：[i] の前

b．[s]：それ以外の母音の前

サ行子音は［s］［ʃ］に限られ，かつ，どちらかは必ず使われるので，［s］と［ʃ］は相補分布[9]をなすが，こうした場合に，制限が厳しい方を有標（marked），そうでない方を無標（unmarked）という[10]（サ行音については 2-3 も参照）。

無標と有標は，相補分布をなす文法的類義表現の記述に有効である。その例として，文脈指示のソとア[11]を取り上げる。

(10)*そして一緒に日本語勉強した人ももうほんとにあちこちいて，あの人（→その人）をちょっと訪ねていって（後略）（KY コーパス EAH08。一部改変）

こうした文脈指示の場合，ソかアを使う必要があるので，両者は相補分布をなす。このとき，適切なソとアの使い分けは次例のようなものである。

(11) A：昨日林に会ったよ。{○あいつ／*そいつ}，相変わらず元気だった。

B：{○あいつ／*そいつ}，ほんと元気だよな。

(12) A：友人に林という男がいるんだけど，{*あいつ／○そいつ}，おもしろい奴なんだ。[12]

B：{*あの人／○その人}，どんな仕事してるの？

ソとアの使い分けは表1のようにまとめられる。

表1　話し手，聞き手の知識とア／ソ

		聞き手	
		知っている	知らない
話し手	知っている	ア	ソ
	知らない	ソ	ソ

このことから，ソとアの使い分けの規則は次のようになる。

(13) a．話し手，聞き手双方が指示対象を知っている場合はア（有標）

b．それ以外はソ（無標）

つまり，相補分布になる文法的類義表現の場合は，有標な形式が使われる条件だけを規定すれば，無標の場合の規則は不要になるのである（ただし，モダリティ形式のように，相補分布にならない場合はこの方策は使えない）。

5 母語の知識を活かした文法教育

先に母語転移の例を紹介したが，ここでは，母語と目標言語のズレの具体例と，そうしたズレを踏まえた文法教育の方法について述べる。

中国語話者には次のような誤用が多いことが知られている。

(14)（部屋に入った際にコップが割れた状態になっているのを見たとき）

＃あっ，コップが割れた。（→割れている）

このように，中国語話者は，結果残存のテイルの代わりにタを使うことが多い。これは次のような理由によると考えられる（庵 2017参照）。

▶9　相補分布（complementary distribution）は，2つまたは3つの要素が互いに排反的な分布を示す，つまり，同じ環境で，それらの形式のどちらか（またはどれか1つ）が必ず使われなければならず，かつ，それらが使われる環境が重ならないときの各要素間の関係をいう。

▶10　ここで挙げた以外の無標と有標の定義や，無標と有標という概念が言語分析にもつ意味については，庵（2012，2017）を参照されたい。

▶11　指示詞の用法のうち，言語的文脈に指示対象（referent）が存在するものを文脈指示という。文脈指示について詳しくは庵（2019）を参照されたい。

▶12（11A）と（11B）において，話し手Aにとっての「林」の属性は同じで，違いは聞き手Bが「林」を知っているかどうかであることに注意されたい。日本語では，この違いが，アとソの使い分けや，固有名詞に「という／って」をつけるかどうかに関わっている（田窪 1989；金水・田窪 1990）。

まず，⒁に対応する中国語の文は⒂である。

⒂杯子坏了。

次に，⒁を図示すると図1のようになる。

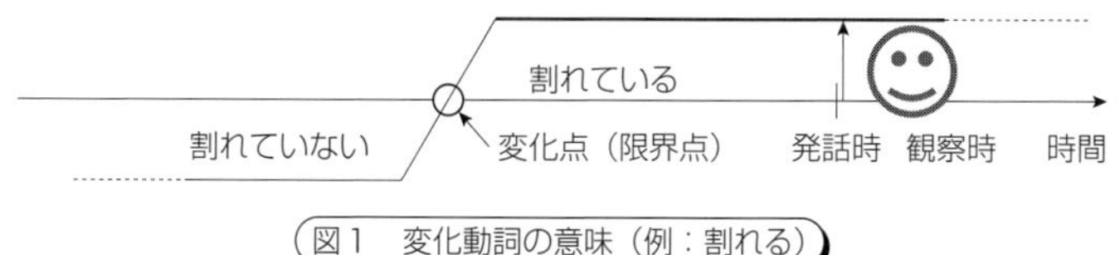

図1 変化動詞の意味（例：割れる）

「割れる」は変化動詞であるため，割れていない状態から割れた状態に変化する時点（変化点）をもっている。中国語の⒂はこの変化点の存在に注目し，変化があったことを述べるものである。変化があったと述べることで，変化の後の状態を含意させる言い方だといえる。

一方，日本語は太線部つまり変化後の状態であることを観察時（この場合は発話時と重なる）に「見た」という述べ方をする。これは日本語では⒃のように変化動詞のタ形が使えるのは変化を見たときに限られるからであり，⒁の誤用は図1における日中の事態の捉え方のズレに起因しているのである。

⒃あっ，コップが割れた。

結果残存のテイルの代わりに存在動詞「ある，いる」を使う誤用がある。

⒄ # 道に財布がある。（→落ちている）

日本語では，「接触」を表す（英語の "on" の意味の場所を伴う）存在表現においては，「いる，ある」だけでは存在文を作れず，動詞を足す必要がある。◁13

⒅壁に絵が ｛*ある／かけてある｝。（接触面「横」）

このような制限は英語や中国語にはない。

⒆ There is a picture on the wall.／墙上有一幅画。（接触面「横」）

一方，「空間」を表す（英語の "in" の意味の場所を伴う）存在表現においては，「いる，ある」だけで存在文を作れる。

⒇教室にテレビがある。

⒄が不自然なのは，「道」は閉ざされた「空間」とは捉えられず，存在表現としては動詞を足す必要があるにもかかわらず「ある」だけで表しているためであり，この点の日本語と英語や中国語とのズレが誤用の原因と考えられる。

このように，転移には誤用につながる負の転移も存在するが，近年，転移の大部分は正の転移であることがわかってきている。そうであれば，次のように考えることで，文法学習における学習者の負担を大幅に減らせる可能性がある。

㉑文法項目ごとに，学習者の母語と目標言語を正確に対照し，負の転移が起こる可能性とその位置を特定して，それを排除することによって，学習者が母語の知識を利用して目標言語を習得することが可能になる。

こうした考え方を「母語の知識を活かした文法教育」という。これに関する最新の研究に李（2019）がある。（庵 功雄）

▷13 接触面が「上」のときは「いる，ある」だけでも表現できるが，その場合でも「に」の前に「の上」を伴う必要がある。接触面が「横」「下」のときは「いる，ある」だけでは存在文を作れない（⒅および次例参照）。

・机 ｛?? に／の上に｝みかんがある。（接触面「上」）

・天井にボードが ｛*ある／貼ってある｝。（接触面「下」）

参考文献

庵功雄（2012）『新しい日本語学入門 第2版』スリーエーネットワーク。

庵功雄（2017）『一歩進んだ日本語文法の教え方1』くろしお出版。

庵功雄（2018）『一歩進んだ日本語文法の教え方2』くろしお出版。

庵功雄（2019）『日本語指示表現の文脈指示用法の研究』ひつじ書房。

金水敏・田窪行則（1990）「談話管理理論から見た日本語の指示詞」『認知科学の発展』vol. 3，85-115頁。

田窪行則（1989）「名詞句のモダリティ」仁田義雄・益岡隆志編『日本語のモダリティ』くろしお出版，211-233頁。

李弘瑋（2019）「「（よ）うとする」に関する一考察」『日本語文法』19-2，51-65頁。

7 国語教育

1 国語教育と日本語教育の違い

国語教育[1]は，日本語母語話者（とくに学校教育を受ける児童・生徒）を主たる対象者とした，主に学習指導要領[2]に基づく言語教育である。対象者はすでに，ある程度話したり聞いたりすることができるため，日本語教育のように，語彙や文法事項を一から教えるということは，基本的には行われない。国語教育では，母語である日本語を用い，「話す」「聞く」「書く」「読む」という具体的な言語活動を通じて，さまざまな知識や概念を習得させることに加え，思考力や感受性を育ませ，児童・生徒の「生きる力」を育成することが目指されている。

それでは，日本語学は，どのような形で国語教育に貢献できるのだろうか。

2 五十音図を「覚える」学習から，「考える」学習への転換

「五十音図を作成してください」。

小学校教員を目指す学生向け授業の一コマである。学生は思い思いに五十音図を作成する。「思い思い」という言葉に違和感をもつ読者もいるだろう。

だが，実際に彼らが作成した五十音図を隣どうしで確認させると，自分とは異なる五十音図が作成されていることに対する驚きの声が次々にあがる。

一体，彼らは，どのような五十音図を作成したのだろうか。４例挙げる（図1）。

この中で国語教科書に掲載されている規範的な五十音図は，〈B〉である。その特徴は，多くの言語にみられる無標の母音から相対的にみられにくい有標の母音の順へと並ぶ「あいうえお」順の母音排列と，「(あ)かさたな(は)ま(やらわ)」順という，口の奥から口先へと調音点が移動する子音排列である。このように五十音

わ	ら	や	ま	は	な	た	さ	か	あ
	り		み	ひ	に	ち	し	き	い
を	る	ゆ	む	ふ	ぬ	つ	す	く	う
	れ		め	へ	ね	て	せ	け	え
ん	ろ	よ	も	ほ	の	と	そ	こ	お

〈A〉

ん	わ	ら	や	ま	は	な	た	さ	か	あ
	(い)	り	(い)	み	ひ	に	ち	し	き	い
	(う)	る	ゆ	む	ふ	ぬ	つ	す	く	う
	(え)	れ	(え)	め	へ	ね	て	せ	け	え
	を	ろ	よ	も	ほ	の	と	そ	こ	お

〈B〉

あ	か	さ	た	な	は	ま	や	ら	わ
い	き	し	ち	に	ひ	み		り	
う	く	す	つ	ぬ	ふ	む	ゆ	る	を
え	け	せ	て	ね	へ	め		れ	
お	こ	そ	と	の	ほ	も	よ	ろ	ん

〈C〉

あ	か	さ	た	な	は	ま	や	ら	わ
い	き	し	ち	に	ひ	み		り	を
う	く	す	つ	ぬ	ふ	む	ゆ	る	ん
え	け	せ	て	ね	へ	め		れ	
お	こ	そ	と	の	ほ	も	よ	ろ	

〈D〉

図1　さまざまな五十音図の例

▷1　国語教育は，「広く家庭・学校・社会で行われる母語の教育を指す」という（田近洵一・井上尚美・中村和弘編，2018，『国語教育指導用語辞典 第５版』教育出版）。これに似た概念として国語科教育があるが，これは，本来的には学校教育における国語に限定される。だが，しばしば同一のものとして扱われるため，本節も，以下，国語科教育に置き換えて述べる。

▷2　日本の学校教育は，学校教育法および学校教育法施行規則によって定められた学習指導要領に基づいて行われる。学習指導要領は，約10年ごとに社会情勢に合わせて改訂される，学びの指針である。

図の排列には，根拠があるのである（五十音図については 2-3 も参照）。

ところで，〈A〉は某幼児向け平仮名学習表，〈C〉は某電子タブレットの文字入力画面，〈D〉はカラオケ検索機器[▷3]にみられるもので，実在する。日本語史を繙（ひもと）いてみても，現代の規範とは異なる五十音（図）は，『反音作法』[▷4]『孔雀経音義』[▷5]『金光明最勝王経音義』[▷6]等の資料にもみられる。つまり，五十音（図）は，最初から現行の排列に定位していたわけではないのである。

以上の言語事実に基づけば，授業で五十音図を取り上げる際，現代の規範的な五十音図をただ暗記させるのは，好ましくない。実際に〈B〉以外の五十音図を目にし，その差異に興味を持つ児童・生徒がいるからだ。だとすれば，規範的な五十音図の排列が，他の五十音図よりも相対的に整然としていることを児童・生徒に気づかせることに，学習価値があるだろう。たとえばウ段を順番に発音させると，オ段にあるべき「を」がウ段に並ぶことへの違和感に気づかせられる（〈A〉・〈C〉）。このように，さまざまな五十音図を通してその排列の意味や理由を考えさせることで，児童・生徒は，言葉（発音）に対する認識を深めることができる。「覚える学習から考える学習へ[▷7]」の転換を考える上で，日本語学の知識は役立つ。

3 複合動詞に着目した『ごんぎつね』の教材分析

新美南吉『ごんぎつね』は，定番の国語教材である。普段いたずらばかりしていたごんが，あるいたずらの反省から改心し，兵十へ贖罪しつづけるも，それが兵十に理解されるのは，その兵十に火縄銃で撃たれた後だった，という話である。ごんの行動の変化から心情の変化を把握させる単元学習に適している。それでは，日本語学の知見を活かして『ごんぎつね』の教材分析を行う際，教師はどこに着目できるだろうか。一つには，複合動詞がある。

たとえば，ごんのいたずらの中に，(1)いもをほり散らす，(2)とんがらしをむしり取っていく，というものがある。この「ほり散らす」は，掘っただけではない。掘るという動作と，ほぼ同時もしくはその直後に散らすという，２段階の動作が認められる。一方，「むしり取る」は，とんがらしをむしった後に取ったのではなく，その取り方が「むしる」という動作で表されている。この複合動詞前項の「ほる」と「ほり散らす」，複合動詞後項の「取る」と「むしり取る」の差異を比較させる発問から，具体的な動作を考えさせる授業を構想できる。作品中の複合動詞に着目することで，児童は，ごんの行動と心情を精確に読解できるようになる。また教師の側も，複合動詞の知識を持っていれば，教材分析・教材開発の核となる発問作成のヒントを手に入れることができるのである。

日本語学は，国語教育に役立つ学問なのである。（清田朗裕）

▷3　図１の〈D〉の例。

図2 「Smart DAM デンモク（TM10）」（第一興商）

▷4　明覚（1056-1106）著。1093（寛治７）年成立。反切（反音）の区別を，五十音図によって求めようとしたもの。明覚独自の排列による整然とした五十音図がある（飛田良文ほか編，2007，『日本語学研究事典』明治書院）。

▷5　撰者不詳。10世紀後半成立。『仏母孔雀明王経』にみられる漢字を出現順に抜き出し，発音と意味を記した巻音義。巻末に現存最古の五十音図がある（沖森卓也編，1991，『資料日本語史』おうふう）。

▷6　撰者不詳。1079（承暦３）年四月抄。漢訳仏典である『金光明最勝王経』の巻音義。巻尾に「五音」「五音又様」として五十音図がある（飛田ほか編，2007）。

▷7　中央教育審議会（1996）「21世紀を展望した我が国の教育の在り方について（第一次答申）」以来，求められている日本の教育の方向性である。

参考文献

影山太郎（1993）『文法と語形成』ひつじ書房。

窪薗晴夫（1999）『日本語の音声』（現代言語学入門２）岩波書店。

森山卓郎・達富洋二編（2011）『国語教育の新常識』明治図書。

日本語の起源・系統

日本語は系統不明の孤立言語

日本語はいつの時代から日本列島で話されるようになったのだろうか。3世紀末の日本列島の様子を記録した『魏志倭人伝』に登場する国名，人名，役職名に，日本語の語彙に属する名詞（ヤマ「山」，マツ「松」等）が見出されることから，3世紀末には日本列島で日本語が用いられていたことがうかがえるが，それ以前の日本語に関する記録は存在しない。日本語の起源をめぐる問題は，広く一般の関心を集めてきたが，その多くは謎に包まれている。

明治時代に近代的な言語学が日本へ輸入されてから現在に至るまで，日本語の系統を探求する研究者は，日本語は日本列島の外側からの移住者によってもたらされたと仮定して，その証拠を列島内外の諸言語の中に見出そうとしてきた。[◁1]アイヌ語，朝鮮語はもちろんのこと，地球上のあらゆる言語の中に日本語と同系の言語を探し出す努力がなされたが，日本語と他言語との系統関係が確立されることはなかった。その研究史は服部（1959）に詳しい。現在広く受け容れられている見解は，日本語は系統不明の孤立言語であるというものである。

▷1　1-5 参照。

2　系統関係とは何か

そもそも「系統関係がある」とはどういうことであろうか。系統関係とは言語と言語の歴史的なつながりの一種である。言語間の歴史的なつながりには系統関係のほかに借用関係があり，両者を区別することは極めて重要である。しかし日本語の系統をめぐる論争では両者はしばしば混同されてきた。

「言語Ａと言語Ｂに系統関係がある」とは，問題の2言語が時代を遡れば同じ1つの言語であったという意味である。2つ以上の言語の共通の祖先となる言語を祖語と呼ぶ。英語とドイツ語とスウェーデン語は系統関係を有し，時代を2000年程度遡ればゲルマン祖語に辿り着く。言語は時代とともに変化するので，同じ言語を話す集団の一部が移住することなどによって，互いに緊密な交流のない複数の集団が形成されると，個々の集団の言語は互いに異なる方向へと変化してゆき，やがて相互に理解できないほどの差が生じる。問題の3言語もそのような歴史を辿った。これらの言語はさらにフランス語やロシア語，中東のペルシア語やインドのヒンディー語とも系統関係があり，これらの言語は印欧祖語に遡る。系統関係のある諸言語は語族をなすというが，前述の諸言語は印欧語族をなす（印欧語族については吉田 2005を参照）。

系統関係と借用関係を区別する

ある言語と別の言語に音と意味の双方が類似する語が繰り返し見つかるとき，問題の2言語に歴史的なつながりがあると推測するのは言語学的にみて合理的である。実際に，系統関係を検討する際に最初に行う作業は，2言語間で音と意味の双方が類似した語を引き合わせることである。

たしかに，歴史的なつながりの有無にかかわらず2言語の語が偶然似てしまうこともある。ドイツ語の Name［naːmə］「名前」，英語の so［soʊ］「そう」などがそれである。しかし言語には言語記号の恣意性[▷2]という性質があるため，偶然に音と意味が似通った語は語彙全体からみれば稀少である。それにもかかわらず，似通った語が2言語の語彙の中に偶然をはるかに上回る頻度で見つかるのならば，問題の2言語の間に何らかの歴史的なつながりがあると推測される。

言語Aと言語Bが共通の祖語から分岐したのであれば，両言語は祖語の語彙を継承し，一定の割合でそれを維持し続けるので，2言語間には意味と音の類似する語が見つかることとなる。実際に英語とドイツ語には表1のような類

表1　英語とドイツ語の対応

意　味	英　語	ドイツ語
2	two [tuː]	zwei [tsvaɪ]
12	twelve [twelv]	zwölf [tsvœlf]
舌	tongue [tʌŋ]	Zunge [tsʊŋə]
足指	toe [toʊ]	Zehe [tseːə]
～へ	tu [tuː]	zu [tsuː]

出典：服部（1959：162）より一部改変。

表2　日本語と英語で類似する語（借用語）

意　味	英　語	日本語
フォーク	fork [fɔːk]	フォーク［ɸoːku]
テーブル	table [teɪbl]	テーブル［teːburu]
トラクター	tractor [tɹæktə]	トラクター［torakutaː]

表3　日本本土の東京方言と琉球列島の伊良部島仲地方言の音対応

意　味	東　京	伊良部島仲地
風	kaze	kadʑi
甕	kame	kami
昨日	kinoː	tsɨnuː
衣	kinu	tsɨŋ
草	kusa	fusa
口	kutɕi	futsɨ

出典：富浜（2013）。

▷2　言語記号の恣意性とは，語の音と意味は必然的なつながりを欠くという性質である。日本語で［inu］と呼ばれる犬が英語では［dɔg］と呼ばれ，ロシア語では［sabakə］と呼ばれることが，音と意味との関係が恣意的であることを物語る。

似する語が容易に見つかる。これらの語はゲルマン祖語の語彙に遡る。このような共通の語源をもつ語を同源語と呼ぶ。

表1における類似性は系統関係を反映する類似性である。一方，2で触れたように，言語間の歴史的なつながりには系統関係のほかに借用関係がある。借用は系統とは無関係に行われる。たとえば英語と日本語の間にも，音と意味が類似する語が多数見つかる（表2）。これらの語は英語と日本語の間に歴史的なつながりを物語る証拠ではあるが，そのつながりとはこれらの語が英語から日本語へ借用されたという歴史であり，それは借用関係であって系統関係ではない。

系統関係の有無を論じる際は，言語間の類似性が借用に起因するものか，あるいは祖語の語彙の継承に起因するものかを峻別することが重要となるが，両者の区別は容易とは限らない。比較を行う際には，借用されやすい要素を除外することが有益である。他所から輸入されやすい事物を表す表3のような語は借用されやすいが，日常生活に不可欠であり，文化に依存しない概念を表す基礎語彙は借用されづらい。また動詞接辞などの文法形式は借用されづらい。

4 比較方法

類似した語を列挙しただけでは系統関係を確立したことにならない。系統関係を裏づけるのは，比較方法を用いて確立される音対応にほかならない。比較方法とは，言語Aと言語Bとが共有する同源語を比べて，そこに規則的な対応関係（すなわち音対応）を確立し，それに基づいて両言語の祖語における語形（祖語形）および，祖語形から言語Aと言語Bのそれぞれに実証される語形へ変化していく過程（すなわち音変化）を復元する手法のことである。祖語形や音変化を復元することを再建（あるいは再構）という。

同源語間の規則的な対応関係すなわち音対応は表1に示されている。表1では英語でtで始まる同源語がドイツ語では例外なくtsで始まっている。音対応は祖語に遡る同源語であれば例外なく観察される。その理由は音変化の規則性にある。音変化の規則性とは，変化を被る音を同一の環境にもつすべての語はその変化を例外なく被るという性質である。表1の同源語には*tで始まる祖語形が等しく再建され（*は再建形を表す），ドイツ語にはさらに「語頭において*tがtsとなる」という音変化が再建される。この音変化の規則，すなわち音法則は，祖語に遡る語であれば例外なく適用される。音法則の例外となる語は祖語に遡らない。◁3「神殿」を表す語は英語ではtemple，ドイツ語ではTempelであり両者は酷似しているが，英語のtがドイツ語のtsに対応していない。その理由はこの語がラテン語からの借用語であることにある。このように，音変化の規則性は言語間で類似する語が借用語か否かの判断にも役立つ。

日本語と他言語との間には（後述する琉球諸語を除いて）音対応を確立するこ

▶3　祖語に遡る語であっても，特定の語にのみ生じた散発的な変化によって音対応が成立しなくなることもある。

とに成功していない。従来提案されてきた音対応は，それが偶然あるいは借用による類似ではないと主張できるほどに十分な根拠に基づいたものではない。

5 琉球諸語との系統関係

日本語は孤立言語といわれるが，琉球列島（奄美群島，沖縄諸島，宮古諸島，八重山諸島）で用いられている諸言語すなわち琉球諸語は，日本本土の日本語との系統関係が確立されている。琉球祖語は1300年以上前に本土の日本語との共通祖先から分岐したと推定される[4]。「日本語は孤立言語である」と言ったときの「日本語」には琉球諸語も含まれているので注意が必要である。

表3に示すように，日本本土の東京方言における語頭の ka，ki，ku が琉球列島の伊良部島仲地方言の ka，tsi，fu に規則的に対応しており，両者の間の系統関係が裏づけられる。

6 なぜ日本語と他言語との系統関係は確立できないのか

琉球列島の諸言語を除いて，日本語と系統関係の確立できる言語がないのはなぜだろうか[5]。その理由は日本語の分岐年代の古さにあるといえるだろう。

系統関係は同源語における音対応に基づいて確立される。ところが同源語は，同系の言語間で永久に維持されるわけではない。系統の近い日本語と琉球諸語の間であっても基礎語彙の共有率は70％程度である。言語年代学によると，分岐から1000年経過するごとに基礎語彙の14％が失われるという。分岐から極めて長い時間が経過した言語間では，数少ない語に基づいて系統関係が論じられるので，その議論は信頼性の低いものとならざるをえない。

比較手法を適用し系統関係を確立できるのは，分岐してから6000年くらいまでの言語間の関係に限られるといわれる。日本語と系統関係のある言語が仮に存在していたとしても，両者の分岐年代が比較方法の射程を超えるほどの時代に遡るのならば，両者の系統関係を確立することはできない。（五十嵐陽介）

▶4　琉球祖語の話者の本土から琉球列島への拡散は11世紀頃と推定される。

▶5　ただし，12世紀成立の朝鮮半島の歴史書『三国史記』に記された古代朝鮮半島の地名には日本語と音と意味が類似した語が見つかることから，すでに消滅した言語ではあるが，日本語と系統関係のある言語が古代朝鮮半島で用いられていた可能性が指摘されている。伊藤英人（2020）「古代朝鮮半島諸言語に関する河野六郎節の整理と濊倭同系の可能性」長田俊樹編『日本語「起源」論の歴史と展望――日本語の起源はどのように論じられてきたか』三省堂を参照。

参考文献

富浜定吉（2013）『宮古伊良部方言辞典』沖縄タイムズ社。

服部四郎（1959）『日本語の系統』岩波書店。

吉田和彦（2005）『比較言語学の視点――テキストの読解と分析』大修館書店。

日本語史の時代区分

時代区分をどのように考えるか

言語の歴史は，基本的には話し言葉（＝音声言語）の歴史であるが，近代に録音・録画の技術が発達するまでは，有力な方法として，話し言葉は書かれた文献・資料の文章から推察し，仮説として構築していくことになる。そのためには，各時代において，文献や資料がどのような表記法を用い，どのような方法で日本語を書きとどめているかという，書き言葉の歴史をも知らなければならない。また日本語の表記法，文章の作成法等も広い意味で日本語の歴史の一部をなす。

書かれた文献・資料に基づいて言語の歴史を推測する場合，注意しなければならないのは，表記や文章作成の慣習や作法を通して話し言葉を透かしみるという間接性だけでなく，基本的に文献・資料を作成するのは，文字を操ることができる知的技術をもった人々であり，そのような人々は古い時代になればなるほどごく少数に限られるという点である。

一方で，現代の日本各地に分布する方言や関連言語（例：琉球諸語）の言語現象を調査し，それらの言語・方言間の歴史的関係を比較・推測することで歴史を描く方法もある。ただしこの場合は，いつその変化が起こったかということを決定するのが難しい場合がある。

以上のような事柄をふまえ，日本語史の時代区分はまず，現存している歴史文献を精査し，そこからみられる変化の節目を捉えて区分の仕方を決定していくことになる[1]。

▷1　区分の仕方がいわゆる政治的な状況（誰が・どのような階層の人々が日本を政治的に支配していたか）の影響を受けることはある程度仕方がない。なぜならば，文献・資料を生み出す人々が，古い時代になればなるほど，支配者層に近い人々であるからであり，どのような文献・資料が生み出されるかということも，政治的状況に大きく依存するということも知っておかなければならない。

2　時代区分の案

ここでは，次のような時代区分の案を示し，目安としたい。

［B. C. 400～ A. D. 3 世紀］弥生時代，［4 ～ 5 世紀］古墳時代，［6 ～ 8 世紀］上代（含奈良時代），［9 ～12世紀］中古（平安時代），［13～14世紀前半］中世前期（含鎌倉時代，南北朝時代），［14世紀後半～16世紀］中世後期（含室町時代，戦国時代，安土桃山時代），［17～18世紀前半］近世前期（江戸時代 1），［18世紀後半～19世紀前半］近世後期（江戸時代 2），［19世紀後半～1920年］近代（明治・大正・昭和初期），［1921年～今日］現代（昭和中期・後期，平成，令和）。

3 各時代の特徴

弥生時代，古墳時代は，支配者層が後の大和朝廷と連続的であると仮定できるのであるが，日本人自身が作成した文字資料はほとんどなく，多くは中国の歴史書に書かれた人名・地名や，剣・鏡等の考古学的発掘品に残された断片的資料に限られる。

上代は，大和朝廷が日本全土を支配していた時代であり，中国から渡来した漢字を駆使して，日本人がさまざまな文献を残し始めた時期である。その文献の中には純粋漢文◁2，和化漢文◁3による文献，万葉仮名◁4文献，およびそれらが混合した文献が含まれる。とくに，万葉集，日本書紀，古事記といった文献が重要視される。

中古（平安時代）は，貴族文化が栄え，漢字をもとに平仮名◁5・片仮名◁6が作り出された時代であり，平仮名を用いていわゆる平安仮名文学の作品が生み出され，また漢文訓読資料が多数生み出された。

中世前期は，政治的な主体が武士階級に移っていった時代であるが，文化的にはいまだ前代の貴族文化の影響が強く，話し言葉的な要素を文献からうかがうことは難しい。中世後期は，戦国時代から天下統一に向かった時期で，政治的な主体が大きく揺れ動いた。日本語の文献としては，キリシタン文献や能・狂言などに当時の話し言葉の影響が強くうかがわれる。

近世前期（江戸時代1）は，徳川幕府が開かれて社会が安定に向かい，経済・産業や文化が花開いた。まず栄えたのは京都・大阪の上方文化であり，学術が発達するとともに，京都・大阪で浮世草子◁7や歌舞伎，人形浄瑠璃等の大衆文化が発達し，話し言葉がこれらの文献に反映されることも多くなった。近世後期（江戸時代2）は，文化の中心が上方から江戸にシフトした時代であり，洒落本◁8，人情本◁9，滑稽本◁10等の戯作，江戸歌舞伎等には当時の江戸語が色濃く反映している。

近代に入って，西洋と同等の国民国家を形成することが課題となり，その一環として「国語」の構築が急務となった。文語文の整備に遅れて，「言文一致」運動◁11が起こり，口語文が構築された。また話し言葉の面でも「標準語◁12」が形成され，教育を通じて全国に普及した。活版印刷が発達し，書籍や新聞の発行が盛んとなった。ラジオに加え，SP レコードや映画など，音声・動画メディアも次第に発達した。

現代では，出版技術が大幅に向上したほか，ラジオ・テレビ等の放送メディアが活発化し，日本語の音声言語に大きな影響を与えた。家庭向けの録音・録画メディアも発達し，さらに通信回線の高度化やインターネットの普及を通じて，新しい言語現象が急速に広まり，また廃れるという波が頻繁に現れ，人々の言語生活に影響を与えつつある。

（金水　敏）

▶2　古典中国語の語彙や文法に則って書かれた漢文。

▶3　語彙や文法において，日本語の影響を受けて書かれた非正規的な漢文。

▶4　漢字の意味を捨象し，音だけを利用して日本語を書き記すための文字。

▶5　万葉仮名を書き崩し，筆を紙から離さず複数の文字を書く「連綿体」にすることによって作られた。日常の手紙や文書に用いられ，また女性も使用を許された。

▶6　最初，漢文の注釈を目的として作られた。万葉仮名の偏画の一部を取り出して作られた。

▶7　井原西鶴作の『日本永代蔵』『好色五人男』等に代表される。大衆小説。

▶8　主に遊郭を舞台とした，会話中心の短編の大衆小説。

▶9　男女の情愛をテーマとした，比較的長編の大衆小説。

▶10　落語の影響を受けた，滑稽な会話や出来事を綴った大衆小説。

▶11　話し言葉の語彙や文法を取り入れた，新しい書き言葉を創出しようとする運動。

▶12　「標準的」な日本語という意味であるが，規範意識を含む。戦後は主に「共通語」と言い換えられるようになった。1-1 8-20 も参照。

参考文献

大木一夫（2013）『ガイドブック日本語史』ひつじ書房。

古代日本語の資料

1 古代前期（漢字専用時代）の一次資料

古代語の時代は，９世紀後半の仮名の成立時期をはさんで，前期（漢字専用時代）と後期（漢字仮名併用時代）とに分かたれる。古代前期の古い資料としては，埼玉県稲荷山古墳出土鉄剣銘[1]をはじめとする６世紀前後の鉄剣銘や鏡銘，６・７世紀の造仏銘，墓誌銘といった金石文[2]があるが，漢文体の文章で書かれており，文章史資料として貴重であるが，日本語資料として活用できるのはほぼ固有名詞に限られる。古く狩谷棭斎『古京遺文』[3]に集成されているが，現代でも新たに発見されることがあり，常に新しい情報に注意する必要がある。この外，正倉院文書と，近年多数報告される木簡といった[4]一次資料[5]がある。正倉院文書には，律令制下の公文書や写経所文書などの日用文書が含まれ，中には仮名文書２通などの散文資料もあるが，全体的には日本語語形を確定できる資料は多くない。ただ，変体漢文[6]の日用文書を，文書木簡と合わせみることで，当時の和訓が知られることもあり，『万葉集』など中核資料の欠を補うことができる。橋本進吉・大矢透『南京遺文・南京遺芳・南京遺文拾遺』に，仮名を含む文書が集成されており，流出文書を集成した『正倉院文書拾遺』にも，仮名を含む文書が含まれる。また，近年，多賀城跡をはじめ各地から出土する漆紙文書[7]にも仮名交じりの資料が含まれる。

2 古代前期の主要資料

古代前期の日本語資料として中核を占めるのは，『万葉集』『古事記』『日本書紀』『風土記』の歌謡と訓注といった仮名書部分である。ただし，幾度もの書写を経た文献資料には，本文批判[8]（テキストクリティーク）が欠かせない。これらの本文批判には長い研究史があり，現在では，それなりに信用できるテキストが提供されているが，原資料の影印やデジタル化も進んでおり，それぞれの研究者の目で，見直すことも必要である。中心的な資料の『万葉集』「記紀歌謡」は，口頭語的な性格は確認できるものの，やはりウタの言葉であることには注意を要する。散文の資料は，極めて少ない。正倉院仮名文書２通のほか，『続日本紀』[9]に含まれる宣命64通は，平安時代の編纂にかかるものであるが，奈良時代の散文資料として貴重である。ただし，これも宣読を伴う特殊なものであることには注意が必要である。

▷１　辛亥年（471年）の年記があり，「乎獲居（ヲワケ）」など固有名詞を漢字音を借りて表音表記する。

▷２　石や金属に刻まれた文字資料を金石文という。一次資料として貴重。

▷３　狩谷棭斎は江戸時代後期の考証学者。奈良時代以前の金石文30編を記録し，訳注を付している。文政元（1818）年の成立。大正元（1912）年に山田孝雄，香取秀真により増補された。

▷４　正倉院文書は東京大学史料編纂所，木簡は奈良文化財研究所のデータベースが公開されている。

▷５　一次資料とは，その時代に書かれたものであり，古代語の場合，金石文・正倉院文書・木簡など，当時の直接的な資料として貴重。これに対して，転写を経た文献資料を二次資料という。

▷６　和化漢文とも。漢文訓読の影響もとに成立した，日本語的な要素を含む漢文。正格漢文に近いものから，漢字を日本語の語順通りに並べたようなものまで，さまざまなものが含まれる。8-2 側注３も参照。

▷７　古代，漆を保存するための蓋代わりに廃棄文書が利用され，それが固まって腐らずに残ったもの。昭和48（1973）年に宮城県多賀城跡で初めて発見された。

▷８　Textkritik(独)。史料批判とも。複数の写本を校

3 仮名の成立と文体（古代後期資料）

9世紀に，日本語を表記するための文字としての仮名（2-7参照）が成立して，日本語はようやく言葉の「かたち」を表現する方法を獲得する。平仮名による書記用文体（和文体）の成立である。

初期仮名文学作品には，『古今集』仮名序，『土佐日記』，『竹取物語』などがある。このうち『土佐日記』は中世初めまで貫之自筆本が存していて，それを忠実に書写した為家本によって本来の姿が想定できる希少な資料である。初期仮名文学作品は，和文を基調としながらも漢文訓読的な要素が多く，12世紀以降の女流文学作品の和文とは対照的である。また，和文資料には，会話文と地の文とで差のあることが指摘されている。ほとんどの仮名文学作品は，テキストデータや索引が完備されているが，それでも，前期資料同様本文批判は必要である。国立国語研究所の日本語歴史コーパス[10]は，かぎられた1つのテキストのみによっており，その利用には注意が必要である。

一方，漢文訓読の世界では，片仮名によって訓読の語形が表示できるようになり，いわゆる訓点資料[11]が現れる。訓点資料には，『西大寺本金光明最勝王経』古点などの仏典資料と『漢書楊雄伝』古点をはじめとする典籍資料，さらに『日本書紀』古訓など日本漢文の訓読資料などがある。また，『東大寺諷誦文稿』や音韻史の資料として貴重な悉曇資料[12]などもこれに含めて考えられる。和文語と訓点語とでは，語彙や語法に違いのあることが，築島裕『平安時代漢文訓読資料につきての研究』に詳細に論じられているが，その差の意味するところについては，口頭語と文章語，当代語と古語など，さまざまな意見があり，定説をみない。訓点資料の多くは，著名な資料の複製を除いて，容易に閲覧できないものが多く，訓読が一人の目によるものが多数を占めるという難点がある。築島裕『訓点語彙集成』（全9巻，汲古書院，2007～09年）は訓点語彙の総まとめとして貴重であるが，すべての例を再検証することは容易ではない。

前代の漢文ないし変体漢文もなお書かれ続けており，日用文書としての古文書類や記録体と呼ばれる公家日記（藤原行成『権記』や藤原道長『御堂関白記』など）がある。それらの多くには仮名交じりの部分も多く含まれ，一次資料も多数存しており，平安時代の言語資料として貴重である。

そのほか，『新訳華厳経音義私記』や『和名類聚抄』といった辞書・音義資料[13]は，語彙資料として有用である。それぞれ複製本と索引，考証が備わっている。また，古代末期には，『江談抄』や『富家語』といった聞書資料[14]や『今昔物語集』を典型とする和漢混淆文[15]など，多様な説話の文章資料が登場し，和文語や漢文訓読語とは位相を異にする言語資料が増加してくる。これらは，中世語との連続を考える上で見逃すことのできない資料群である。（乾　善彦）

合・吟味して，成立当時の姿の復元を目指す研究。

▶9 『日本書紀』に次ぐ歴史書。延暦16（797）年成立。本書所載の62通の宣命は，宣命書と呼ばれる，自立語を表語的に，付属語要素を表音的に書く独特の表記法をとる。

▶10 https://clrd.ninjal.ac.jp/chj/

▶11 漢文を訓読するための記号や仮名（訓点）を書き込んだ資料で，和文に対する漢文訓読語で記される。

▶12 平安時代から主に密教教学の世界ではじまった，悉曇（サンスクリット）研究の資料。とくに発音の研究は，音韻資料として貴重。

▶13 この他，『類聚名義抄』『色葉字類抄』『金光明最勝王経音義』等あり，『古辞書叢刊』『古辞書音義集成』等に収められる。

▶14 平安時代末期，伝聞を聞いたままに記録しようとした資料。この他，修法の講説を書きとめた『法華修法一百座聞書抄』等も，中世口語資料として貴重な抄物資料（漢籍・仏典等の講義聞書）の先駆をなす。

▶15 元来，漢文と日本語文とが融合した『古事記』のような文章をさす用語だったが，現在では漢文訓読語と和文語とが混淆した文体をさし，『今昔物語集』や『平家物語』を典型とする。

参考文献

沖森卓也編（1991）『資料日本語史』おうふう。

西崎亨編（1995）『日本古辞書を学ぶ人のために』世界思想社。

大木一夫・多門靖容編（2016）『日本語史叙述の方法』ひつじ書房。

4 中世日本語の資料（キリシタン資料）

1 キリシタン資料の種類

キリシタン資料とは，1549年のフランシスコ・ザビエル来日から約100年の間に日本宣教のために作成された資料のうち，主に言語研究に用いられるものを指す。キリシタン資料には版本（印刷物）と写本（手書き資料）とがある。版本のうち，イエズス会が日本で西欧式活字印刷機を使ってローマ字または国字（漢字・仮名）で印刷したものをとくにキリシタン版といい，30点が現存している。◁1キリシタン版のうち，日本語学では以下のものがとくに多く用いられてきた。

宗教書：『ドチリナ・キリシタン』（基本教義書，前期版1591?～92年，後期版1600年）

語学書：『落葉集（らくようしゅう）』（漢字字書，1598年），『日葡辞書（にっぽじしょ）』（日本語をポルトガル語で説明した辞書，1603・04年），『日本大文典』（ジョアン・ロドリゲスによる日本語文法書，1604～08年）

文学書：『天草版平家物語』（平家物語の口語訳，1592年），『天草版伊曽保物語（いそほものがたり）（エソポのハブラス）』（イソップ物語の口語訳，1593年◁2）

写本では，聖人伝や聖書の福音書抄訳を含む「バレト写本」（1591年）や，神学・哲学講義内容を記した『講義要綱』（ラテン語本・日本語本）などが知られる。写本の表記は，版本と一致しない例や写本内で統一されない例が多くみられる。◁3

2 キリシタン資料と日本語史

キリシタン資料は分量が豊富であるだけでなく，成立年や編纂目的が明確なものが多いため，言語資料として優れている。さらに以下２点で，同時期の他資料にない価値が認められる。１点目は，非日本語母語話者の視点で日本語全体を捉えていることである。とくにローマ字資料は漢字仮名資料では判断が困難な，清濁，四つ仮名◁4などが明示されており，音韻史研究に欠かせないものである。また『日本大文典』は，文法のほか音韻・文体・敬語・方言など，日本語が体系的に説明されている。翻訳の原典が特定されているものは，ポルトガル語やラテン語との対訳研究が可能である。たとえば『ドチリナ・キリシタン』掲載の「主の祈り」の冒頭の日本語を，原典のラテン語・ポルトガル語と

▶1　イエズス会がマカオなど国外で印刷したもの・スペイン系のドミニコ会が印刷したものを含めることがある。

▶2　『天草版平家物語』『天草版伊曽保物語』は，国立国語研究所『日本語歴史コーパス室町時代編』に加えられており，原本画像とともに利用できる（https://dglb01.ninjal.ac.jp/BL_amakusa/）。

▶3　当時ポルトガル語の綴りが統一されていたわけではなく，ロドリゲス自筆本の中でさえ -ão と -am のようなゆれがある。丸山徹（2020）『キリシタン世紀の言語学』（八木書店）参照。

▶4　清濁とは，ここでは日本語の清音（カ・サ・タ・ハの各行）・濁音（ガ・ザ・ダ・バの各行）・半濁音（パ行）の区別をいう。四つ仮名とは，ジとヂ，ズとヅの４つの仮名のことである。キリシタン版のローマ字資料では ji, gi, zu, zzu とおおむね書き分けられているが，『日本大文典』によると実際の発音はかなり混乱していたという。

対応させると以下の通りである。

『どちりいなきりしたん』(1591年？前期版国字本)

天に御座ます我等が御をや御名をたふとまれたまへ

Doctrina Christan（1592年前期版ローマ字本）

Ten ni maximasu vareraga von voya mi na uo tattomare tamaye:

日本版の原典と目される，マルコス・ジョルジェのドチリナ（1566年リスボン）[5]に掲載されたラテン語

Pater noster, qui es in caelis, sanctificetur nomẽ（=nomen）tuũ（=tuum).
（天にいる私たちの父よ，あなたの名前が聖なるものとされますように）

同じジョルジェのドチリナに掲載されたポルトガル語

Padre nosso que estas em os ceos Sanctificado seja o teu nome.
（天にいる私たちの父よ，あなたの名前が聖なるものとされますように）

2点目は，外国人宣教師の日本語会話能力習得のために，話し言葉で書かれた資料が複数あることである。たとえば『天草版平家物語』や『天草版伊曽保物語』では会話の名詞文に，「-gia（～ヂャ）」「-de gozaru.（～デゴザル）」などの表現が多用されているが，これらは書き言葉で書かれている当時一般の資料ではみられない。ただしこのような用例を，同時期の話し言葉資料として用いられる抄物・狂言と比べたとき，あるいはしばしばキリシタン資料の間でも，用法に違いがみられることがある。資料ごとの性格を考慮した上でこのような違いを解釈し，多様な話し言葉の実態に迫るようにしたい。

3 宣教資料としてのキリシタン資料

地域を広げてみると，日本は16～17世紀に行われた，カトリック世界宣教地域の一つである。同じ時代に他のアジア地域，ラテンアメリカ，アフリカで作成された，現地言語の文典・辞書・基本教義書との対照により日本の資料を相対化することができる。

また時代を広げてみたとき，キリシタン時代は日本のキリスト教興隆の一度目であり，二度目は明治期であった。教義や翻訳の原典の違いがあるためキリスト教に関する知識が欠かせないが，キリシタン資料と近現代資料との相違を考えるためには，キリスト教関係の資料に限定せず，広く非キリスト教資料をも対象とする日本語史の調査方法が有効である。（岸本恵実）

▷5 バイエルン州立大学所蔵（https://www.digitale-sammlungen.de/en/view/bsb00007222）。

参考文献

岸本恵実・白井純編（2022）『キリシタン語学入門』八木書店。
豊島正之編（2013）『キリシタンと出版』八木書店。

中世日本語の資料（キリシタン資料以外）

1　中世の社会背景と日本語史

中世は，院政期から鎌倉，南北朝時代，そして室町，戦国，安土桃山時代と，政情の不安定な動乱と激動の時代である。院政期から鎌倉，南北朝時代までが中世前期，室町から安土桃山までが中世後期と区分される。中世は，貴族体制の崩壊と武士の台頭という大きな社会的変質が生じたが，そのような時代背景のもと，言語にも変革が起きた時代とされる。とくに中世後期はそれまでの古代語的語法から近代語的語法への転換が起き始める時期であり，日本語史上重要な時期とされることが多い。中世前期は社会的な混乱もあり日本語史資料は限られるが，中世後期には豊富な口語資料が残存している。

2　説話・軍記物

中世前期の資料として代表的なものは，和漢混淆文[1]の説話集，軍記物などである。説話集としては『今昔物語集（こんじゃくものがたりしゅう）』[2]（1100年前半頃），『古本説話集（こほんせつわしゅう）』（1100年前半頃），『宇治拾遺物語（うじしゅういものがたり）』（1200年前半頃）がある。とくに『今昔物語集』は分量が豊富であることから日本語史の資料として用いられやすい。漢語が多用され，豊富な語彙を確認できる。中古までの仮名文学に比して口語性には劣るが，連体形終止の増加なども指摘されており，当時の口語の反映もある程度みられると推測される。とくに文体史の資料として注目される。

軍記物としては『平家物語』が挙げられる。『平家物語』は「語りの文学」としての性質があることから，「追ツかかツて，よっぴいてひようふつと射る」のように促音便や擬音語・擬態語などの口語的要素が観察され，臨場感に溢れた文章となっている。

3　抄　物

中世後期は，口語的要素を多く含んだ資料が豊富である。代表的なものは，抄物，キリシタン資料[3]，狂言である。ここでは，主に抄物と狂言を取り上げる。

抄物とは，博士家の学者や京都五山の僧が漢籍や仏典，『日本書紀』などの国書についてその語句を抜き出し注釈を施した講義を「聞書（ききがき）」したものや，それらの講義者による講義のための手控えを中心とする資料である。『史記抄（しきしょう）』（1477年）『毛詩抄（もうししょう）』（1539年）『玉塵抄（ぎょくじんしょう）』[4]（1563年）など「～抄」と称される資

▶1　8-3 側注15参照。

▶2　今昔，天智天皇ノ御代ニ，御子在マシケリ。心ニ智リ有テオ賢カリケリ。文ノ道ヲバ極テ好ミ給ケル。（中略）亦，田猟ヲ好テ，猪鹿ヲ殺ス事ヲ朝暮ノ役トセリ（新編 日本古典文学全集35『今昔物語集』(1) 小学館，1999年）。「好ミ給ケル」に連体形終止がみられる。

▶3　8-4 参照。

▶4　『史記抄』は中国の歴史書『史記』，『毛詩抄』は中国最古の詩編『詩経（毛詩）』，『玉塵抄』は韻書『韻府群玉』について解説している抄物。

▶5　『人天眼目抄』（1471年）曹洞宗の教書『人天眼目』についての川僧慧済による講述。『碧巌大空抄』（1489～92年頃）大空玄虎禅師が，越前竜沢寺時代の延徳年間に『碧巌集』から百則を選んで加注したもの。

▶6　他の抄物，キリシタ

料が多いことから，抄物と呼ばれる。「黄帝ト云ハ土徳之瑞ガアルホドニゾ土色ハ黄ヂヤ程ニゾ」（『史記抄』）のような講義口調を特徴とした口語性の高いものと，「～ナリ」文末を特徴とする文語的なものとがある。口語性の高いものには，「ホドニ」「アイダ」「～ウズ」など中世口語の特徴を豊富に見出すことができ，言語資料として活用される。ただし，抄物は狂言やキリシタン資料の口語と比べると漢語が多用されるやや硬い文体である。また，抄物のうち『人天眼目抄』『碧巌大空抄』[5]など曹洞宗の僧による一連の抄物（とくに洞門抄物と呼ばれる）がある。これらは，「～ダゾ」のように文末に「ダ」が用いられており，東日本の言語的な特徴が散見される[6]。中近世の東国語が垣間みられる貴重な資料である。

4 狂言資料

狂言は，中世期に猿楽から能とともに発展した喜劇的演劇で，登場人物の台詞を中心に話が展開していく。この狂言の台本集として残存している資料が狂言資料である。『天正狂言本』（1578年）のほか，大蔵流の大蔵虎明による『狂言之本』[7]（虎明本，1642年），清虎による『狂言之本』（虎清本，1646年），和泉流の『狂言六義』（寛永末から正保期）などがある。『天正狂言本』以外はいずれも書写年代としては近世期であるが，口承で伝えられてきた芸能であるという側面から，17世紀書写の狂言台本は室町時代末頃の口語を反映していると考えられている。ただし，詞章の改変や整理が行われやすかったこと，使われている言葉が必ずしも書写年代と一致しないことなど，言語資料として扱うためには注意が必要な点もある。

狂言資料の言語的な特徴としては，「有難い」「忝い」などの口語が多用されている点が挙げられる。狂言はその性質上，上層の知識階層ではない一般的な民衆が多く登場するため，同時代の抄物やキリシタン資料と異なり，俗語的な表現も観察できる。その他，大名とその従者（太郎冠者）や夫婦など立場の差がある人物が登場することが多いため，「ゴザル」や「オリャル」「マラスル」など敬語表現が豊富である。

5 交易と日本語史資料

中世から近世初期には，中国大陸との交易が盛んになったことから，朝鮮や中国において日本語学習書がいくつか作られた。朝鮮資料としては『伊路波』（1492年），文例と語釈を記述した『捷解新語』[8]（1676～1796年），中国資料としては対訳語彙集として『日本館訳語』（15世紀末～16世紀前半），『日本寄語』（1523年）などがある。これらの資料はキリシタン資料に比べ文例は少ないが，朝鮮語や中国語の音から当時の日本語音を推測することができ，音韻の資料として活用されている。

（岩田美穂）

ン資料や狂言など上方の言語を中心とする資料では断定の文末には「ヂャ」が用いられているが，洞門抄物では「ダ」が用いられている。その他にもハ行四段動詞の促音化や形容詞連用形原形の使用など洞門抄物の特徴とされる表現があり，東国語の影響を受けたものと考えられている（金田1976など）。

▶7 （売手）「なふなふ（太郎冠者）「何事で御ざる（売手）「あまりきどくなかひてじやほどに，みやげをしんでう（太郎冠者）「それはかたじけない，是へくだされい（売手）「其手へやるみやげではおりなひ（すゑひろがり『大蔵虎明本狂言集の研究』表現社，71頁）。

▶8 「よがふけてみゑまるせんほどに もしいづかたゑつくとも とンねぎ（東莱） ふさんかい（釜山浦）に申てかたがたゑあっちこッちたづねまるせうほどに きづかいさしらるな」（原刊本『捷解新語』巻一）。日鮮両国役人の貿易交渉や朝鮮使節来日時の両国人の対話となっている。

参考文献

金田弘（1976）『洞門抄物と国語研究』桜楓社。
小林賢次（2008）『狂言台本とその言語事象の研究』ひつじ書房。
肥爪周二（2013）「資料論」木田章義編『国語史を学ぶ人のために』世界思想社。
柳田征司（2013）『抄物，広大な沃野』（日本語の歴史4）武蔵野書院。
山本佐和子（2023）『抄物の言語と資料』くろしお出版。

近世日本語の資料

1 近世前期の資料

近世期は，社会が安定したことから，さまざまな面で文化的発展を遂げた。近世期の文化は明和頃（1764～71年）を境として，上方を中心とする近世前期と江戸を中心とする近世後期の2つに分けられる。

近世前期は文化の中心は依然として上方であり資料も上方語を中心とする。この時期の江戸はまだ都市としての創成期で，江戸語は確立していなかったとみられる。1600年代の資料はそれほど多くはないが，初期の噺本（はなしぼん）[1]（『醒睡笑（せいすいしょう）』1623年，『きのふはけふの物語（きのうはきょうのものがたり）』1600年代前半頃など）や浮世草子がある。とくに井原西鶴の『好色一代男』（1682年），『世間胸算用』（1692年）などの浮世草子では，文語体を中心としつつも，会話部分に「二三日跡（あと）に姨（をば）さまの昼寝をなされた時，こなたの糸まきを，あるともしらず踏みわりました。」（『好色一代男』『井原西鶴集1』小学館，1996年）のように口語を巧みに用いており，当時の上方における庶民の言語実態が垣間みられる。次に1600年代後半～1700年代初頭には，人形浄瑠璃[2]が隆盛する。とくに近松門左衛門には豊富な作品があり，中でも当時の町人社会の恋愛，義理，人情などを描いた世話物と呼ばれる『曾根崎心中』[3]（1703年），『冥途の飛脚』（1711年）などでは登場人物の台詞は基本的に口語が用いられている。

この時期の東日本の言葉がわかる資料は非常に限られており，『雑兵物語（ぞうひょうものがたり）』（1600年代後半か）がある程度である。『雑兵物語』は足軽の戦場での心得を述べた教訓書であるが，足軽どうしの会話形式で書かれており，推量の「べい」や断定の「だ」といった東国語的要素が多く観察できる。

2 近世後期の資料

近世後期になると江戸の発展とともに江戸語が上方語と並ぶ中央語として確立する。近世前期に対して，江戸語の資料が豊富で上方語の資料は少なくなる。また，近世期は幕藩体制の強化と厳格な身分制度などの影響により，異なった地域や身分の人々の間で言語的な位相差が大きくなり，「異なる言葉」に対する意識が強くなった時代でもある。そのため，それぞれの位相（6-3 参照）に応じた言葉遣いが豊富である（小野編 2020）。

庶民教育が広がり，技術的な向上による出版業が隆盛となったことで，洒落

▷1　短編の笑い話を集めた笑話集。地の文は文語調だが，会話文が豊富。

▷2　三味線の伴奏に節をつけ語りと台詞が展開される人形劇。現在では文楽と呼ばれる。

▷3「念のためぢや，判をせうと．身どもに証文書かせ，おぬしが押した判がある．（中略）ム、ウなんぢや，判とは，どれ見たい．オ、見せいでおかうかと.」（『曾根崎心中』『近松門左衛門集2』小学館，1998年）。

▷4　遊女と客のやりとりを中心に物語が展開する滑稽を主題とする遊里文学。

▷5　洒落本から派生した小説。庶民の生活の会話や行動の滑稽さを描く。

▷6　洒落本から男女の恋愛・人情・葛藤などの感傷的部分を発展させた文学。

▷7　女郎 大かた，内にはおかみさんがござんせうね ムスコ ナアニまだそんなものがあるものだ 女郎 そんならどこぞの女郎しゅにおたのしみがあんなんすだらうね（『傾城買四十八手』『洒落本 滑稽本 人情本』小学館，2000年）。

▷8　客花情来ル どふじや。いかふさむいの。中居とよ 花情さん。よふおいなはつた。サア。おあがりなはれ。これお久米どん。御茶あげまさんせ（『月花余情』『洒落本大成』第3巻，中央公論社，1979年）。

本◁4，滑稽本◁5，人情本◁6などの「戯作」といわれる庶民のための娯楽的な読み物（大衆小説）が盛んに作られた。これらは，娯楽作品であることから，会話が多用される作品が多い。言語量も豊富であり，近世後期の口語資料として重要である。洒落本初期の作品には田舎老人多田爺『遊子方言』（1770年），夢中散人寝言先生『辰巳之園』（1770年），全盛期の作品としては山東京伝『通言総籬』（1787年），『傾城買四十八手』◁7（1790年）などがある。洒落本は登場人物が遊女と客という設定のため敬語表現が豊富である。とくに「（あ）りんす」「（ご）ざんす」「なんす」など遊女特有の敬語表現は位相語（遊女語）としても注目される。江戸で出版されたもののほかに上方板，尾張板など各地で出版された洒落本も一定数存在する。地方出版のものは質・量ともに江戸板には劣るが，使用言語にはその地域の特徴が現れており，近世期における言語の地域差を知ることができる。上方板洒落本の代表的な作品には『月花余情』◁8（1746年）をはじめとして，『浪華今八卦』（1773年），『南遊記』（1800年）等がある。

滑稽本の代表作は，十返舎一九『東海道中膝栗毛』◁9（1802～22年），式亭三馬『浮世風呂』◁10（1809～13年），『浮世床』（1813～14年）である。滑稽本は町人の生き生きとした江戸語の会話が特徴である。とくに『浮世風呂』は江戸の風呂屋が舞台で，そこに訪れる老若男女，さまざまな職業の町人たちの会話が描かれており，町人階層内部の言語差・位相差を観察できる。洒落本に比べ滑稽本の上方板は少ないが，一荷堂半水作『穴さがし臍の宿替』『穴さがし心の内そと』（1864年頃）は，幕末頃の上方語を知る上において貴重な資料である。

人情本の代表的な作品は，為永春水の『春色梅児誉美』◁11（1832～33年），『春色辰巳園』（1833～35年）である。人情本は，江戸末期の江戸語の実態を知る上で重要な資料であるが，登場人物が限られる，日本語史の資料としては信頼できるテキストが少ないといった難点もある。

3 方言資料

近世期の文学作品には地方を舞台にしたものも少なくなく，それらには各地の方言が現れる。数としては少ないが，近世期の地域方言を知るための貴重な資料である。たとえば近松門左衛門『博多小女郎波枕』（1718年）ではごくわずかではあるが「心もとなかばい」「門出よか」のような九州（長崎）方言がみられるし，式亭三馬の洒落本『潮来婦志』◁12（1806年）では潮来地方（現在の千葉・茨城県あたり）の方言が豊富に使われている。

このような文学作品に現れる方言のほかに，近世後期を中心として方言書も多く作られた。代表的なものは越谷吾山『物類称呼』（1775年），服部武喬『御国通辞』（1790年），堀季雄『荘内浜荻』（1767年），『浪花聞書』（1819年），『丹波通辞』（1804～11年）などがある。これらの多くは，江戸語と地域方言とのギャップを書き留めたものである。（岩田美穂）

▶9　北「コレコレ明松を買はねへか。こゝの名物だ」弥「べらぼうめ，もふ日の出る時分，明松がナニいるものか」（『東海道中膝栗毛』小学館，1995年）。

▶10　かみがた「……お山さんあれ見イ。お家さんの傍に立て居なます嬰児さんを見イな。ありゃ何色じゃしらん」お山「あれかヱ。あれは紅かけ花色といふのさ」かみ「いつかう酔じゃ」山「薄紫といふやうなあんばいでいきだねへ」（『浮世風呂・戯場粋言幕の外・大千世界楽屋探』岩波書店，1989年）。「かみ（がた）」（関西人）と「お山」（江戸人）の会話に上方語と江戸語の違いが表れている。

▶11　皆に旦那さんといはれてへ心持で居ますのさ。それだけれど。御内室の在世な時さへあのとふりの理屈だものを。どふしてそういふ様にいきますものか（『春色梅児誉美』岩波書店，1962年）。

▶12　（宿屋の主人の台詞）「……ばんげへひどつに頂ませう。さやうならご機嫌ようおそべりなされませ。是サちょつぽりヨウ。ナニ。モノ。長助どのヨあだ浪さまど川竹さまにお早ぐ来やしやましどおきやくさまサおまぢ兼だ」（『潮来婦志』『洒落本大成』第28巻，中央公論社，1987年）。タ行の濁音やガ行鼻濁音が表記されている。「サ」などの格助詞もみられる。

参考文献

小野正弘編（2020）『近世の語彙』朝倉書店。
飛田良文（2006）『江戸語研究』明治書院。

 近代・現代日本語の資料

1 近代と日本語史資料

明治維新以後，富国強兵を推し進める政府によって，標準語（共通語）が制定されたことは，資料面においても非常に大きな影響を与えた。これによって，言文一致体[1]文章が創始され，以後さまざまな資料に言文一致が及んでいく。また他にも翻訳を通して外国語に関する資料の激増したこと，技術的進歩によって音声言語の録音資料が登場したことなどが特徴として挙げられる。また，大槻文彦『言海』をはじめとした大型の近代辞書も作られた。

2 文明開化と言語

幕末から明治初期頃の資料に『夢酔独言（むすいどくげん）』[2]（1843年）や『旧事諮問録（きゅうじしもんろく）』[3]（1892年）などがある。当時の武士の話し言葉を知る上で貴重な資料である。小説類では，仮名垣魯文（かながきろぶん）『安愚楽鍋（あぐらなべ）』[4]（1871～72年）がある。牛鍋屋を舞台に商人や職人[5]，藪医者，田舎侍[6]などさまざまな町人による雑談形式の戯作で，職業ごとに用いられている言葉遣いが大きく異なっており，興味深い資料である。坪内逍遥（つぼうちしょうよう）『当世書生気質（とうせいしょせいかたぎ）』（1885～86年）は「吾輩のウヲツチ（時器）ではまだテンミニツ（十分）位ある」のような書生たちの言葉が描かれている。書生たちは一人称「僕」「吾輩」，二人称「君」，「～し給え」，漢語や外来語を多用するなどの特徴があり，新たな文明を吸収しようとする当時の学生たちの生き生きとした姿が垣間みえる。ほかにも，明治維新に伴って多くの啓蒙書が作られたが，『文明開化』（1873～74年），『開化問答』（1874～75年）などは，庶民にもわかりやすく口語体を用いて文明開化を説いており，明治初期の口語資料として重要な文献となっている。

3 言文一致とその周辺

明治初期頃から落語をはじめ，速記が流行した。多くの速記本が出版されたが，とくに『怪談牡丹灯籠（かいだんぼたんどうろう）』（1884年）をはじめとした三遊亭円朝の落語速記本[7]は，爆発的にヒットした。基本的に落語の語りをそのまま書きとめたものであり，とくに円朝の速記は後の言文一致に大きな影響を与えたと言われる。

言文一致の代表作である二葉亭四迷（ふたばていしめい）『浮雲』（1887～89年），山田美妙（やまだびみょう）『胡蝶』（1889年），尾崎紅葉『多情多恨』（1896年）をはじめとした多くの近代小説

▷1 8-18 参照。

▷2 勝海舟の父勝小吉（かつこきち）による自らの奔放な半生を口語体で記した自叙伝。
たとへばおれを見ろよ。理外にはしりて，人外のことばかりしたから，祖先より代々勤めつゞゐた家だが，おれがひとり勤めなゐから，家にきづを付た。是がなによりの手本だは（『夢酔独言』講談社，2015年）。

▷3 旧幕府の役人だった者たちに旧幕時代のことを聞き取り，速記したものである（聞き取りは1890年頃）。

▷4 藪医者「當節のやうに医道が盛んにひらけては一文不通の愚老なぞが医者の真似をしてゐる処ではないテ」（明治文學全集1『明治開花期文學集』（一）『安愚楽鍋』筑摩書房，1966年）。

▷5 諸工人「あのやらうのやうに銭金ををしみやアがつて仲間附合をはづすしみつたれた了簡なら職人をさらべやめて人力の車力にでもなりやアがれバいゝ」同，前掲書。

▷6 田舎侍「僕なぞも誠実賞味いたすでござるイヤかゝる物價沸騰の時勢に及ンで割烹店などへまかりこすなんちふ義ハ所謂激発の徒でござる」同，前掲書。

▷7 日本の速記は明治期に田鎖綱紀（たくさりこうき）によって創始

は，会話文のほか，地の文も口語資料として利用することができる。言文一致の動きは，文芸だけでなく，雑誌や一般向けの啓蒙書などにも及んだ。さらに，1903年には尋常小学校の国定教科書『尋常小学読本』においても言文一致体が採用され，1910年には国定読本のすべての教材が言文一致となった。この教科書における言文一致の採用により，共通語が全国的に広がり定着した。新聞では言文一致はやや遅れ，1920年に『読売新聞』，1922年に『朝日新聞』が言文一致を採用している（山口 2006など参照）。

4 録音資料

近代の資料の大きな特徴として平円盤（SP）レコードによる録音資料の登場がある。録音による音声言語の記録は，近代に入り日本語史に起きたもっとも大きな変化であろう。現在最古と考えられる日本語録音資料としては，1900年のパリ万国博覧会での録音がある。その後日本国内でもSP盤レコードでの録音が始まり，伝統芸能などが録音された（相澤・金澤編 2016；金澤・矢島編 2019）。ほかにも政治家や思想家による各種の講演録音が残されている。これらの録音資料の中で，日本語史の口語資料として重要視されているのは，落語（東京・大阪）と講演演説のレコードである。とくに落語のSPレコードは，講演などよりも日常の言葉に近い点で，最古の口語の音声資料として非常に貴重である。

5 外国語資料・翻訳書

幕末から明治初期にかけて，外国人が日本語を学ぶため，あるいは，日本人が外国語を学ぶための文法書や会話書が多く作られた。文法書としては馬場辰猪『日本文典初歩』（1873年），W. G. アストン『簡約日本口語文典』（1869年），B. H. チェンバレン『日本口語文典』（1888年）などがある。文法を知る上においても貴重な資料であるが，掲載された例文から当時の口語の様子をうかがい知ることができる。実用的な会話の習得を目的とした文献に，英文と日本文が対訳形式となったS. R. ブラウン『日本語会話』（1863年），E. M. サトウ『会話篇』（1873年）などがある。このような資料にみられる言葉は，目的から考えて共通語としての（江戸）東京語が用いられていると考えられる。このような口語に関わる資料のほか，日本人による西洋文献の翻訳書も非常に多く出版された。中村正直『西国立志編』（1870年），丹羽純一郎『欧州奇事　花柳春話』（1878年），川島忠之助『新説八十日間世界一周』（1878～80年）などが初期の翻訳書として有名である。これらの翻訳書を通して新漢語の創出や外来語の受容が進んでいったこと，非情の受身◁8など翻訳の影響によって新たな語法が生じたことなど，近代期における翻訳書の与えた影響は非常に大きい。

された。その弟子の若林玵蔵と酒井昇造は，速記の普及を図るため1884年に円朝の『怪談牡丹燈籠』を速記し出版した。これがヒットしたことから，その後，落語・講談の速記本が次々と刊行され，速記を中心とする雑誌が出されるなど，昭和初期頃まで落語速記本の全盛期となる。

▶8 8-13参照。

6 近代以降の上方語の系譜

日本語史として通史を描くためには，上方語の系譜である必要がある。しかし，とくに近世末期から近代以降の上方語の資料は極めて稀少である。大正から昭和にかけて織田作之助（おださくのすけ）『夫婦善哉（めおとぜんざい）』（1940年），谷崎潤一郎『細雪（ささめゆき）』（1943〜48年）などのように大阪を舞台にし，登場人物が大阪方言を用いる小説がいくつか存在するが，資料として用いるには十分な言語量があるとは言えない。近年とくに注目されているのは，明治期から大正期の大阪落語の速記本とSPレコードである。ただし，これらも言語資料としては量的に非常に限定されている。SPレコードの文字化資料は，後に述べる『日本語歴史コーパス』でデータが公開されている。

7 現代の資料

現代では録音や映像技術の向上により，文字資料だけでなく多様な資料を用いることができるようになってきた。文字資料の中でとくに著しく発展しているのはデータベース化やコーパスなどの電子資料の分野である。これらの資料の登場により，日本語研究の方法そのものが大きく変化しつつある。

デジタルデータ：コーパスとは，言語研究のための大規模な電子テキストデータの集合体で，コンピューターによる検索・集計・分析を行うことができる。とくに近年，国立国語研究所を中心として『現代日本語書き言葉均衡コーパス』[9]をはじめとしたコーパスの整備が進められている。『現代日本語書き言葉均衡コーパス』は書籍，雑誌，新聞，白書，ウェブ，法律などから無作為に抽出した約1億語のテキストに形態素情報，文書構造タグを付与したコーパスである。現代における多様な書き言葉の実態を把握することができる。ほかに，日本語の自発音声を大量に集めた『日本語話し言葉コーパス』，日常生活で自然に生じる会話を記録した『日本語日常会話コーパス』，約100時間の日本語母語話者の会話を文字化した『名大会話コーパス』，日本各地の談話音声を集めた『日本語諸方言コーパス』などがある。日本語史資料についても『日本語歴史コーパス』の開発が進められており，奈良時代から近代までの各時代の重要な口語資料を中心にデータ化され，公開されている（一部コーパスの利用には申請が必要である）。『日本語歴史コーパス』の明治・大正編には，雑誌，教科書，口語資料，小説，新聞，落語SP盤の資料が揃っており，近代日本語の資料として充実したデータとなっている。

コーパスのほかに，インターネット上にある大規模な電子データとして有用なのが『青空文庫』[10]である。『青空文庫』は主に著作権の切れた小説や許諾のある作品をテキストデータ化し公開しているもので，インターネット上でこれらの作品を読むことができる。著作権の切れた作品のため，基本的には近代か

▶9 『現代日本語書き言葉均衡コーパス』(https://clrd.ninjal.ac.jp/bccwj/index.html)

▶10 『青空文庫』(https://www.aozora.gr.jp/)

ら昭和前半頃の作品が中心である。言語研究のためのデータとして作られているわけではないので，検索などにはやや手間がかかるが，テキストデータになっているので大きな問題ではない。収録されている作品は小説に限らず，随筆や詩歌，論文や講演録など幅広く，何より1万5000点以上の作品が公開されており，他に類をみない規模である。

他にも「朝日新聞クロスサーチ」（朝日新聞記事データベース，1879年からの記事を検索できる）などの各新聞記事のデータベースや国会会議録のデータベースなどさまざまな文字資料のデータベースがあり，言語研究の資料として活用できる。こういったデジタルデータ化やコーパスの整備により，大量の言語データを対象として極めて高度な検索・集計・分析を短時間で行えるようになってきている。ただし，それぞれのコーパスやデータベースを言語研究の資料として使うようになったのはごく近年になってからのことであり，これらをどのように活用していくのかという点には注意が必要であろう。

文献資料：現代では上記のようなデジタルデータを使い大量の言語を処理する方法が一般的になりつつあるが，当然ながら従来のような文字・文献資料を個々に収集することもある。小説では『新潮文庫の100冊』がある。1995年にCD-ROM版が出されており，デジタルデータで読むこともできる。より会話体を重視するのであれば，『年鑑代表シナリオ集』（シナリオ作家協会編）をはじめとした各種のシナリオ集などを活用できる。文字資料だけでなく，ドラマ，映画，インタビューなどの映像資料から言語例を収集することもある。ただし，こういった資料で使われている言葉は役割語[11]との関係もあり，「現代の話し言葉」として扱うには慎重な姿勢が必要である。ほかに，役割語の研究などでは，近現代の漫画やアニメなどのサブカルチャーを資料として用いることもある。ただし，この分野は近年研究が始まったばかりであり，資料的な整備は今後の課題である。

その他：さらに，インターネットの普及により，GoogleやYahoo!リアルタイム検索など大規模な検索エンジンや，ブログ，SNSなどを用いた言語調査も行われるようになってきている。ウェブ上にある膨大なデータそのものをもとにしているため，多様な言語データを得ることができる。むろんウェブ上には非常にさまざまな言語状態が現れており，十分な精査が必要であるが，現代のリアルタイムで移り変わる日本語の傾向を捉えることができる。またウェブ上にしか現れない言葉の特徴（打ちことば[12]）もある。これらは主に若い世代を中心としてブログやSNSなどを通じて広がっている。こういったウェブ上に現れる言葉は，移り変わりが激しく，いつ，どのような方法で検索をするかが重要であり，次に検索したときにまったく同じ結果が得られることはあまりない。ある程度均質なデータにするには一定の注意が必要である。（岩田美穂）

▶11 6-5参照。

▶12 書き言葉・話し言葉に対して，携帯電話やパソコンのキーを使って「打ち込む」ための言葉を指す。絵文字や独特の略語など特徴的な語彙・語法がみられる。田中ゆかり（2014）「打ちことば」佐藤武義・前田富祺編『日本語大辞典』上，朝倉書店。6-2 6-4側注1，6-6側注6も参照。

参考文献

相澤正夫・金澤裕之編（2016）『SP盤演説レコードがひらく日本語研究』笠間書院。

金澤裕之・矢島正浩編（2019）『SP盤落語レコードがひらく近代日本語研究』笠間書院。

山口仲美（2006）『日本語の歴史』岩波書店。

音声・音韻の変化

1　漢字による日本語転写

[2-3] 第1項に述べたとおり，五十音図におけるハ行の位置は，ハ行子音/H/[◁1]が両唇阻害音だった頃の名残りである。今も唇を使うものはフ音の子音に限られる[◁2]。

では，/H/の調音はいつ頃まで両唇阻害音であったのだろうか。これを探るによい資料は幸いにも色々ある。まずは，8世紀前半成立の『万葉集』を覗いてみよう。

図1[◁3]は慶長年間（1596～1615年）の版本であるが，『万葉集』の原本もこのようにすべて漢字で記されていたと考えられる。(1a)（＝(1a1，1a2)。以下同様）は図1の転記，(1b) は (1a) を仮名に替えたものである。

(1) a1.　由吉乃宇倍爾　　天礼流都久欲爾　烏梅能播奈
　　b1.　ゆきのうへに　　てれるつくよに　うめのはな
　　a2.　乎理天於久良牟　波之伎故毛我母
　　b2.　をりておくらむ　はしきこもがも
　　（雪が照る月夜に梅の花を折って送る恋人がいればなあ）

宴席詠雪月梅花哥一首
由吉能宇倍爾天禮流都久欲爾烏梅能播奈
乎理天於久良牟波之伎故毛我母
右一首十二月大伴宿禰家持

図1　『万葉集』（巻18，4134番歌）

原文が (1a) のように記されていることに疑問を抱いた人もあろう。しかし，8世紀前半にはあいにく漢字以外の文字がなかったのである。よって，『万葉集』に限らず，あらゆる文献が (1a) のように漢字だけで書かれている。

ただし，(1a) における漢字の用法は一般的用法とは異なる。漢字には読み（＝音訓）とその意味とが当てられており，我々は通常その両方を読み取る。ところが，(1a) を読む際は，各漢字の意味を捨てて，読みだけを拾うのである[◁4]。このような，表音表記に特化した漢字を万葉仮名という[◁5]。たとえば，(1a) の初句「由吉乃宇倍爾」は，各漢字の読み（音読みに近い）だけを拾って，次掲 (2a) のとおり「ゆきのうへに」と読む。この読みは，漢字音の一つ，呉音 (2b) に一致／類似しているので，なぜこのように読めるのかは

▷1　ハ行子音の調音は，時代や地域によっては，無声声門摩擦音［h］とは異なる。よって，本節においては，［h］に直結しない/H/でハ行子音を転写する。

▷2　現代共通日本語におけるハ行子音の調音については [2-3] 側注3を参照されたい。

▷3　『活字萬葉集』巻17-18，慶長年間刊，国立国会図書館デジタルコレクション（https://dl.ndl.go.jp/pid/2569917/1/88を切り抜き加工）。

▷4　「夜露死苦」「樽美酒」という漢字列の意味を無視して，「よろしく（宜）」「ダルビッシュ」と理解するに等しい。

▷5　万葉仮名は外見からは一般の漢字と区別できない。天皇の命令を記す宣命（せんみょう）においては小書きにされていたが，このような書き分けは限定的にしか行われなかったようである。

▷6　〈◯〉で括った〈播，波〉は漢字を意味する。以下同様。

▷7　/◯/で括った/播，波/は，漢字〈播，波〉に転写される漢字音を意味する。以下同様。

▷8　道具としての位置づけは日本語の五十音図に近い。

▷9　900年頃。万葉仮名が整備されたと考えられる時期より200年ほど遅れて

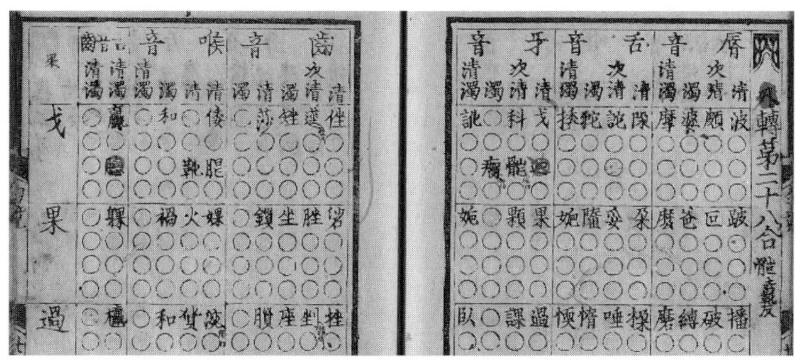

図2 『韻鏡』(外轉第二十八合)

理解できよう。

(2)	由	吉	乃	宇	倍	尓
a．読み	ゆ	き	の	う	へ	に
b．呉音	ゆ	きち	ない	う	ばい，べ	に

2 万葉仮名に採用された中国語漢字音

(1)の一重線部のとおり，この歌においてハ音は〈播，波[6]〉に転写されている。このような表記は『万葉集』に限ったものではなく，他の文献にもみられる。ハ音の転写に〈播，波〉を用いるのは，中国語漢字音 /播，波[7]/ の調音がハ音に似ていたからだろう。

では，その中国語漢字音は，いつ，どこで行われていたのだろうか。この疑問を晴らすほどの確証はないけれども，推定を支える根拠はある。それは，中国で作られた韻図という音節一覧表[8]である。本節では，万葉仮名に採用された中国語漢字音を考察する目的から，万葉仮名の発生期に比較的近い唐末期[9]に編まれたとされる『韻鏡』をみる。

『韻鏡』とは，唐末期における中国語漢字音（以下，慣例に従い，「後期中古音」）の音節構造を分析した図である。初音（例：/**k**o/‘個’，/**z**in/‘神’，/**m**yak/‘脈[10]’）の調音を記していることから，唐末期以前の漢字音の推定に利用される。

図2[11]のとおり，『韻鏡』は /播，波/ の初音を「脣音，清」と定義する。「脣音」は調音部位を指す用語であり，「舌音」「歯音」「牙音[12]」「喉音[13]」と対立する。「清」は調音法を指す用語であり，「次清」「濁」「清濁」と対立する。この記述と，後期中古音より古い（≒8世紀以前の）中国語漢字音に両唇音と唇歯音との対立がなかったこととをふまえるに，古代日本語のハ音に割り当てられる中国語漢字音 /播，波/ は，初音に両唇閉鎖音をもっていたと推定される[14]。

ハ行音に割り当てられる中国語漢字音は，/播，波/ に限らず，初音に両唇閉鎖音をもっていたようである。たとえば，へ音相当の（1: 二重線部）/倍/ は

いる。

▶10 2-4 第2項を参照されたい。

▶11 『韻鏡』永禄7年刊，国立国会図書館デジタルコレクション（https://dl.ndl.go.jp/pid/2532126/1/39を切り抜き加工）。

▶12 「牙」は‘奥歯’を意味する。後舌部が奥歯に触れることからこの名が付いたのだろう。

▶13 ①「舌音」「歯音」は，舌先で調音する舌頂音（歯茎音，そり舌音，歯茎硬口蓋音）に，②「牙音」は軟口蓋音に，③「喉音」は声門音に相当する。

▶14 『韻鏡』は「脣音」を「唇音重」と「唇音軽」とに分ける（https://dl.ndl.go.jp/pid/2532126/1/7）。中国語漢字音の変遷をふまえるに，①「唇音重」は，両唇で呼気を妨害する両唇音，②「唇音軽」は，下唇と上歯とで呼気を妨害する唇歯音（英語の f 音）と考えられる。

▶15 ただし，「円仁『在唐記』の中間部の字母釈以外は，円仁の著述であることの確実な証拠はない」（佳谷芳幸，2008，「円仁『在唐記』の諸本」『岐阜女子大学紀要』37：114頁）。

▶16 『在唐記』（朱で『在唐決』と改訂されている。）書写年代不明，京都大学附属図書館蔵（https://rmda.kulib.kyoto-u.ac.jp/item/rb00019087#?c=0&m=0&s=0&cv=18&r=0&xywh=-5230%2C-1%2C16475%2C4016 を切り抜き加工）

▶17 推定では無声両唇閉鎖音［p］。

▶18 このように解釈したのは橋本進吉である（橋本進吉，1928，「波行子音の

變遷について」『岡倉先生記念論文集』196-207頁，https://dl.ndl.go.jp/pid/1187143/1/106)。小林明美も同様の解釈を取るが，調

『韻鏡』において「脣音，濁」と定義されている。「濁」は，前述の根拠から有声閉鎖音と推定されるので，/倍/ の初音もやはり両唇閉鎖音である。

3 ハ行子音 /H/ の調音：古代

注意すべきは，どの言語のどの子音が〈播，波，倍〉などに転写されるかである。前述のとおり，〈播，波，倍〉などに転写される子音は，①後期中古音より古い中国語漢字音の両唇閉鎖音と，②古代日本語の /H/ とである。古代日本語の両唇閉鎖音ではない点に注意されたい。

『韻鏡』などに頼っても，古代日本語における /H/ の調音は正確にはわからない。しかし，両唇阻害音（? 両唇閉鎖音）であったことは確かだろう。呼気をあまり妨害しない両唇接近音［β̞］（に似た子音）であった可能性は低い。五十音図やその類似物における配列を踏まえるに，［β̞］で調音されていた子音音素はワ行子音 /w/ である。/w/ に割り当てられる中国語漢字音も，/w/ が両唇接近音であったことを示唆している。

9 世紀半ばに円仁が記したとされる『在唐記』[15]も，/H/ の調音を探るによい文献である。図3[16]のとおり，同文献の中盤はどのサンスクリット音がどの日本語音（あるいは中国語音）に一致／類似するかを示している。/H/ に関わるところで言えば，次掲(3)の記述がよく知られている。〈𑖢〉はサンスクリットの転写に用いられる「梵字（ぼんじ）」という文字である（ローマ字に転写すれば，〈p, pa〉）。

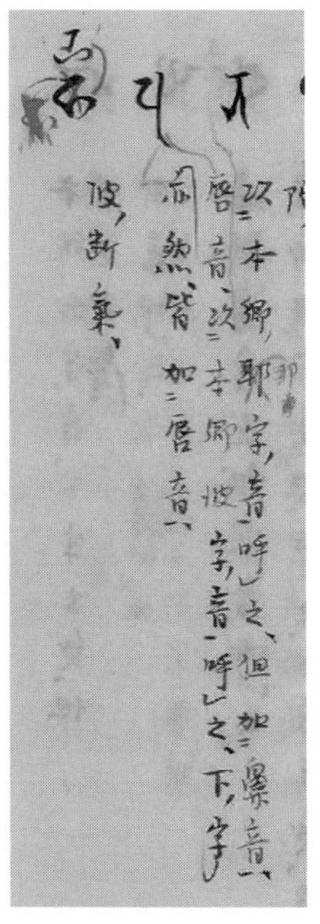

図3 『在唐記』(13丁表)

(3) 𑖢　唇音，以二本郷波字ノ音一呼レ之，下ノ字亦然，皆加二唇音一，

（図3の転記）

(3)のとおり，〈𑖢〉に転写される子音は「唇音」[17]であり，「本郷波字ノ音（日本のハ音）」で調音するらしい。先行研究が説くように，「加二唇音一」が両唇閉鎖の追加を指示しているなら[18]，当時の /H/ は両唇閉鎖音以外の両唇音であったと考えられる。前述のとおり，両唇接近音［β̞］（に似た子音）で調音されていた子音音素はワ行子音 /w/ だろうから，/H/ は両唇摩擦音［ɸ］と推定される。

4 ハ行子音 /H/ の調音：中世

3のとおり，古代日本語の /H/ は両唇阻害音で調音されていたようである。この調音的特徴は，『在唐記』から600年以上経っても，保たれていたらしい。このことは本邦初のなぞなぞ集『後奈良院御撰何曾（ごならいんぎょせん/ごせんなぞ）』[19]（図4）で確認しよう。のちの後奈良天皇が戦国時代の真っ只中，永正13（1516）年に（なぜか）編んだこのなぞなぞ集に次掲(4)の記述がある。

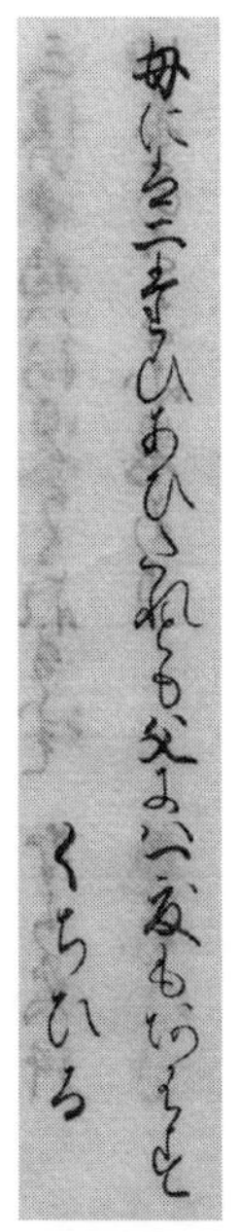

図4 『後奈良院御撰何曾』(69丁表)

(4) 母には二たひあひたれとも父には一度もあはす

くちひる（図4の転記）

1行目がなぞなぞで，次行の「くちひる（唇）」がその答えである。初見では（何曾なだけに）「なんぞ？」と思ってしまうが，解答の根拠は「母 /HaHa/」

「父 /titi/」の調音にある。① /H/ が古代日本語に同じく両唇阻害音であれば，/HaHa/ の調音時には唇が「二たひあひ（二度会い）」，②タ行子音 /t/ が両唇阻害音以外（おそらくは歯茎音）であれば，/titi/ の調音時には唇が「一度もあは」ないわけである。

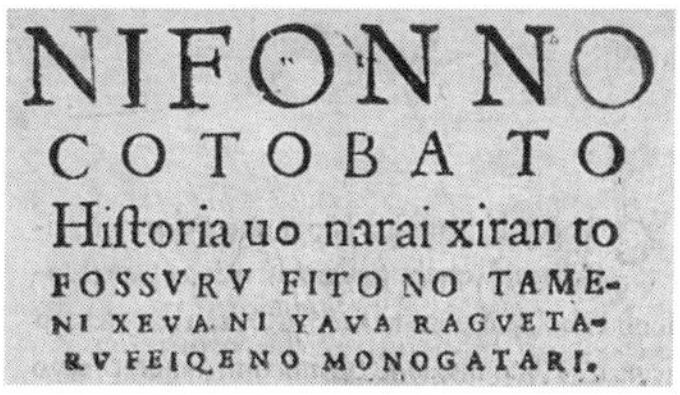

図5 *Feiqe Monogatari*

5 ハ行子音 /H/ の調音：近世以降

天正19（1591）年からの約20年間にイエズス会が発刊したキリシタン版も，当時の /H/ が両唇摩擦音（に似た子音）であったことを示唆する。たとえば，ポルトガル語式ローマ字表記法を採用する *Feiqe Monogatari*（『天草版平家物語』）は，図5[20]のとおり /H/ を〈F〉（ないし〈f〉）に転写している（例：〈NIFON〉‘日本’，〈FOSSVRV〉‘欲する’，〈FITO〉‘人’，〈FEIQE〉‘平家’）。

現代の /H/ に同じく，両唇阻害音以外で調音される /H/ の例は，キリシタン版の約100年後に現れる。17世紀末に編まれた『蜆縮涼鼓集』の「新撰音韻之圖」は，図6左のとおり，ハヒフヘホ（の子音 /H/）を「變喉」としている[21]。五十音図と配列を共有する「五韻之圖」が，図6（右）のとおり，ハヒフヘホを「脣」としていることと比較されたい。

「五韻之圖」「新撰音韻之圖」の配列をふまえるに，「喉」は，軟口蓋相当の「牙」「顎」より喉側にある調音部位と考えられる。「新撰音韻之圖」に拠れば，少なくとも17世紀末には，/H/ を両唇阻害音以外（おそらくは，軟口蓋より喉側にある調音部位）で調音する人々があったらしい。

現在，ハ行子音の多くは両唇阻害音以外で発音されるが，次掲(5)のように，一部の語形にはかつての両唇閉鎖音が残っている[22]。

(5)	［**h**a］歯	［go**h**o:］誤報	［go**ç**ik^{j}i］5匹
	［dep**p**a］出っ歯	［dem**p**o:］電報	［ip**p**^{j}ik^{j}i］1匹

（黒木邦彦）

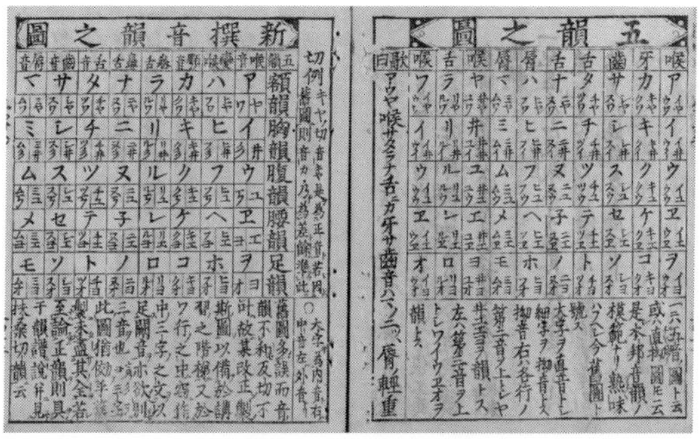

図6 『蜆縮涼鼓集』五韻之圖，新撰音韻之圖

音部位を指示する「加₋唇音₋」だけでは橋本の解釈が導けないことを示し，『悉曇相伝』の記述に更なる根拠を求めた（小林明美，1982,「『悉曇相伝』に記述されるハの発音方法」『大阪外国語大学学報』56：51-59頁，https://ir.library.osaka-u.ac.jp/repo/ouka/all/80881/）。

▶19 『後奈良院御撰何曾』群書類従本（第193冊，巻504），国立公文書デジタルアーカイブ（https://www.digital.archives.go.jp/img/705051/02）

▶20 *Feiqe Monogatari*. 1593年刊，大英図書館蔵本。（https://dglb01.ninjal.ac.jp/BL_amakusa/show.php?chapter=2&part=1）

▶21 「喉音」「舌音」「脣音」といった調音部位用語は『韻鏡』（図2）に同じ。

▶22 九州南部と琉球列島には，/H/ を両唇阻害音で調音する方言が多数分布している（伊波普猷，1942,「p音考」『古琉球』：https://r.binb.jp/epm/e1_16463_21102015173640/; 上村孝二，1965,「上甑島瀬上方言の研究」『鹿児島大学法文学部紀要文学科論集』1：21-49頁［/H/ に関する記述は29頁］，鹿児島大学法文学部）。

参考文献

上田萬年（1900）「p音考」『國語のため』平凡社，2011年再版，234-240頁。

橋本進吉（1950）「駒のいななき」『国語音韻の研究』（橋本進吉著作集4）岩波書店（https://www.aozora.gr.jp/cards/000061/files/396_21658.html）

9 表記の変化

1 漢字の伝来

漢字は日本が中国と接触する過程でもたらされた。2～3世紀頃には漢字（とおぼしき図形）が持ち込まれたものの，まだ文字とは認識されていなかった。

その後，漢字は漢文（中国古典文）を書き表す文字として日本に根づいていく。5世紀には，漢文中の日本語固有名詞を，日本語の発音に近い音（中国語音）を持つ漢字によって書くようになっていた[1]。『稲荷山古墳出土鉄剣銘』（471年）には漢文中に「乎獲居（をわけ）」「獲加多支鹵（わかたける）」などの日本人名がみられる。このような，日本語を書き表すために表音的に使われる漢字のことを万葉仮名と呼ぶ。

漢字と日本語との接触は，漢字を介して中国語と日本語とを照らし合わせることでもある。漢字が根づく過程でその漢字の意味に対応する日本語（和語[2]）が結びつき，7世紀頃までには字訓（訓読み）が成立した。

『古事記』（712年）では，叙事的な内容を漢文で記し，歌や注意すべき語句などを万葉仮名で記している。漢字を表語文字[3]兼表音文字[4]として駆使して文章を書き表すという，この頃の文章表記の一つの到達点がうかがわれる。

2 仮名の発生

平仮名と片仮名は9世紀頃に発生した。どちらも万葉仮名の形状の簡略化を経て生まれた表音文字である。

平仮名は，その発生期の文献資料に男性官人の手による非公的なものが少なくない[5]ことから，日常に根ざした文字使用の場で発生したと考えられている。その形状は万葉仮名の形の全体を崩すこと（草体化）によって生じた。一方，片仮名は学問の場において，漢文訓読[6]の際に日本語の語形を書き込む必要から生まれた。その形状は万葉仮名の一部を省くこと（省画化）によって生じた。

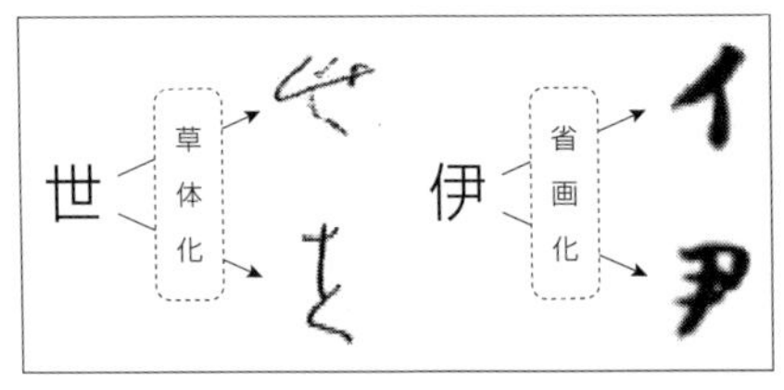

図1　草体化と省略化

初期の片仮名には「伊」の旁（つくり）など現在とは異なるものも用いられ，平仮名もさまざまな草体化が行われた[7]（図1[8]）。一気に現在の形になったわけではないことには注意を払う必要がある[9]。

▶1　漢字の中国語音に基づく日本語音での読み方を字音（音読み）という。

▶2　4-2 参照。

▶3　2-7 参照。

▶4　2-7 参照。

▶5　最初期の平仮名文献としては「有年申文（讃岐国戸籍帳端書）」（867年）が有名。藤原有年が業務に関する打ち解けた相談を上司に持ちかけたもの。

▶6　中国語文である漢文を日本語の文法に従って読むこと。8-3 参照。

▶7　図1の「世」から生まれた仮名のように，字画を省略しつなげながら書く字をくずし字ということがある。

▶8　平仮名の画像は日本語学会編（2018）『日本語学大辞典』（東京堂出版）付録の平仮名字体表から，片仮名の画像は築島裕（1981）『仮名（日本語の世界5）』（中央公論社）所収の仮名字体附表から引用した。

▶9　現行の平仮名「せ」は「世」を源とするが，かつては「勢」など他の字を源とする異なる字体の平仮名も盛んに用いられた。現行のものと異なる字体の平仮名を変体仮名という。

▶10　中国語の語法に従った純粋漢文のほか，日本語の語法に従って書く和化漢文もある。和化漢文の例では藤原道長の自筆本が残る『御堂関白記』が有名（8

3 文体と表記体：文章表記の変化

仮名の発生以降も日本では漢字を引き続き用いた。漢文はもっともフォーマルな文体として政治・宗教・学術の場を中心に権威を保った[10]。片仮名は漢字に従属する文字として漢字とともに用いられ，漢字片仮名交じり文は漢語[11]を基調とする文体の文章を書くのに用いられた[12]。一方平仮名は和歌や和文[13]と結びつき，『古今和歌集』『源氏物語』などの平仮名による文学作品が生まれていった。どの文字体系で文章を書くかというスタイルのことを表記体と呼ぶが，文体と表記体とが密接に結びつくのが古代における文章表記のあり方だったのである。

中世頃になると，そのような文体と表記体との強い結びつきはなくなる。たとえば，『平家物語』の文体は和漢混淆文[14]であるが，表記体は写本によって異なっており，ほぼ漢字のみ，漢字片仮名交じり，漢字平仮名交じり等のさまざまなものがある。このことからは，一つの文体に対して複数の表記体を選びうる，つまり文体と表記体との密な対応がなくなっていたことがわかる。

表記体が多様なのは，仮名の発生後も漢字を用い続けたこと，さらに両者を交ぜた文章表記を実践したことによる。かつての日本語表記においては，現代に比べて文章表記の可能性がさまざまに顕現していたと言えるだろう。

4 現代の表記へ

明治時代以降の日本語表記は，言語政策の展開に伴って文字や表記のあり方に制限をかける方向で変化する。

漢字は数の制限が折に触れ主張されたが，それらは1946年の「当用漢字表」に結実する。1949年には「当用漢字字体表」によって標準とする字体[15]も変更された。現在の漢字使用の目安である「常用漢字表[16]」はこうした流れを汲む。

仮名は江戸時代頃には用いられる字体が限られてきていたが，1900年の小学校令施行規則を契機に，現在のような1音節1字体の対応が進んだ。仮名で語を書く際の規則である仮名遣いについては，明治時代以降普及した歴史的仮名遣い[17]を経て，1946年には現代語の音韻を基にした「現代かなづかい」(1986年に修正版の「現代仮名遣い[18]」）が定められた[19]（図2)。

文章表記は，明治時代は公的，学術的な文章は漢字片仮名交じり文で書かれることも少なくなかったが，徐々に漢字平仮名交じり文が主流になっていく。ジャンルを問わず漢字平仮名交じり文で書くことが定着するのは戦後である。

2000年代以降急速に普及したパソコン等の電子機器は，文字を書くものから打つものへ，漢字を書き分けるものから選ぶものへと私たちの感覚を変えつつある。表記に対する認識の今後の展開は興味深い課題である。　（深澤　愛)

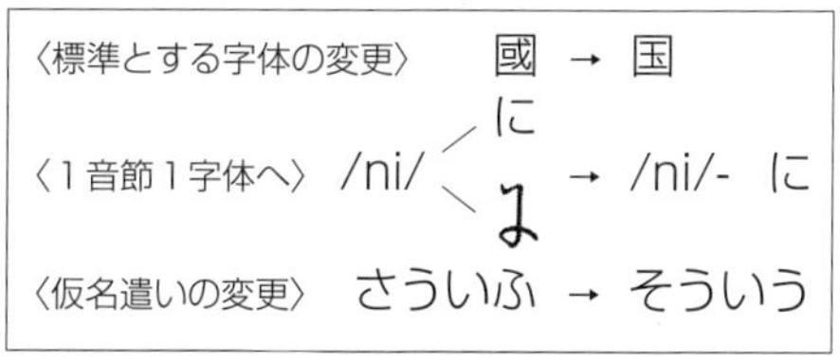

〈標準とする字体の変更〉　國 → 国
〈1音節1字体へ〉　/ni/ ＜ に / [変体仮名] → /ni/- に
〈仮名遣いの変更〉　さういふ → そういう

図2　明治時代以降の変化の例

-3]参照)。

▷11 [4-3]参照。

▷12 現存最古の漢字片仮名交じり文に『東大寺諷誦文稿』（9世紀頃）がある。仏教の法会で読み上げる願文などの草案に加筆修正したもの。[8-3]参照。

▷13 和語を主に用いて書かれた文章。

▷14 [8-18]参照。

▷15 [2-7]参照。

▷16 [2-7]側注8参照。

▷17 江戸時代の国学者契沖の説に基づく仮名遣い。主に10世紀頃までの古文献に規準を求める。

▷18 「現代仮名遣い」の内容は文化庁のホームページで公開されている。本文の第1には現代語の音韻に従う原則に基づくきまり，第2には表記の慣習による特例（例外事項）6項が示されている。

▷19 たとえば，歴史的仮名遣いで「いは（岩)」「あを（青)」と書く語を，現代仮名遣いでは現代語の音韻 /iwa//ao/ に応じて「いわ」「あお」と書く。ただし，助詞「は」「を」（音は /wa//o/）などの例外事項がある。

参考文献

今野真二（2017)『漢字とカタカナとひらがな——日本語表記の歴史』平凡社。

沖森卓也・笹原宏之・常盤智子・山本真吾（2011)『図解日本の文字』三省堂。

10 形態の変化

1 古典文法の動詞活用表

動詞活用の変化を例に取って，日本語の歴史的変化について整理してみよう。3-1 の整理に沿う形で，中古（平安時代）の動詞の活用表を作ってみよう（表1）。

ここで，子音動詞とは学校文法でいう四段活用動詞とラ行変格活用動詞（「あり」「をり」「はべり」等，完了の接辞タリ，リ等）を含む。また母音動詞とは，上二段活用動詞と下二段活用動詞である。注意すべき点を2つ指摘しておくと，1-1の子音動詞の挿入母音で，斜線右側の「i」は，注にもあるとおり，ラ行変格活用に適用されるものである。「あり」を例に取ると，終止形は「ある」ではなく「あり（あり，ありとも，ありや等）」となるということである。もう一点は，母音動詞の語幹にウ列で終わるものとイ列（上一段），エ列（下一段）で終わるものがある，ということである（例「おくる，おきて」「うくる，うけて」）。ウ列語幹が存在する点が，現代共通語の母音動詞と異なる。

▷1　終止形と連用形は子音動詞・母音動詞共通，未然形と命令形は子音動詞型，連体形，已然形は子音動詞型。

古典文法では，これらの活用の型のほかに，上一段活用（「見る」「居る」等），下一段活用（「蹴る」），ナ行変格活用（死ぬ，去ぬ，完了の接辞ヌ），カ行変格活用（「来」，サ行変格活用（「為」）があった。簡単に解説しておくと，上一段動詞，下一段動詞は現代共通語の母音動詞とほぼ同じである。ナ行変格活用動詞は，子音動詞と母音動詞の活用形が入り交じった体系となる[1]。カ行変格活用，サ行変格活用動詞は，現代共通語のカ行変格活用動詞，サ行変格活用動

表1　中古文法における語幹と接辞の結合法

	子音動詞		母音動詞		接辞等	機能	学校文法の活用形
	語幹	挿入	語幹	挿入			
1-1	kak-	u/*i	oku-/uku	φ	φ	終止(→φ，トモ，ヤ)	終止形
1-2		u			be-/maz-/ras-	ベシ・マジ・ラシ	終止形
1-3		φ		r	u	連体	連体形
1-4					e	已然形（→係り結び，バ，ドモ）	已然形
1-5			oki-/uke-	s	ase-	使役・尊敬	未然形
1-6				r	are-	受身・自発・可能・尊敬	未然形
1-7				j	e～o	命令	命令形
1-8		a		φ	z-/m-/namu	否定(ズ)／推量(ム)／願望(ナム)	未然形
1-9					ba/baya	仮定条件／願望	未然形
1-10					mapos-	願望	未然形
1-11					sim-	使役	未然形
1-12		i			k-/ker-/**tar-/**t-/**n-	過去(キ)／過去(ケリ)／完了(タリ)／完了(ツ)／完了(ヌ)	連用形
1-13					φ/**te	中止形／テ形	連用形

注：*ラ行変格活用のみ，終止形の接辞がiとなる。
　**子音動詞との接続で音便が発生することあり。
出典：筆者作成。

詞の活用に近く，母音動詞に近似した体系となる。◁2

2 動詞形態の歴史的変化

中古文法から現代共通語に至るまでに「終止形・連体形の合流」と「二段活用の一段化」という変化が日本語の動詞の形態に生じた。このうち前者の終止形・連体形の合流は動詞のみならず，形容詞や一部接辞（＝助動詞）など，活用形をもつすべての述語に起こった。二段活用の一段化は，上二段活用と下二段活用動詞が，それぞれ上一段活用，下一段活用動詞に変わったというものである。時期的には，終止形・連体形の合流は中世後期にはほぼ終わっていた。二段活用の一段化は，近世前期の初期に完成した。

それぞれについて，具体的にその変化について説明すると，終止形・連体形の合流は，表1における1-1の行が消滅したということである。その結果，文を終止させる機能は1-3の連体形に吸収された。また1-2は，「～ u-beki-」（例：「読むべきだ」），「～ u-mai」（例：「知るまい」）のような形で，1-3の接辞に取り込まれた。この変化の結果，ラ行変格活用動詞はラ行四段活用と区別がつかなくなり，形態論上は消滅した。

二段活用の一段化は，表1の母音動詞のウ列語幹末がイ列語幹末またはエ列語幹末に置き換わるということである。つまり，1-1～1-4の語幹が1-5～1-13と同形になり，たとえば連体形「起くる／受くる」が「起きる／受ける」となって，現代共通語の形に辿り着く。

ナ行変格活用動詞は，母音動詞的な活用形を棄てて子音動詞に合流した。下一段活用動詞の「蹴る」は，活用の型が変わって，ラ行の子音動詞に合流した。各活用の型の関係を図示しておく（図1）。

その他の変化として，子音動詞の音便形の必須化という現象がある。表1の注（**）に記したように，中古文法にも一部接辞との接続における動詞の音便形は存在したが，文体によって多寡があり，どちらかといえば臨時的・任意的な変異形であった。しかし現代共通語では，サ行を除く子音動詞がテ，テモ，タ，タラに接続するときは必ず音便形になる。この変化は，口頭語では，中世後期にほぼ完成していた。

また母音動詞およびサ変動詞の命令形が，「受けろ」「しろ」のように-roで終わる形となっているが，これはもともと東国方言に用いられた形態が，近世後期に江戸語に取り込まれた結果，近代に標準語に採用されたものであり，たとえば西日本方言では「受けよ」「せよ」が「受けい」「せい」のような形となって現代まで続いている。　（金水　敏）

中古文法		現代共通語文法
子音動詞（四段）	→	子音動詞（五段）
子音動詞（ラ変）	→	子音動詞（五段）
ナ行変格活用動詞	→	子音動詞（五段）
下一段活用動詞「蹴る」	→	子音動詞（五段）
母音動詞（上二段）	→	母音動詞（上一段）
上一段活用動詞	→	母音動詞（上一段）
母音動詞（下二段）	→	母音動詞（下一段）
カ行変格活用動詞「来（く）」	→	カ行変格活用動詞「来る」
サ行変格活用動詞「為（す）」	→	サ行変格活用動詞「為る」

図1　中古文法と現代共通語文法の動詞活用の型の対応

▷2　カ行変格活用の場合，語幹はki, ku, koの3つが使い分けられる。サ行変格活用の場合，語幹はsi, su, seの3つが使い分けられる。

参考文献

高山善行・青木博史（2010）『ガイドブック日本語文法史』ひつじ書房。
月本雅幸（2015）『日本語概説』NHK出版。

11 語彙の変化

1 「語彙の歴史」とは

日本語史を通じての語彙の変化を捉えることはなかなかに困難である。日本語の資料が時代によって，さまざまな偏りを見せているのが，その理由の一つである。また，語彙というものが，音韻や文法と違って，開いた体系をもつといわれ（体系をもたない，とされることもある），そのようなものの全体の歴史が述べうるのか，という問題もある。日本語の語彙の全体に体系を見出しがたくても，語彙の中に大小さまざまな体系があることを否定することは困難であろうし，体系性がないものについての歴史も叙述されうるものであるから，個々の語の歴史とは違う，語彙の歴史が，叙述されうるものであることは間違いない。ただ，音韻史や文法史のように変遷を述べること，つまり，時代の進行に伴って，何がなくなり，何がどのように変化したのか，ということを挙げていくことは困難である。何が現れたのか，ということはある程度述べうるにしても，個々の語でなく語彙について述べようとすると，やはり困難である。

文法史においても，口語では使われなくなったものが文語に残ったり，それが口語にも現れたりすることがあるが，語彙の場合には，ある語が，口語的であるとか文語的であるとかいうことはあっても，その線引きは文法に比して困難である。口語では使われなくなった，という認定自体が困難であるし，そもそも，口語のみを対象に歴史的に叙述しようとすることが困難である。音韻や文法については要素の数が少ないので，ある程度の言語量があれば叙述の見通しが立ちうるが，語彙の場合はそうはいかない。ある程度多くの語を登録しておこうという発想の辞書などがあればまだしも，そのようなものは，16〜17世紀の『日葡辞書』などの対訳辞書を待たねばならない。たとえば平安時代にも『倭名類聚鈔（和名類聚抄）』という，題名からすると，日本の言葉を類聚したようにもみえる辞書的な編纂物があるが，ここに示される語と，『源氏物語』などの仮名文学にみえる語とを比較してみれば，そこには大きな違いのあることがわかる。たとえば，『源氏物語』でも多用される「おもふ」のような基本語が『倭名類聚鈔』にはない。少し時代をさげて『色葉字類抄』を見れば載っているが，『源氏物語』でやはり多用される「おぼす」などは，これにも載っていない。逆に，『倭名類聚鈔』にみえる「いぬかひぼし」[◁1]は，仮名文学作品中に見出すのは困難である（『倭名類聚鈔』で同じ「牽牛」に付される「ひこぼし」

▷1　漢語で「牽牛」と呼ぶ星を日本では「ひこぼし」「いぬかひぼし」と呼ぶ，と『倭名類聚抄』に記される。

は『源氏物語』などに見える)。「いぬかいぼし」は，辞書のみに載るような専門用語的なものではなく，近代の九州方言にもある語であるのだが，それぞれの語が文献に現れることが僥倖のようにも思われる。

2 文体・表記体との関係

語彙研究において「位相[2]」の違いによるものが注目されることがある。文体や表記体の違いによって，使われる語彙が異なる，というものである。文体との関係では，使用する語彙が文体を形づくる面もあるし，表記体と文体の関わりもあるが，語史や語彙史を考察する際に考慮すべき点である。

位相に関する歴史的なこととしては，平安期の漢文訓読語と和文語という対立が指摘されているし，『万葉集』にみえる語が，平安の和歌や仮名文学で使われていないのに，さらに後の文献で復活したかのようにみえるものがある，ということがあるのも，文献の位相によって，そのようになったと考えられている。

このような状況で，個別の語の歴史でなく，また，ある特定の小さな語のまとまりの歴史でもなく，語彙全体の歴史を記述しようとするなら，品詞別に見る，語種別に見る，意味分野別に見る，などのことにならざるを得ない。語形から見ていくのは，音韻史・形態史に関連するであろうし，語形の変化は，個別的であることが多く，意味変化も同様である。造語法の変遷については，品詞別に見たものや，語種別に見たものと関係してくるであろう。

▷2 6-3 参照。

3 語種の変遷など

語種に関わる変遷については，4-1 でも触れたが，漢語・外来語が，和語の中にどのように混ざってきたのか，というのが，テーマとなる。漢語は，日本語が記録された時点ですでに日本語の中に取り入れられていたが，その後も新しい漢語が輸入され，また日本でも新しく作られた。欧米からの外来語も，16世紀から入ったとみられるが，500年近くの歴史があり，資源となる言語も変遷している。外来語がどのようなところから入ってきたのかは文化史の問題であって言語史の問題ではない，という立場もあろうが，何が残り何が消えたのかは，日本語史の課題として捉えるべきものである（4-4 で述べたような，オランダ語からの外来語と英語からの外来語の関係など）。

一方の和語も，当初からあるもののみを墨守して使い続けているわけではなく，新しく作られた和語もある。そうしたものは，当初からあるものとは，性質が違っていることがある。たとえば，濁音で始まる和語はいくらでもあるわけだが（半濁音で始まる和語「ぱしり」もある），一方，ラ行で始まる和語は擬声語・擬態語を除くと今なお少ない。擬声語・擬態語という語彙の性格も含めて，また，語種というものの有効性（いつまでか，どの範囲でか，など）も含めて，語彙史的に検討されるべき課題だと考える。　　（岡島昭浩）

参考文献

金水敏ほか（2009）『語彙史』（シリーズ日本語史２）岩波書店。

 指示詞・代名詞の変化

 指示形式の変化

指示詞は，形式面からみると，コ・ソの２系列が中心であった奈良時代から，平安時代に入ると，「カレ」や「カノ」というカの形式が変化したアが加わり，３系列となる。さらに，平安時代まで指示副詞として用いられていた「カク」「サ」，「カヤウニ」「サヤウニ」という形式が，「コウ」「ソウ」や「コノゴトク」「ソノヨウニ」など指示代名詞と同じコ・ソの系列に合流し，室町時代末頃にかけて形式面の整理が進む。もとは２系列であった指示副詞が３系列になり，さらに，「イズレ」「イドコ」といった不定語に関しても，語頭にドの形式がくるようになり，指示詞は不定語も取り込みながら，コソアドの体系を備えていく（岡﨑 2010）。この指示詞の形式面の変化は，言語変化に生じうる分析的傾向[1]を示している。

▶1　分析的傾向は，渋谷勝己（2008）「ことばとことばの出会うところ」金水敏・乾善彦・渋谷勝己『日本語史のインタフェース』岩波書店，70頁において，「①整理，②単純，③分散」という現象で説明される。

 指示対象の変化

指示詞の変化には，形式面のような目に見える形のものだけではなく，指し示す対象の意味面の変化がある。これは，古典語と現代語とが同じ語形を有するため，一見，捉えにくい変化である。(1)は，平安時代の「これ」という指示詞が場所を指し示す例であり，古典語では「これ」や「それ」といったレ形指示詞で〈場所〉を指し示すことができる。

(1)遥かなる世界より伝はり参で来て，この五六年のほどなむ，これにかくさぶらひはべる。（遠い田舎から縁故を頼って参りまして，この五，六年の間ここにこうしてお仕えしているのでございます。）（源氏物語，橋姫）

しかし，現代語では同じレ形指示詞を用いて〈場所〉を表すことは難しく，「ここ」や「あそこ」といったコ形指示詞が用いられる。次は，現代語の指示詞において，レ形指示詞が使用できない文例である。

(2)太郎が ｛*あれ／あそこ｝ で泣いている。〈場所〉

(3)山田さんは ｛*あれ／あのとき｝ に風邪をひいていた。〈時間〉

(4)（眼の前にいる人に対して） ｛*それ／そちらの方｝ に推薦していただきました。〈人物〉

一方，平安時代では，(1)の〈場所〉，そして(5)(6)のように〈時間〉や〈人物〉を指し示すレ形指示詞の例が確認できる。

(5)〔源氏〕「これは，内宴などいふこともはべるなるを，さやうのをりにこそ」など聞こえたまへば，〔大臣〕「それはまされるもはべり。」(「このような品は内宴などの催しもありましょうから，そうしたときに」と申されると，「そのときにはもっとよいのもございます。」)（源氏物語，紅葉賀）〈時間〉

(6)これは，いますこし濃やかなる夏の御直衣に，紅の艶やかなるひきかさねてやつれたまへるしも，見ても飽かぬ心地ぞする。(源氏の君がもう少し濃い色の夏の御直衣に，紅のつややかな下襲を引き重ねていらっしゃるのも)（源氏物語，葵）〈人物〉

平安時代の例と比べ，現代語のレ形指示詞では(2)場所，(3)時間，(4)人物を表すことができないことから，古典語から現代語にかけてレ形指示詞の指し示す対象の意味範囲が狭まっていることがわかる。この変化には，形式と意味とを一対一で対応させようとする単純化が働いているとみられる。

レ形指示詞の意味のうち，〈人物〉に関しては，次の点も注目できる。現代語では，人を指すとき，(7a）のように目の前にいない人物や（7b）のように敬語的に上位ではない人物を表す場合にはレ形指示詞を用いて指示を行うことが可能である（金水・木村・田窪 1989；近藤 2000等）。

(7)a．(遠くにいる先生を指して）あれが僕の先生だよ。

b．(自分の息子について）これが本当に御迷惑をおかけしまして。

(7a）のように，遠くにいる人物であっても，(8)のような指示は，その指示対象に対して敬語の運用面で違反していると考えられ，用いることができない。

(8)a．(遠くにいる先生を指して）*あれに英語を教えてもらいました。

b．(眼前の人に対して）{*それ／そちらの方} に推薦していただきました。〈尊敬〉

平安時代では，(6)のように，尊敬語の「たまふ」を用いる〈尊敬対象となる人物〉にレ形指示詞を使うことができたのに対し，現代語では使うことができないという意味上の制約が生じていることがわかる。古典語と現代語の指示詞を見比べると，形式が同じであっても意味の面で変化が生じているのである。

3 代名詞の変化

代名詞は，室町時代頃まで，位相[▷2]の別が大きくはみられなかったが，次第に性別や職業など特定の人物像と結びついて用いられるようになる。狂言資料[▷3]などでは，男女の別や上下の身分差が代名詞の使用から把握できる。現代の文学作品やサブカルチャー内にみられる代名詞も，役割語として働くものが多い。また意味的な変化では，目下の人物に用いる二人称の「御前（おまえ）」や「貴様（きさま）」などは，本来高い身分の相手に対して用いられていたものが，時間の経過とともに敬意が減少したといわれる。この現象は，敬意逓減（ていげん）の法則[▷4]と呼ばれる。

（藤本真理子）

▷2 6-3 参照。

▷3 8-5 8-19 参照。

▷4 敬意逓減の法則とは，本来一定の敬意ある表現として用いられていた語が，使われていくに従って，次第にその敬意が薄まっていく現象のこと。8-17 参照。

参考文献

岡﨑友子（2010）『日本語指示詞の歴史的研究』ひつじ書房。

金水敏・木村英樹・田窪行則（1989）『指示詞』くろしお出版。

近藤泰弘（2000）『日本語記述文法の理論』ひつじ書房。

橋本四郎（1986）『橋本四郎論文集』国語学編，角川書店。

山崎久之（1963）『国語待遇表現体系の研究』武蔵野書院。

13 ヴォイスの変化

1 ヴォイスとは

ヴォイスとは，文の表す出来事に関わる要素（動作主や動作対象など）のうち，どの要素を文の主語にするかということに関わる文法カテゴリーである。「弟が花子に叱られる」のような受身文は，非動作主（この場合は動作対象）を主語にして出来事を語る文であるという点で，ヴォイスの典型的メンバーである。以下では受身文の変化についてみていくことにする（5-12 参照）。

2 受身文の変化

日本語の歴史の中で，受身文に大きな変化が生じたのは近代（明治時代）である。近代以前の日本語では，(1)に示すように，「ヒト」を主語にとり，主語への何らかの影響（ここでは恩恵）を語る「有情の受身」が受身文として一般的であり，「モノ」を主語にとる「非情の受身」はまれであった。

(1)思ふ人の，人にほめらるるは，いみじううれしき。（枕草子）
（恋人が他人にほめられるのは，大変うれしい）

しかし，近代に入ると「非情の受身」の数が増加する[◁1]とともに，近代以前にはみられなかったタイプの「非情の受身」が現れる。つまり，近代における受身文の変化とは，「非情の受身」の増加と新たなタイプの「非情の受身」の出現ということになる。それでは，近代において現れた新たなタイプとは具体的にどのようなものだったのだろうか。それを知るために，近代以前の「非情の受身」と近代以降の「非情の受身」とを比較してみることにする。

▷1　尹（1991）による小説内の受身文の調査では，近世における「非情の受身」は受身全体の8.5%程度だったのに対し，近代ではそれが大幅に増加し，33.2%となっている。

3 近代以前の「非情の受身」のヴァリエーション

すでに述べたように，近代以前の日本語には，そもそも「非情の受身」が少なかったのだが，少ないながらも一定数の「非情の受身」が存在した。それらは大きく以下の3つのタイプに分けられる。

(2)おそき梅は，さくらに咲き合ひて，覚えおとり，けおされて，枝にしぼみつきたる，心うし。（徒然草）
（遅く咲いた梅は，桜と一緒に咲いて評判も劣り，圧倒されて，……）

(3)かの明石の舟，このひゞきにおされて，過ぎぬることも聞ゆれば（源氏物語）

（あの明石の上の船が，この騒ぎに気圧されて，……）

(4)御几帳の，しどけなく引き遣られたるより，御目（め）とゞめて，（源氏物語）

（几帳が無造作に引きのけられている隙間から，……）

(2)の主語は梅の花という「モノ」であるが，擬人化されており，実質的に「有情の受身」と見なせるものである（以下，「擬人化タイプ」と呼ぶ）。(3)の主語は「舟」であるが，舟には乗っている「ヒト」が想定され，結果として乗っている「ヒト」（ここでは明石の上）への影響を語ることになる。この点で(3)は主語としての「ヒト」への影響を語る「有情の受身」と連続的である。このようなタイプを「潜在的受影者[2]タイプ」と呼ぶ。一方，(4)は(2)(3)とはかなりタイプが異なる。(4)は誰かの行為（ここでは几帳を引きのけるという行為）の結果として生じた現在の状況を，「モノ」（＝几帳）を主語にして描写しているもの（以下，「発生状況描写[3]タイプ」と呼ぶ）で，「ヒト」への影響を語るものではない。要するに，近代以前の「非情の受身」は「実質的に有情の主語への影響を語る」タイプか「非情物を主語として現在の状況を描写する」タイプのどちらかであったことになる。

 近・現代語における「非情の受身」のヴァリエーション

近代以前にみられた「擬人化タイプ」「潜在的受影者タイプ」「発生状況描写タイプ」は近・現代語においてもみられる。

(5)桜の花が風に吹かれて寒そうに震えている。（擬人化タイプ）

(6)我が軍の城が敵軍に攻撃された。（潜在的受影者タイプ）

(7)机の上に花が一輪飾られている。（発生状況描写タイプ）

これに加え，近・現代語では以下のような新しいタイプが現れる。

(8)解答用紙が係員によって配られた。

(8)は「係員が解答用紙を配る」という出来事を，動作対象である「解答用紙」に視点を置いて語っている文で，動作主がニヨッテで示されている点に特徴がある。「有情の受身」（典型的には動作主がニによって示される）やそれと連続的な「擬人化タイプ」「潜在的受影者タイプ」とは異なり，「主語」への影響は語られない（解答用紙という主語が被害や恩恵を受けているという解釈はできない）。また，「発生状況描写タイプ」のように解答用紙の現在の状況が語られているわけでもない。

(8)のようなタイプの受身文は，近代における西欧語の翻訳文体の影響で，新たに日本語の中に取り込まれたものだといわれている[4]。ここにおいて，日本語の受身文は「有情の主語」を典型として「主語への影響を語る文」から主語の有情・非情にかかわらず「非動作主に視点をおいて出来事を語る文」へと変化したことになる。

（岡部嘉幸）

▷2 潜在的受影者とは，益岡隆志の用語で「受影受動文の表面には現れないけれども，その受動文が叙述している事象から何らかの影響を受ける存在のこと」（益岡 1991）である。

▷3 発生状況描写とは，尾上圭介の用語で「ある人格の行為の結果モノの身の上に発生した状況を語る」（尾上 2003）ものである。

▷4 金水（1991）によれば，このタイプの受身文は，まず19世紀のオランダ語直訳の場で用いられ，その後，明治期の英語直訳でも受け継がれ，次第に日本人の書く（西洋語の直訳ではない）文章でも用いられるようになったという。

参考文献

尹鎬淑（1991）「近代日・韓両言語における受身表現の変遷――小説を中心に」『世界の日本語教育』9，133-147頁。

尾上圭介（2003）「ラレル文の多義性と主語」『月刊言語』32-4，34-41頁。

金水敏（1991）「受動文の歴史についての一考察」『国語学』164，1-14頁。

益岡隆志（1991）「受動表現と主観性」仁田義雄編『日本語のヴォイスと他動性』くろしお出版。

テンス・アスペクトの変化

日本語の歴史において，テンス・アスペクトは非常に大きな変化を見せる分野である。形式だけではなく，アスペクトやテンスのあり方そのものが変化したといえる。主に運動動詞の場合を例に，その変化を説明していきたい。

1 テンス・アスペクトに関する大きな変化

およそ中世を境に，「～キ」「～ケリ」「～ツ」「～ヌ」「～タリ」等[1]の形式が姿を消し，かわって「～タ」「～テイル」等の新しい形式が台頭してくる。これは，古代語が近代語になる際のもっとも大きな変化[2]の一つである。この変化の重要な点は，アスペクトやテンスのあり方そのものが変化した点にある。

2 'Spring has come' と 'Spring came'

'Spring has come' を現代語訳すると，「春が来た」になる。しかし，'Spring came' も「春が来た」になり，現代日本語の体系では，この違いを訳出できない。しかし，古代語であれば「完了」の～ヌと「過去」の～キを用いて，両者の違いを訳出できる。「春来（き）ぬ」であれば完了であり，「春や来（こ）し」であれば，過去だろう[3]。このように，古代語は，～ツ・～ヌ・～タリの有無による「完了／未完了」の対立がアスペクトの基本である。一方，現代日本語は，完了を表す専用形式がなく，～テイルの有無による「状態／非状態」の対立がアスペクトの基本である。アスペクトのあり方自体が異なるのである。

〈アスペクトのあり方の変化〉

古代語：「完了／未完了」 ⟶ 現代日本語：「状態／非状態」

「～ツ[4]」「～ヌ」「～タリ[5]」の有無 ⟶ 「～テイル」の有無

3 「雨，やんだ」を古代語に訳すとどうなるか

発話の直前で雨がやんだとしよう。古代語に訳すと，「雨，やみぬ」となり，「雨，やみき」とはならない。その日の出来事は完了で表すのが普通であり，昨日より昔のことでないと～キは使用しにくい。一方，現代日本語では，発話時より少し前のことであっても過去と認識し，「雨，やんだ」のように～タを義務的に使用する。古代語の～キと現代日本語の～タを，ともに，過去を表すとするだけでは，このような違いは捉えられない（過去の内実が異なるといえる）。また，現代日本語では，過去は～タ，現在は～テイル，未来は動詞基本形，と

▶1　高校では，助動詞の「～リ」を習ったと思うが，～リは四段動詞等の連用形に「アリ」が接続し，音の変化をおこしたもので，正確には，他の助動詞とは異なる。このため，～リは，上二段動詞や下二段動詞に接続することがなく，四段動詞に接続する場合でも，その接続が，命令形説と已然形説に分かれており，例外的な説明が多い。

▶2　文献上は，比較的短期間に，極めて大規模な変化が生じたことになるが，言語の変化としては，変化がはやすぎるという点で，やや不自然でもある。調査資料の限界があるため詳細がわかっていないだけで，話し言葉の変化はかなり先行していた等のことがあるのかもしれない。いずれにせよ，現段階では，よくわからない部分が多い。

▶3　「春来（き）ぬと人はいへども鶯の鳴かぬかぎりはあらじとぞ思ふ（『古今和歌集』春歌上）」「春や来（こ）し秋やゆきけんおぼつかな影の朽木と世を過ぐす身は（『後撰和歌集』雑歌二）」という和歌がある。前者は「来」に完了の～ヌ（終止形），後者は「来」に過去の～キ（連体形）が接続したものである。

▶4　～ツは他動詞や意志動詞，～ヌは自動詞や無意志動詞に接続する傾向があ

いう使い分けも明確であり，テンスによって形式をほぼ義務的に分けているが，古代語はそうではなく，別の理屈が働いているようである。つまり，テンスのあり方自体が異なるようなのである。しかし，当時の理屈というのは，まだ不明な部分も多い。そこで，テンスのあり方が異なる点をおさえた上で，便宜的に，「過去」「現在」「未来」の観点から形式の変化をまとめると，概略，次のようになる。

	古代語	現代日本語
過去を表す形式	〜キ・〜ケリ	〜タ
現在を表す形式	動詞基本形・〜タリ	〜テイル
未来を表す形式	〜ム・〜ムズ ◁6	動詞基本形

現代日本語で「歩いている」「似ている」と表現したい場面で，古代語では，「歩く」「似たり」等のように，動詞基本形や〜タリを用いる。また，古代語では，未来は，一般的に推量表現の〜ム・〜ムズで表される。このため，現代日本語で「(今から手紙を) 見るよ」「明日越える山」「(将来，寺を) 建てる」「見るため」のように，動詞基本形を用いるところで，古代語では「見むよ」「明日越えむ山」「建てむずる」「見むため」のように〜ムや〜ムズが出現する。おそらく，〜テイルという形式の発達と連動して動詞基本形の分布も変化し，〜ム・〜ムズが衰退したという体系的な変化があったのだと思われる。

なお，〜ムや〜ムズには，「思はむ子（訳：大切に思う子)」(『枕草子』四段）などのように，厳密には「未来」や「推量・意志」とは言いがたい例も多い。このため，〜ムや〜ムズの意味は，「非現実 (irrealis)」(現実世界では起こっていないこと。あるいは，起こっていると確信をもてないこと）とする説が有力である。

4 他にもある現代日本語との違い

現代日本語の場合，「亡くなった後(あと)」「人に教える前(まえ)に（「人に教えない前に」)」のように，アト節の場合は〜タになるし，マエ節の場合は動詞基本形（少し昔の日本語だと否定形もある）となる。これは，これらの節が相対テンスであるためで，「亡くなる後」「人に教えた（教えなかった）前に」とは言わない。古代語のノチ節とサキ節は，それぞれ現代日本語のアト節とマエ節に相当するが，〜キ（過去）＋ノチ，否定＋サキのように，今の日本語に近い用例もみられる一方で，「亡(な)からむ後(のち)など，のたまひ出づることもなし」(『源氏物語』「御法」),「人に教へざりけるさきに，病つきて失せにけり」(『十訓抄』下）のように，未来を表しているともいえる〜ムにノチが接続したり，過去を表している〜ケリにサキが接続したりもする。やはり，古代語には，現代日本語とは異なる理屈があるといえる。

（福嶋健伸）

るものの例外も多い。〜キは直接経験の過去，〜ケリは間接経験の過去，と言われているが，こちらも例外が多く，端的に違いを説明することは難しい。

▷5 古代語は「完了／未完了」の対立が基本と述べたが，〜タリには，状態（いわゆる「存続」）と完了の両方の意味が指摘されている。状態を表している〜タリは，現代日本語の〜テイルの一部（結果継続等）と重なる部分がある。なお，〜タリは，現代日本語の〜タの前身である。

▷6 〜ム・〜ムズの意味として，「仮定」や「婉曲」を習ったと思う。また，昔の人（たとえば平安時代の人）は，遠回しに言うことが品位ある作法なので「婉曲」を使用すると習った人もいるだろう。これらは言語学的には妥当ではなく，ただ単に，現代日本語で動詞基本形が分布しているところに，古代語では〜ム・〜ムズが分布していたというだけのことである。

参考文献

金水敏（2006）『日本語存在表現の歴史』ひつじ書房。
福田嘉一郎（2010）「アスペクト・テンス」高山善行・青木博史編『ガイドブック 日本語文法史』ひつじ書房。
小田勝（2020）『古代日本語文法』筑摩書房，第4章。

用例出典

『古今和歌集』『後撰和歌集』『枕草子』：新日本古典文学大系（岩波書店),『源氏物語』『十訓抄』：新編日本古典文学全集（小学館)。表記を一部変更している。

15 モダリティの変化

1 モダリティ

文は，「命題（proposition）」と「モダリティ（modality）」から構成される。[1]「命題」は客観的事態を表し，「モダリティ」は話者の判断や気持ちを表す。下図のように命題をモダリティが包み込むような構造となる（5-17 参照）。

雨が降っていなかった	だろうね
命 題	モダリティ

図1 文の構造

モダリティには，「対事的モダリティ」と「対人的モダリティ」の2種がある。対事的モダリティは命題を対象とし，主に助動詞によって表される。図1で「ダロウ」は，「雨が降っていなかった」という事態に対する判断を表す。対人的モダリティは聞き手に対するものであり，主に終助詞によって表される。図1の「ネ」は，聞き手に対して自分の判断を持ちかけている。この節では，対事的モダリティの中心となる認識的モダリティに焦点を当てる。認識的モダリティは，英語の法助動詞[2]に相当し，〈推量〉〈推定〉〈可能性〉などの意味を表す。現代語，中古語[3]の認識的モダリティ形式を表1で示しておこう。

表1 現代語・中古語のモダリティ形式

現代語	真性モダリティ	ダロウ，（ウ，ヨウ，マイ）
	疑似モダリティ	ソウダ（様態），ヨウダ，ラシイ，ハズダ，カモシレナイ，ニチガイナイ，ソウダ（伝聞）
中古語	真性モダリティ	ム，ラム，ケム，マシ，ジ
	疑似モダリティ	ベシ，メリ，ナリ（伝聞推定），マジ

モダリティ形式は2類に分かれる。「真性モダリティ」は，疑問文で使用でき，テンス形式（現代語「タ」，中古語「キ」）が後接しない。「疑似モダリティ」は，疑問文で使用できず，テンス形式が後接する。モダリティにこのような2類が認められる点で現代語と中古語は共通している。[4]

▶1 「命題」は「言表事態」ともいう。「雨が降っていなかったこと」は言えるが，「雨が降っていなかっただろうこと」は言いにくい。「雨が降っていなかった」は事柄（事態）を表すので，「こと」を付加することができるが，「ダロウ」は話者の判断を表す要素であり，事柄（事態）に含まれず命題の外に位置する。

▶2 英語の法助動詞には，“may, can, must” などがある。法助動詞の研究では，モダリティの種類として，「認識的モダリティ（epistemic modality）」「束縛的モダリティ（deontic modality）」「力動的モダリティ（dynamic modality）」を立てている。日英語のモダリティの対照については，黒滝（2019）がわかりやすい。

▶3 日本語を時代別に区分した場合の呼び方。現代日本語を「現代語」，中古（平安時代）の日本語を「中古語」と呼ぶ。また，上代語（奈良時代）と中古語を合わせて「古代語」という。

▶4 古代語のモダリティ形式は，おおよそ古典文法の「推量の助動詞」に相当する。高山・青木編（2010）参照。

2 モダリティ形式の変化

現代語に比べて中古語のモダリティ形式は多義的である。たとえば，「ベシ」は〈可能〉〈義務〉〈推定〉〈意志〉などを表す。「ベシ」は，当為的モダリティと認識的モダリティの両方を表すのである。[5]「ム」「マジ」「ジ」も多義的形式である。また，否定推量「マジ」「ジ」，過去推量「ケム」の意味は，現代語では「ナイダロウ」「タダロウ」のように表される。古代語では融合的表現，現代語では分析的表現がとられるのである。古代語では反事実条件文専用の形式として「マシ」（いわゆる「反実仮想」）があるが，現代語ではそのような専用形式はない。

▶5 「ベシ」の意味は，英語の法助動詞 “must” と似ている。英語の法助動詞の意味については，黒滝（2019）参照。

中古語のモダリティ形式は中世期に衰退，消滅したものが多い。その代わり，近世期には「カモシレナイ」「ニチガイナイ」「ハズダ」「ダロウ」等が成立した。中世期以降，「タブン」「オソラク」「キット」など，叙法副詞（陳述副詞）が発達し，文末モダリティ表現との呼応がみられるようになる。「モシカシタラ」「トモスレバ」「ヒョットシタラ」のように，条件表現に由来するものも生じた。

中古語のモダリティ形式の一部は現代語に残っている。「ベシ」は「ベキダ」となり当為表現を担う。また，「ベー」という形で関東方言に残っている（「関東べい」と呼ばれている）。「ム」「マジ」は，「ウ」「マイ」となり主に書き言葉で用いられる。両者は，「ダロウ」と同様，活用で形が変わらない「不変化助動詞」である。

3 複文とモダリティ

現代語で「雨が降る日」は自然だが，「雨が降るだろう日」は翻訳調で，表現として不自然である。「ダロウ」に限らず，現代語のモダリティ形式は連体節内に生起しにくい傾向がある。一方，古代語では，モダリティ形式は比較的自由に文中（従属節内）に生起できた。

(1)思はむ子を法師になしたらむこそ，（枕草子，32）

(2)この人をえ抱き給ふまじければ，（源氏物語，夕顔）

(3)次々順流るめれど，（源氏物語，藤裏葉）

中世期以降，モダリティ形式の文中での使用は少なくなっていく。文章中の節内にいちいちモダリティ形式を付けていくのではなく，まず事態をまとめておいて，その後に主観的要素を付加するという表現スタイルに変化していったのである（5-1 8-16 参照）。（高山善行）

参考文献

黒滝真理子（2019）『事態の捉え方と述語のかたち』開拓社。

高山善行・青木博史編（2010）『ガイドブック日本語文法史』ひつじ書房。

統語構造，構文の変化

1　係り結び

本節では，係り結びが衰退，消滅した背景について考えてみる。係り結びの近代的な研究は，江戸期における本居宣長の研究を出発点とする[1]。この構文は上代・中古に用いられたが，中世期には衰退，消滅した。

▷1　本居宣長は『てにをは紐鏡』（1771年）で初めて係り結び現象を体系的に示した。係り結びについては，高山・青木編（2010）参照。

古典語の文は通常終止形で終止する。係り結びでは，文中に係助詞「ぞ」「なむ」「や」「か」があると連体形，「こそ」の場合は已然形で終止する。

(1)五月待つ花橘の香をかげば昔の人の袖の香ぞする（古今和歌集，139）

(2)名をば，さぬきのみやつことなむいひける。（竹取物語，17）

(3)今宵は上にやさぶらひつる。（源氏物語，空蝉）

(4)いづれの山か天に近き。（竹取物語，76）

(5)男は「この女をこそ得め」と思ふ。（伊勢物語，136）

談話において話者がもっとも伝達したい部分を「焦点[2]」と呼ぶが，係助詞は焦点を表示する機能をもつ。つまり，係り結びは，“事態を重要な情報の部分とそれ以外の部分に分節する構文”といえる。

▷2　5-7 および青木・高山編（2021）「焦点」の項目も参照。

以下では，係り結びと対照的な性格をもつ文を取り上げ，それらとの比較を通して係り結び衰退の理由を探ってみたい。

2　連体ナリ構文

連体ナリ構文は，活用語連体形に接続する「ナリ」（「ニアリ」）によって構成される文である。

(6)あしくさぐればなきなり。（竹取物語）

(7)行く水に数かくよりもはかなきは思はぬ人を思ふなりけり（古今集）

この「ナリ」は，直上の語ではなく準体句[3]を受けていることに注意したい。

▷3　「準体句」とは，名詞相当の性質をもつ句を指す。5-5 も参照。

身のいと憂き　なり
準体句

図1　連体ナリ構文

「ナリ」が受ける準体句は文のコトガラ的な部分であり話者の主観的要素は含まない。この構文では，まず既定の事態をまとめ，その後に主観的要素を付加する。連体ナリ構文は中世に衰退するが，表現構造そのものは「ノダ文[4]」に

▷4　ノダ文については 5-7 参照。

受け継がれ現在に至っている。連体ナリ構文は，“事態を分節する”係り結び構文とは対照的に事態を統括する表現といえる。

3 間接疑問文

間接疑問文は，文の中に疑問節が埋め込まれているものである。

(8)太郎はいつ来るかわからない

(9)（この悪天候では）試合ができるかどうかわからない。

古代語の間接疑問文は，未発達であり散発的な使用にとどまる。

(10)君やこし我やゆきけむ思ほえず（あなたがいらっしゃったのか私が行ったのかわからない）（古今和歌集，695）

古代語の段階では“不定要素を含む事態”を疑問節にして文に埋め込むことができず，疑問文を引用句で埋め込んだり，潜伏疑問[◁5]を用いたりしていた。

(11)［引用句］いづちいぬらむとも知らず。（伊勢物語，164）

(12)［潜伏疑問文］君を相見むたどき［君乎相見多時］知らずも（万葉集，3812）

古代語疑問文の多くは，「（疑問詞）か」「や」による係り結びによって作られる。係助詞の結びによって，ひとたび文が成立してしまうと，疑問節を文の中に埋め込むことができなくなる。中世期に係り結びが衰退するとともに疑問節が埋め込み可能となり，間接疑問文が発達してくるのである。

4 古代語から近代語へ

係り結びは“事態を2つに分節する表現”であるが，連体ナリ構文，間接疑問文は“事態を統括する表現”といえる。連体ナリ構文は“既定事態”，間接疑問文は“不定事態”を表す。

表1 表現スタイル

分節型表現	統括型表現
係り結び構文 ⇔	連体ナリ構文（既定事態） 間接疑問文（不定事態）

日本語の文の表現スタイルは，分節型（古代語）から統括型（近代語）へと変化してきた。古代は小規模な言語共同体でのコミュニケーションにとどまるが，中世以降になると，地域や階層を超えて人と人の交流が活性化する。対人コミュニケーションでは，事態内容の正確な伝達が重視されるから，まず客観的事態を提示し，後から主観的要素を加える表現スタイルが志向された。係り結び衰退の背景には，表現志向の変化があったと考えられるのである。

（高山善行）

▷5 「花子の好きな作曲家がわからない」の名詞句（下線部）は，「花子が好きな作曲家は誰か」という疑問文に相当する意味を表す。このようなタイプの文を「潜伏疑問文」という。

参考文献

高山善行・青木博史編（2010）『ガイドブック日本語文法史』ひつじ書房。
青木博史・高山善行編（2021）『日本語文法史キーワード事典』ひつじ書房。

17 敬語の変化

敬語は，古代語から日本語に存在しているが，少しずつ，その用法は変化している。この項では，敬語の変化について確認していく。

1 素材敬語から対者敬語へ

敬語を大きく2つに分類すると，素材敬語[◁1]と対者敬語[◁2]の2種類がある。このうち，素材敬語は上代語ですでに存在している。しかし，対者敬語は存在していなかった。

平安時代に入ると，対者敬語が成立する。たとえば，(1)で用いられている「はべり」は，上代では「おそばにいる」「お仕えする」という意味を表し，お仕えする相手への敬意を表す謙譲語Ⅰである。しかし，平安時代では(2)のように動作の相手が存在しない動作にも用いられ，聞き手への配慮を示していると考えられる。

(1)天皇（すめらみこと），大極殿（おほあんどの）に御（おは）します。古人大兄（ふるいとのおほへ）侍り。（天皇は大極殿にお出ましになった。古人大兄が傍らに控えた。）（日本書紀）

(2)つかの穴ごとに，燕は巣をくひはべる。（束柱の穴ごとに燕は巣を作ります。）（竹取物語）

現代語で用いられる丁寧語「ます」は，もともと「差し上げる」の意味を表していた「参らす」の形態が縮約し，用法も変化したものである。

(3)薬の壺に御文そへて参らす。（竹取物語）

(4)いや，みみが，もちぎれまっする，もちぎれまっする

（虎清本狂言，蟹山伏）

(5)酒はあまりくさうて，のまれますまひ程に，御無用で御ざる

（虎明本狂言，河原太郎）

平安時代では，(3)のように「参らす」は差し上げるという意味を表していた。形態的には「まらする」や(4)の「まっする」という形態を経て，(5)「ます」に変化した。用法上も補助動詞の用法を獲得し，動作の相手を高める用法にはなっていない。

日本語の歴史上にみられる対者敬語には，ここに挙げたもののほかにも，鎌倉時代に成立した「そうろう」(←謙譲語Ⅰ「さぶらふ」から)，室町時代「ござる」(←尊敬語「御座ある」から）などがある。これらの対者敬語は素材敬語をもとにして作り出されている。

▷1　話題の人物を上位と位置づける敬語のこと。5分類では，尊敬語と謙譲語Ⅰが該当する。[7-1]も参照。

▷2　聞き手に対する敬語のこと。5分類では，謙譲語Ⅱ，丁寧語，美化語が該当する。謙譲語Ⅱは素材敬語と対者敬語の両方を機能をもつとされることもある。[7-1]も参照。

2 絶対敬語から相対敬語へ

現代語の敬語は，自分より上位の人に対していつも使い続けるわけではなく，使うことを避けた方がいい場面がある。たとえば，ビジネス場面で社外の人と話すときに，自社の人物について述べるとき，どのようにしたらよいだろうか。一般的には，社外の人に対して，「部長は外出していらっしゃいます」と言うのは不適切で，「山田は外出しております」とするのが適切だとされている。このように現代語の敬語は，聞き手を考慮に入れた相対敬語[3]で運用されている。

▶3　話し手が聞き手や第三者との関係を考慮に入れて，場面ごとに上位に位置づけるべき人物に対して敬語を用いる運用のこと。

さて，平安時代の敬語は，どのように使われていたのだろうか。平安時代の敬語の運用において，もっとも重要視されていたのは，身分・地位であったと考えられる。たとえば，平安時代には「〜せたまふ」と「〜たまふ」という2種類の尊敬語があるが，『源氏物語』の地の文の敬語を確認すると，天皇・院のクラスには「〜せたまふ」が用いられることが多く，それ以外の貴族には「〜たまふ」が用いられることが多い，という使い分けがある（渡辺 1975）。

また，永田（2001）によれば，平安時代では，話題の人物が自分の子どもであっても，聞き手よりも上位であれば尊敬語を用いている。これらのことから，古代語の敬語の運用を絶対敬語[4]と呼ぶ研究者もいる。

▶4　話し手が聞き手や第三者との関係を考慮に入れず，ある人物に対して一定の待遇表現を用いるような敬語の運用のこと。

敬語の運用の歴史を考えると，古代語では，身分・地位に従って敬語の形式を使い分けるという運用から，だんだんと聞き手の要因を考慮に入れて，聞き手を上位に位置づけるときには，話題の人物への敬語を抑制するようになるという変化が起こったと考えられる。

3 敬意逓減の法則

敬語は用いられるうちに，丁寧さの度合いが下がり，乱暴に感じられるようになることがある。これを敬意逓減の法則[5]という。

▶5　8-12 側注4参照。

このことがわかりやすいのは，二人称代名詞である。たとえば，二人称代名詞「きさま」は，現代では非常にぞんざいで，日常生活で用いることはあまりない。しかし「貴様」と書くように，近世初期頃までは敬意が高い表現だった。

(6)「貴様もよろづに気のつきさうなるおかたさまと見えて，一しほお尤愛（いと）しうおもふ」（浮世草子，好色一代男）

しかし，19世紀初めには対等な相手に用いられるようになり，さらに近代以降はののしる言葉として使われるようになっている。そのため，「おまえ」「あなた」という「貴人の周辺の場所」を表す語が新しく二人称代名詞となり，「貴様」は目下に対するぞんざいな使い方に限定されていく。

現代では，目上の人物に対しては，「鈴木先生」「社長」のように役職・役割で呼ぶことも多い。これは敬意逓減の結果，二人称代名詞を用いること自体が避けられるようになっているものと位置づけられる。（森　勇太）

参考文献

永田高志（2001）『第三者待遇表現史の研究』和泉書院。

渡辺英二（1975）「会話文における尊敬表現」『富山大学教育学部紀要』（富山大学教育学部）23，1-11頁。

18 文章の変化

1 文体とは

文章はその目的や意図に応じてさまざまな言語表現や語彙が選択される。各文章に表れるそれらの特徴的な様式・形式のことを文体と呼ぶこととする（沖森・山本 2015）。日本語の文章は歴史的に漢文体と和文体[1]，文語体と口語体[2]が複雑に混じり合い，また漢字・平仮名・片仮名の表記方法の問題[3]も関与し，さまざまな文体を派生させてきた（田中 2019）。ここではこれらの点を軸としながら，文章の変化として各時代の代表的な文体をみていく。

▷1　漢文体は漢文を書く際に用いる語句や語法を特徴的にもつ文体，和文体は日本語の語法を特徴とした文体とする。

▷2　6-1 参照。

▷3　8-9 参照。

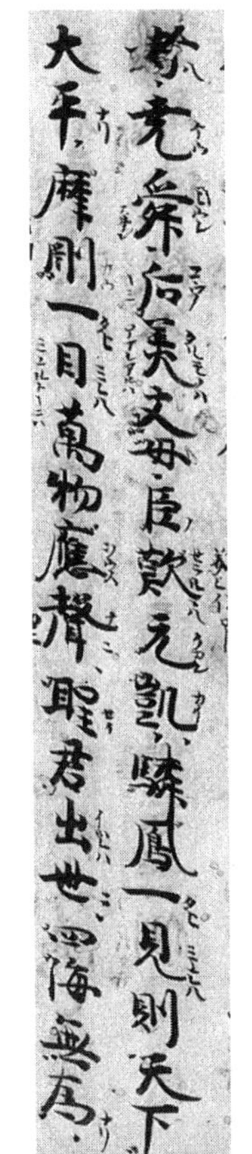

図1　漢文訓読文（『秘藏寶鑰』古訓点資料集（二）東京大学国語研究室資料叢書，汲古書院）

2 上代・中古の文章：漢文と和文

日本語の文章の最初期は純粋な漢文（正格漢文）で書かれたと推測される。正格漢文による日本語の書記が定着していく中で，「賜」「奉」「仕」等の敬語表現が用いられたり，日本語の語順のままに書かれる部分が含まれたりなど，日本語の特徴が随所に現れる漢文が書かれるようになった。これを変体漢文（または和化漢文）と呼ぶ。正史として書かれた『日本書紀[4]』は正格漢文で，『古事記[5]』は変体漢文で書かれている。中古に入っても変体漢文は広く用いられた。さらに，漢文に活用語尾や助詞，助動詞を片仮名で補った文から，漢文の表現様式を用いながら日本語的語法と語順で書く文体が発達していった。これを漢文訓読文と呼ぶ（図1[6]）。漢文訓読文を書き下した「漢文訓読体」は基本的に政治・学問・仏教の世界を中心とした文体であり，近代に至るまで日本語の文語体の中心をなす。

一方，和文系統としては，上代には祝詞（のりと）や宣命などに用いられた宣命体という文体がある。たとえば「今日加有牟明日加有牟止（今日か有む明日か有むと）」（『続日本紀』）のように漢字の訓読用法を中心として接辞を万葉仮名で書くものである。また，和

▷4　蓋聞，人臣有事，逃入王室。未見，君臣隠匿臣舎。（中略）深恃臣心，来臣之舎（蓋し聞く，人臣，事有るときは，逃れて王室に入るといふことを。未だ見ず，君王，臣が舎に隠匿るといふことを。（中略）深く臣が心を恃み，臣が舎に来りたまへり）（『日本書紀』⑴小学館，1994年）。

▷5　所以出居者，聞天神御子天降坐故，仕奉御前而，参向之侍（出で居る所以は，天つ神御子天降り坐すと聞きつるが故に，御前に仕え奉らむとして，参ゐ向へて侍り）（『古事記』小学館，1997年）。

▷6　訓読文：（画像4字目より）后ノ美タルモノハ文母。臣ノ歎セラル丶ハ元凱。驎鳳一タヒ見ユレハ則天下太平ナリ。摩剛一タヒ目レハ萬物聲ニ應ス。聖君世ニ出ツレハ四海無為ナリ（訓読は，勝又俊教（1977）『秘蔵宝鑰・般若心経秘鍵』大蔵出版 を参考にした）。

歌などに用いられたすべてを万葉仮名で書く方法がある（仮に万葉仮名体と呼ぶ）。万葉仮名体は，中古以降の仮名文の基礎になる。中古に入ると，平仮名の成立によって，すべてを平仮名で書く散文（仮名文）が作られるようになった。仮名文は11世紀の初めには『源氏物語』[7]など高度な文学作品を生み出すほどに洗練された。漢文あるいは漢文訓読文に対し，和文は日本語として話しているように書くという，口語性が強く意識された文体であるといえる。

3 中世・近世の文章：文語と口語

中古における和文体と漢文訓読体には用いられる語彙や表現に大きな差があることが指摘されており[8]，それぞれの文体を特徴づけている。しかし，12世紀頃になると漢文訓読体をベースに和文体が混じった和漢混淆文[9]が成立する。和漢混淆文は，漢語だけでなく，和語がかなりの割合で出現することを特徴とする。鎌倉期の和漢混淆文は，説話や軍記物など「語り」の特徴をもつ文章で発展し口語的要素が含まれており，文語と口語の中間の文体といえる。和漢混淆文は，文語文としても用いられる一方で，口語の比重がさまざまに異なる多様な新しい文体を生み出していくこととなった。中世の抄物は，漢文訓読を基盤としつつ，口語を交えて注釈する文体（講義体）である。狂言台本や『天草版平家物語』などのキリシタン資料は，和漢混淆文の影響を受けつつ，当時の口語を色濃く反映した文章である。近世期の井原西鶴に代表される浮世草子類では地の文は漢語・和語が織り交ぜられた文語体で，会話部分には口語が豊富に現れる（雅俗折衷体）。ほかにも，浄瑠璃や歌舞伎，洒落本・人情本・滑稽本などの戯作でも，地の文や序文は文語体，会話部分には口語体が用いられる。

一方，中古の仮名文は中世になると古典として教養化・規範化され，口語との乖離が進み，文語体としての和文となっていった（擬古文体）。近世期に入り，上田秋成『雨月物語』[10]や国学者たちによって擬古文体は洗練されていき，近代まで文語体の一角をなす。

4 近代の文章

明治期には西洋文化の流入により翻訳が盛んになったことから，文語文として西洋言語の影響を受けた翻訳体が生じる。さらに，漢文系文語，和文系文語，翻訳体などの影響を受けたわかりやすい文語体が模索され，明治普通文[11]が登場する。漢文訓読体は明治以降も法令等の公的文章や翻訳書などで用いられ続けた。この流れを汲み，近世期に「ます」「ございます」等敬語を含む講義体文章，さらに明治以降の演説体や新聞・雑誌，学術文体など口語的要素を多分に含んだ文語体につながっていく。口語体の面では，新たに言文一致が進められたことから，小説等の文学作品において常体を基本とする新たな口語体文章が書かれるようになった。

（岩田美穂）

▶7 「何ごとぞや。童べと腹立ちたまへるか」とて，尼君の見上げたるに，すこしおぼえたるところあれば，子なめりと見たまふ。「雀の子を犬君が逃がしつる，伏籠の中に籠めたりつるものを」とて，いと口惜しと思へり（『源氏物語』(1)小学館，1994年）。

▶8 たとえば「やうなり」〔和文〕と「ごとし」〔訓読〕など。

▶9 8－3 側注15参照。

▶10 いづれか我が住みし家ぞと立ち惑ふに，ここ二十歩ばかりを去て，雷に摧れし松の聳えて立るが，雲間の星のひかりに見えたるを，げに我が軒の標こそ見えつると，先喜しきここちしてあゆむに，家は故にかはらであり（『英草紙／西山物語／雨月物語／春雨物語』小学館，1995年）。

▶11 学問とは，唯むづかしき字を知り，解し難き古文を読み，和歌を楽しみ，詩を作るなど，世上に実のなき文学を云ふにあらず。これ等の文学も自から人の心を悦ばしめ随分調法なるものなれども，古来世間の儒者和学者などの申すやうさまであがめ貴むべきものにもあらず（『学問のすゝめ』『福澤諭吉全集』第3巻，岩波書店，1959年）。

参考文献

沖森卓也・山本真吾編著（2015）『文章と文体』（日本語ライブラリー）朝倉書店。

田中牧郎（2019）「文体差と文体史」『基礎日本語学』ひつじ書房。

19 話し言葉の変化

1 過去の話し言葉をどのように復元するか

話し言葉は言うまでもなく音声を媒体とするが，音声そのものを記録する技術は19世紀末まで現れなかったので，過去の話し言葉を知るにはほぼ文字媒体に頼るしかない。しかし文字で書かれた文章が話し言葉を忠実に映していると考えられる例はむしろまれであり，書き言葉独特のルールに縛られている場合が極めて多い。過去の話し言葉を知るためには，まず，話し言葉が多く取り入れられていると推測される文章を選ぶことが重要である。また話し言葉は基本的に方言に属していると考えられるので，どこで話されていた言葉かという点を同時に考える必要がある。さらに話し手の性差・身分や話し手どうしの人間関係，状況によっても大きく左右されるので，この点についても注意すべきである。フィクションに書かれた話し言葉は，キャラクターをわかりやすく伝えるための「役割語」(6-5) であると考えるべきであり，その前提に立った上でリアルな話し言葉を推測するしかない。

2 古代の話し言葉

では，日本語の歴史的文献から，話し言葉を積極的に写していると考えられる文献にはどのようなものがあるか。『万葉集』『古今和歌集』のような和歌＝韻文はとりあえず除外するとして，もっとも古い時代のものとしては，『源氏物語』に代表される，中古（平安時代）の仮名文学が挙げられる。

(1)（尼君）「何ごとぞや。童べと腹立ちたまへるか」とて，尼君の見上げたるに，すこしおぼえたるところあれば，子なめりと見たまふ。（紫）「雀(すずめ)の子を犬君(いぬき)が逃がしつる，伏籠(ふせご)の中(うち)に籠めたりするものを」とて，いと口惜しと思へり。（源氏物語，若紫）◁1

この例は，光源氏が北山の某僧都の坊で後の紫の上となる少女を見出すシーンであるが，少女の養育者である尼君と少女の会話が生き生きと捉えられている。文法的には，いわゆる古文の文法であり，現代の話し言葉とはかなり隔たりが大きい。

▷1 【台詞の翻訳】（尼君）「何事ですの。子どもたちといさかいをなさったのですか」（紫）「雀の子を犬君が逃がしてしまったのです。伏籠の中にちゃんと入れておいたのに」阿部秋生・秋山虔・今井源衛校注・訳『源氏物語 1』（日本古典文学全集，第12巻）小学館，1970年，206頁。

3 中世の話し言葉

中世前期は，話し言葉の資料にあまり恵まれない時期であるが，中世後期に入ると，「抄物」「キリシタン資料」「狂言台本」など，話し言葉的な要素を多く含むと考えられる資料が得られる。ここでは，室町時代末の話し言葉をよく反映しているといわれる『虎明本狂言古本』の「かがみ男」から例を示す。京の都から田舎に帰った男が，土産物として鏡を持ち帰り，鏡というものを知らない妻に見せたシーンである。

(2) (妻)「それはうれしや，さあらば見う。いや，此中(このなか)に女が有(ある)よ。わらはがかほ（顔）を，ためつすがめつみるが，やひ，わおとこ，ざいきやう（在京）のうちに，女を求めて，此内に入て爰(ここ)までもつてうせて，わらはにみよ，なふはらだちや〳〵」(夫)「是はいかな事，おぬしがそれをみるによつて，おぬしがかほ（顔）がそれにうつり女のつらがみゆるやひ[2]」

狂言資料では，男，女，大名，家来，僧侶等，役柄によって話し方が少しずつ異なっていることも観察できる。たとえば「わらは（わらわ）」というのは女性特有の一人称代名詞である。

▶2　大塚光信編（2006）『大蔵虎明能狂言集 翻刻・註解』下巻，清文堂出版，27頁。表記を少し変更している。

4 近世の話し言葉

近世では，人形浄瑠璃（現在の文楽），歌舞伎，落語のような演劇・演芸，また噺本，洒落本，滑稽本，人情本のような大衆文芸が大変発達したことにより，話し言葉の実態がかなりリアルにわかるようになってきた。なお，中世までは，表現された話し言葉の地域はほぼ関西に限定されていたのに対し，近世後期からは関西に加えて関東の一方言である江戸言葉も盛んに文献に現れるようになった。ここでは，滑稽本『浮世風呂』から，「上方筋の女」と，江戸の女である「おやま」が，女風呂の中で会話をするシーンを引用しよう。

(3) (かみがた)「お山さんあれ見イ。お家(え)さんの傍(ねき)に立て居なます嬰児(いと)さんを見イな。ありやなにいろ何色じやしらん」(お山)「あれかヱ。あれは紅かけ花色(はないろ)といふのさ」(かみ)「いつかう能(よ)うそめ染てじやなア(山)「薄紫といふやうなあんばいでいきだねへ」（浮世風呂，二編巻之上）[3]

上方の「じゃ」に対する，江戸の「だ」など，文法の違いがよく現れている。[4]

▶3　神保五彌校注（1989）『浮世風呂 戯場粋言幕の外 大千世界楽屋探』（新日本古典文学大系86）岩波書店，102頁。

▶4　ただしこれも，リアルな会話を映したというよりは，フィクションとしてそれらしく作られた，ヴァーチャルな会話とみるべきであり，上方言葉，江戸言葉の役割語ということができる。6-5参照。

5 話し言葉研究の課題

先に述べたように，20世紀以降はレコードをはじめとする録音・録画の技術が次第に発達し，現実の話し言葉を捉えることが容易になったが，それでも方言のヴァリエーションを考えると完璧にはほど遠い。話し言葉のコーパスも徐々に開発されつつあるが，話し言葉の総合的な研究はこれからの課題といえるだろう。

（金水　敏）

参考文献

野村剛史（2010）『話し言葉の日本史』吉川弘文館。

20 標準語の誕生

1 標準語とは何か

標準語とは，国内どこでも通じ，行政・教育・報道等，公的な場面で優先的に用いられる言語である。話し言葉についても書き言葉についても標準語は存在しうる。話し言葉と書き言葉の標準語の違いを縮めようとする運動が明治時代に起こったが，これを「言文一致」運動と呼ぶ。政治的な観点から標準語が推進されたのは近代になってのことであるので，近代以降の日本語の標準語と共通語[1]について述べる。

▶1 「標準語」が，行政や教育等において権威づけられた言語というニュアンスが強いのに対し，（全国）共通語は，多くの国民によって使われているところから事実上のスタンダードと考えられる言語のことを指す。1-1 参照。

2 国語問題と標準語

明治時代，近代国家としての日本が出発した当時，国家の言語としての「国語」を整えるべきであるという考え方，すなわち「国語問題」が広く国民に共有された。国語問題とは具体的には次の４点を主に含む。

① 文字・表記の改良（国字問題），② 文語文法の整備，③ 言文一致，④ 標準語の制定と流通

①は，仮名字体，漢字字体の確定や，漢字の字数の制限に関わる。②は，口語文法の前に，書き言葉の主流であった文語文のための文法を整備する動きであった。③，④は連動している。書き言葉に話し言葉的な要素を盛り込んで言文一致の文体を作るためには，話し言葉の標準を定める必要があり，その標準こそが標準語の基盤となる。標準語の確立・普及を含む国語問題が近代日本の出発点において重要視されたのは，効率よい教育，行政，産業，軍事の育成のために，統一された言語でコミュニケーションが確立されていることが不可欠と考えられたからである。

3 「標準語に就きて」

当初，文と一致させる言としてイメージされていた言語の中には，「候文」のようなくだけた文語体であったり，「～でござる」のような格式張った〈武家言葉〉や，「～じゃ」のような上方風の話体も含まれていたのであるが，次第に東京の話し言葉へと収斂していった。1895（明治28）年に東京帝国大学教授の上田萬年（うえだまんねん）が雑誌『帝国文学』創刊号に書いた「標準語に就きて」という論文には，標準語の資格をもつのは今の東京語であるが，「ベランメー」言葉の

ようなものではなく，教育ある東京人の話す言葉であるべきであり，また今の東京語がそのまま標準語になるのではなく，今少し，洗練が必要であると述べている。

このような見方は，上田萬年だけでなく，当時の知識人の間でかなり共有されたものであった。東京語が標準語の候補と見なされた理由を整理すれば，江戸から引き続いて東京が政治・経済の中心地であり，東京語が事実上の共通語としてある程度機能していたこと，幕末期，江戸語が武士層まで浸透してきており，知識層階級の言葉としてかなり洗練されてきていたこと，江戸語が戯作や芸能に多く使われてきていたことにより，文字化されたり公共の場で不特定多数の人々に対して用いられる言語としての技術がある程度培われていたことなどが挙げられよう。

なお，東京の改まった礼儀正しい言葉は，江戸―東京と続く江戸期以来の共通語であったとする野村剛史の分析にもあるように[2]，より総合的な検討が必要であろう。

4 標準語教育と方言へのバイアス

活版印刷の導入（1870年代）やレコードの発売開始（1900年代初頭），ラジオ放送の開始（1925年）等，さまざまなマスメディアに乗って，標準語は日本の隅々にまで運ばれていったが，教育に標準語推進が打ち出されたのは大正時代以降のことである。標準語を目で読み，耳で聞くことは容易になっていったが，標準語との異なりの大きい地域などでは，標準語をみんなが話せるようになることは未だ遠い理想であった。たとえば1934（昭和9）年に発表された宮沢賢治「風の又三郎」では，先生は標準語を話しているが，生徒は方言を話していて，標準語は先生から一方的に発せられる形になっている[3]。

標準語教育が進む過程で，標準語が正しく美しい日本語であり，方言は汚い誤った日本語であるとの観念が日本に広まり，また「方言コンプレックス」（柴田 1958）と言うべきネガティブな感情をもつ方言話者が増えていった。東北や琉球などでは，学校で方言を話す生徒に罰が与えられるなどの行き過ぎた方言撲滅運動さえ実施された。

5 標準語と共通語

戦後は，過剰な標準語教育への反省から，標準語を「（全国）共通語」と呼び変えることが行われるようになった。1980年代にもなると，すでに共通語が日本語の基盤の位置を占めるようになり，その結果，方言へのネガティブな感情も和らいで，郷愁や親しさなどポジティブな感情をもって方言が扱われるようになった。方言と共通語の二重使用が当然のこととなり，また地域によっては方言が消滅の危機に瀕する事態にも至っている[4]。　（金水　敏）

▶2　野村剛史（2022）「スタンダードと東京山の手」。参考文献中の高田・田中・堀田編（2022，62-80頁）。

▶3　みんなはおじぎをする間はちょっとしんとなりましたが，それからまたがやがやがやがや言いました。「しずかに，みなさん。しずかにするのです。」先生が言いました。
「しっ，悦治，やがましったら，嘉助え，喜っこう。わあい。」と一郎がいちばん　うしろからあまりさわぐものを一人ずつしかりました。（「風の又三郎」）

▶4　7-5も参照。

参考文献

柴田武（1958）『日本の方言』岩波書店。
高田博行・田中牧郎・堀田隆一編（2022）『言語の標準化を考えるの試み』大修館書店。
野村剛史（2013）『日本語スタンダードの歴史』岩波書店。

さくいん

（＊は人名）

さ行

た行

な行

は行

ま行

執筆者紹介（氏名／よみがな／現職／＊は編著者）

執筆担当は本文末に明記

＊金水　敏（きんすい・さとし）
編著者紹介参照

高木千恵（たかぎ・ちえ）
大阪大学大学院人文学研究科教授

千田俊太郎（ちだ・しゅんたろう）
京都大学大学院文学研究科教授

黒木邦彦（くろき・くにひこ）
神戸松蔭女子学院大学文学部准教授

平子達也（ひらこ・たつや）
南山大学人文学部日本文化学科准教授

深澤　愛（ふかざわ・あい）
近畿大学文芸学部文学科准教授

岡島昭浩（おかじま・あきひろ）
大阪大学大学院人文学研究科教授

中俣尚己（なかまた・なおき）
大阪大学国際教育交流センター准教授

小野正弘（おの・まさひろ）
明治大学文学部教授

岡﨑友子（おかざき・ともこ）
立命館大学文学部人文学科教授

橋本行洋（はしもと・ゆきひろ）
花園大学文学部日本文学科教授

有田節子（ありた・せつこ）
立命館大学大学院言語教育情報研究科教授

竹内史郎（たけうち・しろう）
成城大学文芸学部国文学科教授

衣畑智秀（きぬはた・ともひで）
福岡大学人文学部日本語日本文学科教授

志波彩子（しば・あやこ）
名古屋大学大学院人文学研究科准教授

鄭　聖汝（ちょん・そんよう）
元 大阪大学大学院文学研究科講師

福嶋健伸（ふくしま・たけのぶ）
実践女子大学文学部国文学科教授

白岩広行（しらいわ・ひろゆき）
立正大学文学部文学科准教授

西田隆政（にしだ・たかまさ）
甲南女子大学文学部日本語日本文化学科教授

田中ゆかり（たなか・ゆかり）
日本大学文理学部国文学科教授

庵　功雄（いおり・いさお）
一橋大学国際教育交流センター教授

森　勇太（もり・ゆうた）
関西大学文学部総合人文学科教授

清田朗裕（きよた・あきひろ）
愛媛大学教育学部講師

五十嵐陽介（いがらし・ようすけ）
国立国語研究所研究系教授

乾　善彦（いぬい・よしひこ）
関西大学文学部教授

岸本恵実（きしもと・えみ）
大阪大学大学院人文学研究科教授

岩田美穂（いわた・みほ）
就実大学人文科学部表現文化学科准教授

藤本真理子（ふじもと・まりこ）
尾道市立大学芸術文化学部日本文学科准教授

岡部嘉幸（おかべ・よしゆき）
成蹊大学文学部日本文学科教授

高山善行（たかやま・よしゆき）
福井大学教育学部教授

《編著者紹介》

金水　敏（きんすい・さとし）

1956年　生まれ

1981年　東京大学大学院人文科学研究科国語学専攻修士課程修了，2006年博士（文学）（大阪大学）

現　在　大阪大学名誉教授，放送大学大阪学習センター所長（特任教授），日本学士院会員，文化功労者

主　著　『ヴァーチャル日本語　役割語の謎』岩波書店，2003/2023年

『日本語存在表現の歴史』ひつじ書房，2006年

『日本語史のインタフェース』（共編著）岩波書店，2008年

やわらかアカデミズム・〈わかる〉シリーズ

よくわかる日本語学

2024年７月10日　初版第１刷発行　〈検印省略〉

2024年８月20日　初版第２刷発行

定価はカバーに
表示しています

編著者　金　水　　敏

発行者　杉　田　啓　三

印刷者　江　戸　孝　典

発行所　株式会社　ミネルヴァ書房

607-8494 京都市山科区日ノ岡堤谷町１

電話代表（075）581－5191

振替口座 01020－0－8076

© 金水　敏，2024

共同印刷工業・新生製本

ISBN978-4-623-09620-6

Printed in Japan

よくわかる言語学　窪薗晴夫編著　本体2600円

よくわかる社会言語学　田中春美・田中幸子編著　本体2400円

よくわかる言語発達［改訂新版］　岩立志津夫・小椋たみ子編　本体2400円

よくわかる翻訳通訳学　鳥飼玖美子編著　本体2400円

よくわかる異文化コミュニケーション　池田理知子編著　本体2500円

よくわかるコミュニケーション学　板場良久・池田理知子編著　本体2500円

よくわかる学びの技法［第３版］　田中共子編　本体2200円

よくわかる卒論の書き方［第２版］　白井利明・高橋一郎著　本体2500円

はじめて学ぶ言語学　大津由紀雄編著　本体2800円

はじめて学ぶ日本語学　益岡隆志編著　本体2800円

はじめて学ぶ社会言語学　日比谷潤子編著　本体2800円

はじめて学ぶ方言学　井上史雄・木部暢子編著　本体2800円

はじめて学ぶ認知言語学　児玉一宏・谷口一美・深田　智編著　本体2800円

関西ことば辞典　増井金典著　本体4000円

ミネルヴァ書房

https://www.minervashobo.co.jp/